U0516280

BLUE BOOK

智 库 成 果 出 版 与 传 播 平 台

中国社会科学院创新工程学术出版资助项目

房地产蓝皮书

BLUE BOOK OF
REAL ESTATE

中国房地产发展报告 *No.17*
（2020）

ANNUAL REPORT ON THE DEVELOPMENT OF CHINA'S
REAL ESTATE No.17 (2020)

主 编／王业强 董 昕 张 智

社会科学文献出版社
SOCIAL SCIENCES ACADEMIC PRESS（CHINA）

图书在版编目（CIP）数据

中国房地产发展报告 . No. 17，2020 ／ 王业强，董昕，
张智主编 . -- 北京：社会科学文献出版社，2020. 6
（房地产蓝皮书）
ISBN 978 - 7 - 5201 - 6626 - 3

Ⅰ. ①中… Ⅱ. ①王… ②董… ③张… Ⅲ. ①房地产
业 - 经济发展 - 研究报告 - 中国 - 2020 Ⅳ.
①F299. 233

中国版本图书馆 CIP 数据核字（2020）第 076904 号

房地产蓝皮书

中国房地产发展报告 No. 17（2020）

主　　编／王业强　董　昕　张　智

出　版　人／谢寿光
责任编辑／陈晴钰
文稿编辑／陈　颖

出　　　版／社会科学文献出版社·皮书出版分社（010）59367127
　　　　　　地址：北京市北三环中路甲 29 号院华龙大厦　邮编：100029
　　　　　　网址：www. ssap. com. cn
发　　　行／市场营销中心（010）59367081　　59367083
印　　　装／三河市东方印刷有限公司

规　　　格／开本：787mm × 1092mm　1/16
　　　　　　印　张：26.5　字　数：397 千字
版　　　次／2020 年 6 月第 1 版　2020 年 6 月第 1 次印刷
书　　　号／ISBN 978 - 7 - 5201 - 6626 - 3
定　　　价／128.00 元

本书如有印装质量问题，请与读者服务中心（010 - 59367028）联系

《中国房地产发展报告 No. 17（2020）》
编 委 会

主要编撰者简介

王业强　中国社会科学院城市发展与环境研究所土地经济与不动产研究室主任，研究员，中国城市经济学会房地产研究部主任，中国社会科学院西部发展研究中心副主任，中国城郊经济研究会常务理事，中国区域科学协会理事兼副秘书长，中国城市经济学会理事，中国区域经济学会理事，世界华人不动产学会理事，主要研究方向为城市与区域经济、房地产经济，在《管理世界》《中国工业经济》《财贸经济》等核心期刊发表学术论文近百篇，出版学术著作多部。主持国家自然科学基金、国家社科基金、中国社会科学院重点项目及国情调研项目多项，主持多项地方城市（城市群）发展规划及产业规划项目，曾参与国务院"东北地区振兴规划"（综合组）研究工作。

董　昕　中国社会科学院城市发展与环境研究所副研究员、硕士研究生导师，中国社会科学院生态文明研究智库资源节约与综合利用研究部主任，中国城市经济学会青年工作委员会副主任。主要研究方向为城市经济、住房与土地政策、人口迁移。已在《中国农村经济》《中国人口科学》《经济管理》《经济地理》《城市规划》等学术刊物上发表数十篇论文，多次被《人大复印报刊资料》《高等学校文科学术文摘》等转载，出版学术著作多部。主持或参与国家自然科学基金项目、国家社会科学基金项目多项。获得"中国社会科学院优秀对策信息奖""全国流动人口动态监测数据应用成果奖""中国城市经济学会优秀论文奖""钱学森城市学金奖"等省部级及其他全国性奖项多次。

张　智　天津社会科学院经济分析与预测研究所研究员。中国城市经济学会学科建设委员会副秘书长，中国城市经济学会大城市委员会理事，天津市数量经济学会常务理事，天津城市科学研究会理事，天津市统计学会理事。主要研究方向包括宏观经济模型预测与分析、城市经济与规划、房地产经济、区域经济、投入产出分析、能源经济和金融等。先后主持了多项省部级研究课题，其中2项获省部级奖励。发表论文、调研报告40余篇，出版学术专著2部。

摘　要

《中国房地产发展报告 No. 17（2020）》秉承客观公正、科学中立的宗旨和原则，追踪中国房地产市场最新动态，深度剖析市场热点，展望 2020 年发展趋势，积极谋划应对策略。全书分为总报告、市场篇、服务篇、城市群篇、热点篇。总报告对 2019 年房地产市场的发展态势进行全面、综合的分析，其余各篇分别从不同的角度对房地产市场发展和热点问题进行深度分析。

2019 年中国房地产市场整体上表现出平稳回落态势。首先，在政策层面上有所缓和。年底的中央经济工作会议改变了年中关于"不将房地产作为短期刺激经济的手段"的提法，强调"要坚持房子是用来住的、不是用来炒的定位，全面落实因城施策，稳地价、稳房价、稳预期的长效管理调控机制，促进房地产市场平稳健康发展"。其次，市场销售出现绝对下滑，价格增速回落变缓。市场价格指数在 2017 年 1 月达到顶点，随后住宅价格指数增速大幅降至 10% 以下，之后 2 年市场价格增幅缓慢收窄。再次，2019 年开发投资增速是前高后低，增速逐渐回落，增长乏力。最后，土地购置面积跌幅逐渐缩小，土地市场成交价格波动上行，土地市场逐步回暖。

在新冠肺炎疫情的影响下，当前房地产市场在销售、租赁、土地、企业资金、住房保障等方面都发生了较大的变化，主要表现为：房地产市场成交量锐减，影响远超"非典"时期；住房租赁市场整合加剧，发展多元化；土地市场下行，一线城市成交量在优质地块带动下复苏；资金压力下中小企业难上加难，行业整合加速；老旧小区改造被纳入城镇保障性安居工程，惠民生与扩内需一举两得。

展望 2020 年，随着新冠肺炎疫情在全球的暴发，美国股市多次出现熔断，全球资产价格暴跌，全球经济面临衰退的风险。在疫情暴发之后，中国

经济第一季度呈负增长，同比增速为 -6.8%，全年经济增速有可能面临较大幅度的回落。随着国内疫情防控成效不断显现，复工复产进度加快，正常生产生活秩序逐渐恢复，疫情所带来的影响在第二季度会逐渐减弱，特别是前期压抑的一些经济活动会逐步释放，预计第二季度经济运行应该会比第一季度有明显回升。

2020 年对于房价的管控依然会继续，"房住不炒"定位不会改变，房地产调控政策的底线思维是"三稳"（稳地价、稳房价、稳预期），既不会放水刺激也不会过度收紧。各地将延续 2019 年中央"因城施策"号召，政策继续"双向调节"操作趋势。但是"一城一策"作用有可能会被强化。随着疫情结束，部分城市的新房限价有望放松，政策层面对于房价的反弹等也会有更大的容忍度。

随着国内疫情逐步得到控制，宏观政策环境得到改善，过度压制的市场需求集中释放，市场将快速回暖，市场销售和投资将逐步得到修复。由于新冠肺炎疫情对第一季度房地产市场销售的冲击较大，预计全年市场销售将会进一步回落。核心一、二线城市疫情之后将有一波刚需和改善需求有待释放，随着宏观政策环境的改善，市场有望率先回暖。三、四线城市市场仍将面临较大压力。因 2019 年土地市场基数较低，土地购置面积增速也将从低位缓慢回升，整体降幅会不断收窄，预计年底有可能由负转正。核心一、二线城市因基本面良好，购买力存在支撑，土地市场将持续回暖。三、四线城市因棚改政策收缩，投资风险逐步加大，房企将会更多地将土地储备集中在核心一、二线城市，三、四线城市的土地购置面积将进一步回落。由于新冠肺炎疫情对第一季度房地产开发投资影响较大，预计 2020 年房地产开发投资增速有可能回落至 3% 左右的水平。在新冠肺炎疫情中断了市场交易之后，市场行情逐步回暖，市场价格有望保持小幅平稳回落趋势。从具体城市能级看，一线及二线热点城市的市场有望率先回暖，市场刚需和改善需求的集中释放产生一波疫情后销售高潮，市场价格有可能逐步回升。三、四线城市由于上一轮市场需求基本出清，在新冠肺炎疫情的冲击下，短期内市场预期难以得到改善，价格仍有进一步回落风险。

目 录

皮书数据库阅读**使用指南**

总报告

General Report

B.1
2019年中国房地产市场形势分析及
2020年展望

"房地产蓝皮书"总报告编写组*

摘　要：　2019年中国房地产市场整体上表现出平稳回落态势。但随着
　　　　　新冠肺炎疫情在全球的暴发，美国股市崩盘式熔断，全球资
　　　　　产价格暴跌，金融危机最终将有可能进一步演变为经济危机，
　　　　　全球经济面临衰退的风险。第一季度中国经济负增长，工业、
　　　　　投资和消费领域均出现了大幅下降，超出预期，疫情不会改
　　　　　变中国经济中长期的增长趋势，预计第二季度经济运行比第
　　　　　一季度有明显回升。在新冠肺炎疫情的影响下，当前房地产

---

* 总报告执笔人：王业强、董昕、张智。王业强，中国社会科学院城市发展与环境研究所研究
员，研究方向：城市与区域经济、房地产经济；董昕，中国社会科学院城市发展与环境研究
所副研究员，研究方向：城市经济、住房与土地政策、人口迁移；张智，天津社会科学院经
济分析与预测研究所研究员，研究方向：宏观经济预测、房地产经济、城市经济。

市场在销售、租赁、土地、企业资金、住房保障等方面都发生了较大的变化。展望 2020 年，随着国内疫情防控成效不断显现，复工复产进度加快，正常生产生活秩序不断恢复，疫情所带来的影响在第二季度会逐渐减弱，特别是前期压抑的一些经济活动会逐步释放。由于新冠肺炎疫情对第一季度房地产市场销售的冲击较大，预计全年市场销售将会进一步回落，房地产开发投资增速有可能回落至 3% 左右的水平，市场价格有望保持小幅平稳回落趋势。

关键词： 房地产调控　政策变化　市场价格　指标预测

一　2019年房地产市场总体运行特征

2019 年中国房地产市场整体上表现出平稳回落态势，在政策层面上趋于缓和。年底的中央经济工作会议改变了年中关于"不将房地产作为短期刺激经济的手段"的提法，强调"要坚持房子是用来住的、不是用来炒的定位，全面落实因城施策，稳地价、稳房价、稳预期的长效管理调控机制，促进房地产市场平稳健康发展"。市场销售出现绝对下滑，价格增速回落趋缓。市场价格指数在 2017 年 1 月达到顶点，随后住宅价格指数增速大幅降至 10% 以下，之后两年市场价格增幅缓慢收窄。2019 年开发投资增速前高后低，增速逐渐回落，增长乏力。土地购置面积跌幅逐渐缩小，土地市场成交价格波动上行，土地市场逐步回暖。

（一）政策层面有所缓和

2019 年，我国房地产市场运行的政策环境整体偏紧：中央聚焦房地产金融风险，坚持住房居住属性，不将房地产作为短期刺激经济的手段，房地产行业资金定向监管全年保持从紧态势。整体来看，2019年中央层面房地产调控政策经历了三个阶段的明显变化：第一阶段，3月份"两会"政府工作报告提出从"坚决遏制房价上涨"转变为"防止房市大起大落"，4月份中央政治局会议重申"房住不炒"，说明楼市预期发生转变。第二阶段，7月份中央政治局会议首提"不将房地产作为短期刺激经济的手段"，政策明显收紧。这是房地产调控政策导向出现新变化的信号。第三阶段，12月份中央经济工作会议重申"要坚持房子是用来住的，不是用来炒的定位，全面落实因城施策，稳地价、稳房价、稳预期的长效管理调控机制"。房地产政策层面明显缓和（见表1）。

表1　2019年房地产调控政策回顾

时间	机构/会议	政策要点
1月	央行	为进一步支持实体经济发展，优化流动性结构，降低融资成本，中国人民银行决定下调金融机构存款准备金率1个百分点
	省部级主要领导干部研讨班开班式	习近平在省部级主要领导干部坚持底线思维着力防范化解重大风险专题研讨班开班式上提出，稳妥实施房地产市场平稳健康发展长效机制方案
2月	银保监会央行金融市场工作会议	要继续紧盯房地产金融风险，对房地产开发贷款、个人按揭贷款继续实行审慎的贷款标准。加强房地产金融审慎管理
3月	"两会"政府工作报告	更好地解决群众住房问题，落实城市主体责任，改革完善住房市场体系和保障体系，促进房地产市场平稳健康发展
	银保监会	对投机性的房地产贷款要严格控制，防止资金通过影子银行渠道进入房地产市场，房地产金融仍是防范风险的重点领域。进一步提升风险管控能力，防止小微企业贷款资金被挪用至政府平台、房地产等调控领域形成新风险隐患
	住建部部长讲话	坚持"房住不炒"，坚持落实城市主体责任，因城施策、分类指导，特别是要把稳地价、稳房价、稳预期的责任落到实处，保持政策的连续性和稳定性，防止楼市大起大落
4月	中央政治局会议	重申坚持"房子是用来住的、不是用来炒的"定位，落实好一城一策、因城施策、城市政府主体责任的长效机制
	银保监会	继续遏制房地产泡沫化，控制居民杠杆率过快增长

续表

时间	机构/会议	政策要点
5月	住建部	在此前对6个城市进行预警提示的基础上,又对新建商品住宅、二手住宅价格指数累计涨幅较大的城市进行预警提示
	央行	房地产调控和房地产金融政策的取向没有改变,坚持房地产金融政策的连续性、稳定性
7月	中央政治局会议	进一步明确,坚持"房子是用来住的、不是用来炒的"定位,落实房地产长效管理机制,不将房地产作为短期刺激经济的手段
8月	国常会、央行	国常会指出要改革完善贷款市场报价利率形成机制,带动贷款实际利率水平进一步降低。央行发布公告[2019]第15号,决定改革完善贷款市场报价利率(LPR)形成机制
9月	央行	决定于2019年9月16日全面下调金融机构存款准备金率0.5个百分点;对仅在省际行政区内经营的城市商业银行定向下调存款准备金率1个百分点
11月	央行金融稳定报告	稳健的货币政策要松紧适度,保持流动性合理充裕。坚决不搞"大水漫灌"
12月	中央经济工作会议	明确要坚持"房子是用来住的、不是用来炒的"定位,全面落实因城施策,稳地价、稳房价、稳预期的长效管理调控机制,促进房地产市场平稳健康发展。稳健的货币政策要灵活适度,保持流动性合理充裕,货币信贷、社会融资规模增长同经济发展相适应,降低社会融资成本
	全国住房和城乡建设工作会	着力稳地价、稳房价、稳预期,保持房地产市场平稳健康发展

资料来源:作者整理。

(二)销售出现绝对下滑

中央坚持房地产调控政策不放松,限贷限购政策直接着力于市场需求。2019年,商品房销售面积171558万平方米,略低于上年,比上年下降0.1%。其中,住宅销售面积同比增长1.5%,办公楼销售面积同比下降14.7%,商业营业用房销售面积同比下降15.0%。商品房销售额159725亿元,同比增长6.5%,较上年回落5.7个百分点。

从图1中可以看到,自1999年以来,商品房销售面积出现3次绝对下滑。

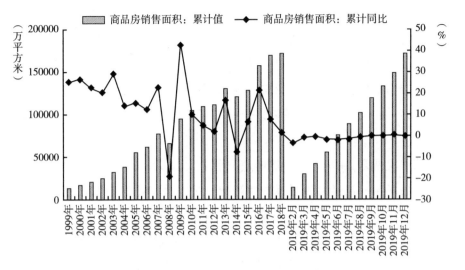

图1 商品房销售面积（1999～2019年）

资料来源：Wind数据库。

第一次是2008年金融危机时期，增速同比下滑19.7%；但随着国家4万亿元投资计划的推出，房地产销售增速在2009年快速回升至43.60%。而除这次由外生因素导致的销售下滑之外，房地产销售在2012年出现了一个相对低谷，房地产销售同比增速仅为1.8%。2012年，房地产调控政策稳中趋紧，中央和相关部委强调房地产调控不放松。2012年初国务院提出房地产调控两个目标：一是促使房价合理回归不动摇，二是促进房地产市场长期、稳定、健康发展。与此同时，住建部、国土部、财政部等相关部委提出，要稳定房地产市场调控政策，坚决抑制投机投资需求，防止房价反弹，稳定市场预期。十八大过后，中央各部委密集发声强调保持调控从紧取向，中央经济工作会议、中央政治局会议均明确指出，2013年坚持房地产调控不放松。

第二次是2014年，同比增速下滑7.6%。2014年GDP同比增速7.2%，相比2013年大幅下滑0.5个百分点。经济增速换挡，中国经济进入新常态。全国商品房销售面积和金额同比增速罕见地连月为负，房价涨幅大幅放缓。在"稳增长+去库存"诉求下，从2014年6月起非一线城市限购政策陆续

被取消，但市场仍反应平淡。9月30日，央行和银监会发布《关于进一步做好住房金融服务工作的通知》（"930新政"），以放松限贷为特点的全国性宽松政策开启：二套房认定标准由"认房又认贷"改为"认贷不认房"，商贷首套房最低首付比例为30%，利率下限为基准利率的0.7倍；支持房企在银行间市场进行债务融资，开展REITs试点等。同年11月央行重启降息。

第三次就是2019年，虽然增速下滑不大，仅为0.1%，但这说明当前房地产市场预期已经发生了根本性转变。过去是防止房价增长过快，现在则要防止房价过快下滑。中央提出维护房地产市场稳定的调控思路不变，但为适应市场形势的变化，中央调控政策的方向已经发生了细微的变化。12月，中央经济工作会议明确要坚持"房子是用来住的、不是用来炒的"定位，全面落实因城施策，稳地价、稳房价、稳预期的长效管理调控机制，促进房地产市场平稳健康发展。稳健的货币政策要灵活适度，保持流动性合理充裕，货币信贷、社会融资规模增长同经济发展相适应，降低社会融资成本。积极的财政政策要大力提质增效，更加注重结构调整，坚决压缩一般性支出，做好重点领域保障，支持基层保工资、保运转、保基本民生。

（三）价格增速回落变缓

百城住宅价格指数变化显示，本轮住宅市场价格指数在2017年1月达到顶点，为18.86%，自9月百城住宅价格指数增速降至10%以下之后，市场价格增速回落缓慢收窄，但在2019年12月，百城住宅价格指数由11月的3.17%回升至3.34%（见图2）。这是自2017年市场价格增速回落两年来的首次回升。而前两轮百城住宅价格指数回升的起点分别出现在2012年8月和2015年5月。

2012年，央行在2月和5月两次下调存款准备金率0.5个百分点，在6月、7月两次降息，并将金融机构贷款利率浮动区间的下限先后调整为基准利率的0.8倍和0.7倍。在降准降息的支持下，房地产新增贷款持续增长，

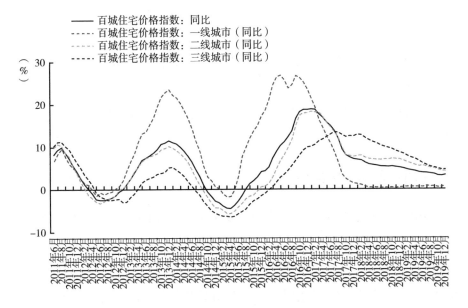

图2 百城住宅价格指数（2011～2019年）

资料来源：Wind 数据库。

支撑房地产形势持续向好。

2015 年 3 月，全国"两会"召开，提出要"加快培育消费增长点，稳定住房消费"。中央对房地产稳消费的表态，有利于稳定市场预期，提振市场信心。2015 年房地产政策坚持促消费、去库存的总基调，供需两端宽松政策频出，改善行业运行环境促进市场平稳向好。需求端中央多轮降准降息降首付，扩大需求、促进消费、去化库存；供应端调控土地规模结构，加强保障房货币化安置。在多轮政策组合刺激下，楼市持续回暖。

2019 年底，中央经济工作会议提出，要坚持"房子是用来住的、不是用来炒的"定位，全面落实因城施策，稳地价、稳房价、稳预期的长效管理调控机制，促进房地产市场平稳健康发展。区别于 7 月底中央政治局会议首提"不将房地产作为短期刺激经济的手段"，本次会议重申坚持"房住不炒"的定位，落实因城施策、"三稳"的长效机制，房地产政策层面有所缓和，稳定将是下一阶段调控政策主基调。

从分能级城市住宅价格指数来看，一线城市住宅价格指数自 2018 年 3 月份回落到 1% 以下之后，一直保持低速增长，处于相对稳定的状态，但在 2019 年最后两个月持续回升；二线城市住宅价格指数自 2017 年 9 月回落到 10% 之下后，增速回落速度不断放缓；三线城市住宅价格指数自 2017 年 7 月高点回落之后，回落速度快于一、二线城市，但在 2019 年 12 月出现了放缓趋势（见图 2）。

（四）开发投资增长乏力

2019 年，全国房地产开发投资 132194 亿元，同比增长 9.9%，较上年提高 0.4 个百分点。其中，住宅投资 97071 亿元，同比增长 13.9%，较上年提高 0.5 个百分点。与前几次市场底部相比较，虽然 2019 年投资仍在加速，但增速尚未达到 2014 年的水平。从月度开发投资累计增速看，2019 年开发投资增速是前高后低，增速逐渐回落。这也进一步反映了房地产开发投资增长乏力（见图 3）。

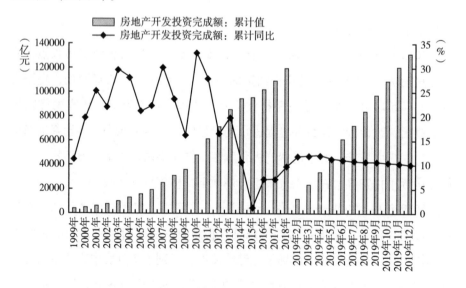

图 3　全国房地产开发投资情况（1999~2019 年）

资料来源：Wind 数据库。

从资金来源上看，2019年，房地产开发企业到位资金178609亿元，同比增长7.6%（见图4），增速比上年提高1.2个百分点。其中，国内贷款25229亿元，同比增长5.1%，比上年提高10个百分点；利用外资176亿元，同比增长62.7%，比上年提高98.5个百分点；自筹资金58158亿元，同比增长4.2%，比上年下降5.5个百分点；定金及预收款61359亿元，同比增长10.7%，比上年下降3.1个百分点；个人按揭贷款27281亿元，同比增长15.1%，比上年提高15.9个百分点；其他到位资金6406亿元，同比下降7.10%，较上年下降3.10个百分点。而在各项应付款中，工程款22965亿元，同比增长18.1%，比上年提高9.9个百分点。从开发企业到位资金来源看，2019年同比增长7.6%，存在一个明显的加速趋势。在2008年、2012年、2014年之后，房地产开发企业到位资金均出现了快速增长的趋势。从各项指标看，2019年，增长最快的是利用外资，工程款也有明显加速趋势。

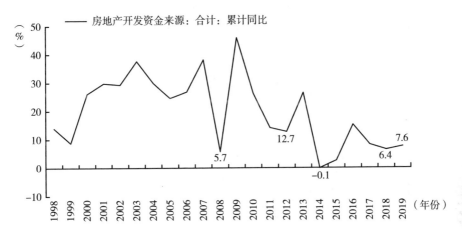

图4 房地产开发资金来源同比增长（1998~2019年）

资料来源：Wind数据库。

1998年住房市场改革之后，房地产市场化趋势加强，房地产企业的新开工和投资明显依赖于市场销售状况，两者通常都是滞后于房地产销售（见图5），这在2008年之后的几轮市场周期波动中都表现得比较明显。

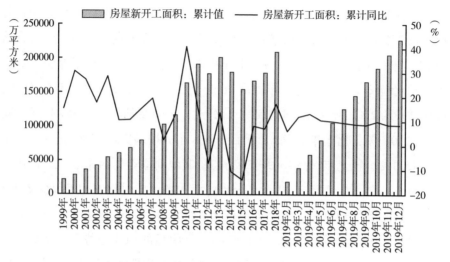

图5 全国房屋新开工面积同比增长情况（1999～2019年）

资料来源：Wind 数据库。

2017 年下半年开始，房地产开发投资和新开工面积与销售走势逐渐背离（见图6），开发投资和新开工面积维持较高增速增长，而市场销售增速

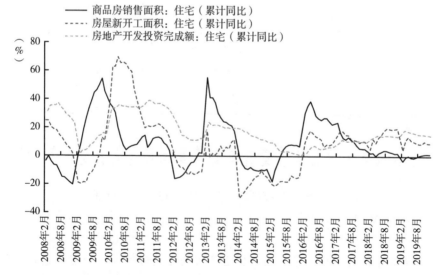

图6 全国商品房销售面积、新开工面积、开发投资完成额增速比较（2008～2019年）

资料来源：Wind 数据库。

一路下滑，维持低位徘徊。市场销售的"锚"功能相对弱化。第一，当前房地产仍在严格调控政策作用下，热点城市市场销售明显受到政策压制；第二，经过前期市场的火热发展，三、四线城市市场需求基本出清；第三，房地产市场经过20多年的快速发展，市场供求总量大体平衡，基本告别住房短缺时代。

（五）土地市场逐步回暖

2019年，土地购置面积出现较大幅度回落，全年土地购置面积为2.58亿平方米，同比下降11.40%，较2018年下降25.6个百分点（见图7）。从2019年土地购置面积走势看，土地购置面积跌幅逐渐缩小，意味着从年初至年末，土地市场逐步回暖。与此同时，土地市场成交价格波动上行，推动土地市场回暖。

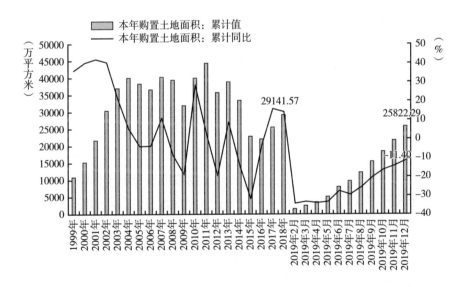

图7　土地购置面积及增速（1999～2019年）

资料来源：Wind数据库。

从土地成交量看，全国100个大中城市成交土地14028宗，比2018年减少671宗，未成交土地2988宗，比上年增加728宗；成交土地占地面积 65062 万平方米，比上年减少 2514 万平方米；成交土地规划建筑面积 128162 万平方米，比上年减少 699 万平方米；成交土地楼面均价为 3097 元/米^2，比上年增长 500 元/米^2。总体呈现"量减价增"的态势（见图 8）。

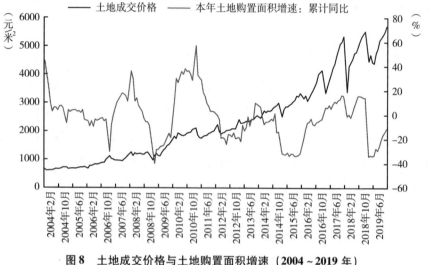

图 8　土地成交价格与土地购置面积增速（2004～2019 年）

资料来源：Wind 数据库。

分城市能级看，成交土地数量：一线城市为 676 宗，比 2018 年增加了 73 宗，二线城市为 5848 宗，比上年增加了 243 宗，三线城市为 7493 宗，比上年减少了 996 宗；成交土地占地面积：一线城市为 3501.04 万平方米，比 2018 年增加了 551.4 万平方米，二线城市为 27758.01 万平方米，比上年增加了 1255.65 万平方米，三线城市为 33754.16 万平方米，比上年减少了 4359.07 万平方米；成交土地楼面均价：一线城市为 7285.24 元/米^2，比 2018 年降低了 649.66 元/米^2，二线城市为 3790.05 元/米^2，比上年增加了 701.62 元/米^2，三线城市为 1990.89 元/米^2，比上年增加了 295.19 元/米^2。成交数量和占地面积是一、二线城市增加，三线城市减少；成交价格是一线城市下降，二、三线城市增加。一线城市"量增价跌"，二线城市"量价齐增"，三线城市"量跌价增"。

分用地功能看，2019年住宅类成交土地规划建筑面积为62772.46万平方米，比2018年增加4565.80万平方米。其中住宅用地为42446.77万平方米，比上年增加4208.35万平方米；商住综合用地为20275.70万平方米，比上年下降357.45万平方米。工业用地为48690.88万平方米，比上年减少2115.73万平方米。价格方面，2019年住宅类成交土地楼面均价为5404.17元/米²，比2018年提高了787.1元/米²，其中住宅用地价格为5576.89元/米²，比上年提高了710.85元/米²；商服用地价格为2961.27元/米²，比上年下降15.99元/米²；工业用地价格为327.93元/米²，比上年提高29.86元/米²。

从溢价率指标看，2019年，100大中城市成交土地溢价率为12.62%，比上年提高0.53个百分点（见图9）。分季度来看，2019年溢价率整体经历了"先升后降"之势，尤其是在2019年4月份升至高位后，第三季度受房企融资渠道收紧的影响急剧下滑，降幅十分显著，开发商拿地的审慎程度大幅度提升。第四季度溢价率小幅回升，房企拿地信心有所提升。其中，一线城市溢价率第四季度进一步下跌至1.65%，大部分地块均以底价成交，已

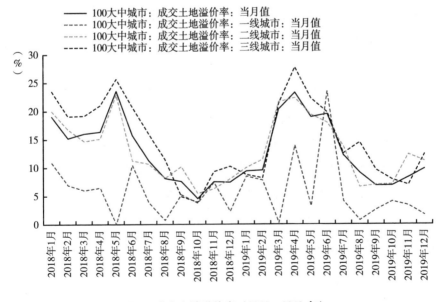

图9 成交土地溢价率（2018~2019年）

资料来源：Wind数据库。

经没有降价空间；二、三线城市成交土地溢价率在第四季度均有所提升，但两者在 12 月份走势出现差异。

二　当前房地产市场热点问题分析

在新冠肺炎疫情的影响下，房地产市场"小阳春"的希望直接跌入谷底。房地产市场的销售、租赁、土地、企业资金、住房保障等方面都受到新冠肺炎疫情较大影响。主要表现为：房地产市场成交量锐减，影响远超"非典"；住房租赁市场在疫情影响下行业整合加剧，多元化发展可期；土地市场下行，一线城市成交在优质地块带动下复苏；资金压力下中小企业难上加难，行业整合加速；老旧小区改造被纳入城镇保障性安居工程，惠民生与扩内需一举两得。

（一）疫情来袭，房地产市场成交量锐减，影响远超"非典"

2019 年的商品房销售面积为 17.16 亿平方米，比 2018 年同比下降 0.1%，其中，住宅销售面积略涨 1.5%，办公楼销售面积下降 14.7%，商业营业用房销售面积下降 15.0%。在新冠肺炎疫情的影响下，房地产市场在 2020 年初小阳春的希望直接跌入谷底。2020 年 1 ~ 2 月商品房销售面积出现前所未有的大幅负增长，同比下降 39.9%（见图 10）。其中，住宅销售面积下降 39.2%，办公楼销售面积下降 48.4%，商业营业用房销售面积下降 46.0%。同时，商品房销售平均价格同比上涨 6.6%，这是销售额下降幅度小于销售面积下降幅度所形成的价格涨幅。可以说，在新冠肺炎疫情的影响下，房地产市场中各类物业的成交量均出现锐减。

回顾 2003 年"非典"疫情影响下的房地产市场表现，房地产销售面积同比增幅虽然有所下降，但是并没有出现负增长的情况（见图 11）。考虑到当时的房地产市场宏观环境、市场规模（2003 年全国房地产销售面积只有 2.3 亿平方米）等都与现在存在很大的差异，此次新冠肺炎疫情对房地产市场的影响将远大于"非典"疫情对于房地产市场的影响。

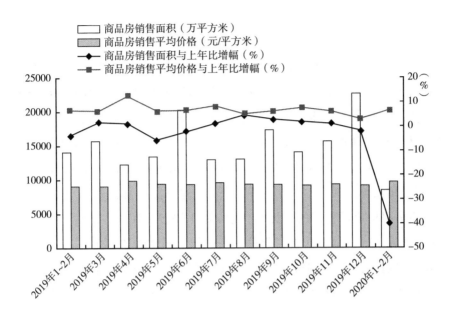

图10 房地产市场成交量与成交价格（2019年1月至2020年2月）

资料来源：国家统计局。

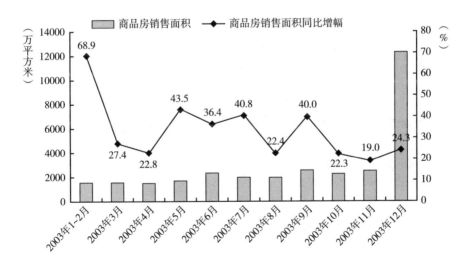

图11 "非典"期间房地产市场表现（2003年）

资料来源：国家统计局。

（二）住房租赁市场在疫情影响下行业整合加剧，多元化发展可期

在各地纷纷出台支持发展住房租赁市场措施的政策背景下，2019 年全年居民房租比 2018 年同比略涨 1.8%，低于 2019 年 2.9% 的 CPI 涨幅，而且各月同比涨幅呈逐步下降的趋势（见图 12）。与此同时，2019 年也是长租公寓机构加强整合的一年，据不完全统计，2019 年共有 53 家长租公寓机构因资金链断裂、被收购等原因无法继续经营，也就是所谓的"长租公寓集体暴雷"。2019 年 12 月，住建部等 6 部门发布《关于整顿规范住房租赁市场秩序的意见》（建房规〔2019〕10 号），要求租赁需求旺盛的城市应当于 2020 年底前建设完成住房租赁管理服务平台；加强对采取"高进低出""长收短付"① 经营模式的住房租赁企业的监管，指导住房租赁企业在银行设立租赁资金监管账户，将租金、押金等纳入租赁

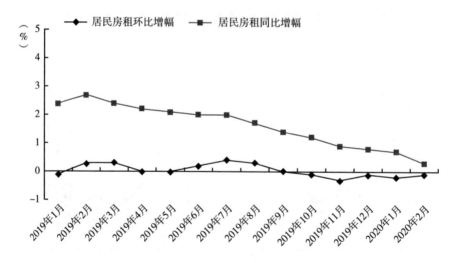

图 12　居民租赁房租金水平（2019 年 1 月至 2020 年 2 月）

资料来源：国家统计局。

---

① "高进低出"是指支付房屋权利人的租金高于收取承租人的租金，"长收短付"是指收取承租人租金周期长于给付房屋权利人租金周期。

资金监管账户；并对住房租金贷款金额占比进行限制。在新冠肺炎疫情的防控过程中，出现的无房遣返、租户不得进入小区等要求，客观上强化了房产所有权带来的归属感与安全感，将会促使一些租房者转向买房，部分租房需求由此转为购房需求，"租售同权"将面临更大的挑战。此次新冠肺炎疫情对租赁行业的影响剧烈，将促使租赁行业市场进入深度整合期，资源将向头部企业进一步集中，另外，也将促使企业探索新的商业模式，加快住房租赁市场服务的转型升级，住房租赁市场将迎来更为多元化的发展。

（三）土地市场下行，一线城市成交在优质地块带动下复苏

2019 年全国土地购置面积为 2.58 亿平方米，较 2018 年下降 11.4%，经过 2017 年、2018 年两年正增长后重新回到负增长的状态（见图 13）。2019 年土地平均成交价格为 5696 元/米^2，同比增幅为 3.1%，比 2018 年涨幅回落 0.2 个百分点。受新冠肺炎疫情影响，土地市场成交量大幅下降，土地购置面积、土地成交价格分别同比下降 29.3% 和 36.2%。

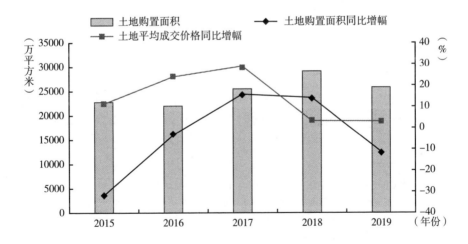

图 13　土地市场成交量与成交价格（2015～2019 年）

资料来源：国家统计局。

从城市间差异来看，一线城市的土地市场无论是土地成交面积还是土地成交溢价率都与二、三线城市有所不同（见图14、图15）。① 在新冠肺炎

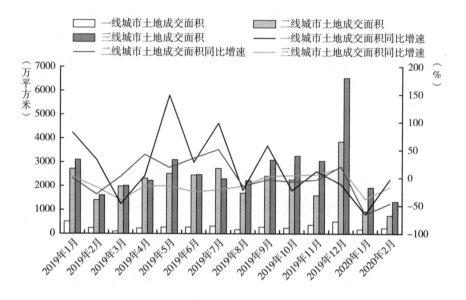

图14 各类城市的土地成交面积（2019年1月至2020年2月）

资料来源：Wind 数据库。

疫情的冲击下，虽然一、二、三线城市的土地成交面积都有所下降，但是在优质地块不断推出与成交的带动下，一线城市的土地市场已经开始出现复苏的迹象。2020年1~2月，一线城市推出了一些"地王"级别的地块，如北京海淀区的多块居住用地、上海黄浦江边的徐汇滨江西岸金融港地块等。同

---

① 一线城市是指北京、上海、广州、深圳4个城市；二线城市包括天津、重庆、杭州、南京、武汉、长沙、济南、青岛、宁波、苏州、厦门、福州、南昌、郑州、合肥、沈阳、大连、长春、哈尔滨、成都、西安、太原、石家庄、珠海、兰州、呼和浩特26个城市；三线城市包括贵阳、昆明、南宁、海口、银川、乌鲁木齐、无锡、常州、唐山、温州、嘉兴、烟台、佛山、东莞、绍兴、西宁、三亚、湖州、舟山、台州、金华、镇江、扬州、泰州、南通、连云港、保定、廊坊、秦皇岛、包头、北海、赣州、桂林、惠州、湛江、吉林、洛阳、泉州、徐州、宜昌、蚌埠、常德、大理、丹东、济宁、锦州、九江、泸州、牡丹江、南充、平顶山、韶关、襄阳、岳阳、遵义、淮安、盐城、宿迁、衢州、丽水、肇庆、江门、中山、汕头、张家口、淄博、潍坊、马鞍山、绵阳、湘潭70个城市。

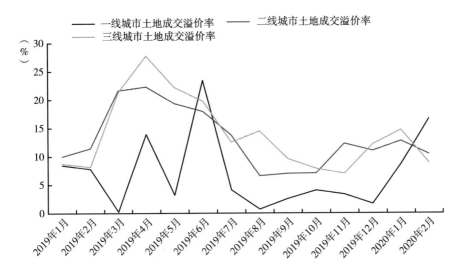

图15 各类城市的土地成交溢价率（2019年1月至2020年2月）

资料来源：Wind数据库。

时，一些资金相对充裕的房地产企业认为疫情期间是在一线城市拿地的窗口期，客观上也促成了土地市场的成交。在这些优质地块成交的带动下，一线城市的土地成交面积和成交溢价率明显反弹。2020年3月，《国务院关于授权和委托用地审批权的决定》（国发〔2020〕4号）发布，将国务院可以授权的永久基本农田以外的农用地转为建设用地审批事项授权各省、自治区、直辖市人民政府批准；在北京、天津、上海、江苏、浙江、安徽、广东、重庆8省市开展为期1年的试点，将永久基本农田转为建设用地和国务院批准土地征收审批事项委托省、自治区、直辖市人民政府批准。在此政策背景下，土地市场的城市间差异很有可能进一步扩大。

（四）资金压力下中小企业难上加难，行业整合加速

2019年全国房地产开发投资13.22亿元，比上年增长9.9%；房地产开发企业到位资金17.86亿元，比上年增长7.6%。但是，在新冠肺炎疫情的影响下，2020年1~2月，房地产投资同比下降16.3%，房地产开发企业到位资金同比下降17.5%（见图16）。房地产开发企业的资金压力骤然加大。

房地产作为资金密集型行业，资金是房地产开发企业生存与发展的关键影响因素。大型企业尤其是大型国有企业具有融资方面的优势，而中小企业则在融资方面处于劣势。在资金压力剧增的情况下，中小企业的生存与发展将难上加难，房地产行业的并购整合也将加快。

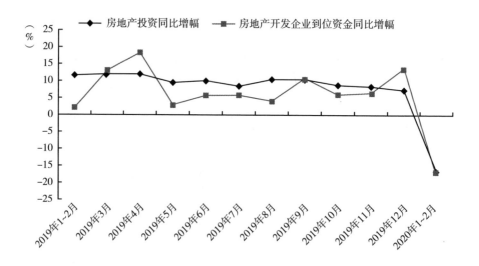

图16 房地产投资及开发企业到位资金（2019年1月至2020年2月）

资料来源：国家统计局。

（五）老旧小区改造被纳入城镇保障性安居工程，惠民生与扩内需一举两得

从2017年底开始启动，住房和城乡建设部在广州、韶关、柳州、秦皇岛、张家口、许昌、厦门、宜昌、长沙、淄博、呼和浩特、沈阳、鞍山、攀枝花、宁波15个城市开展老旧小区改造试点。截至2018年12月，试点城市共改造老旧小区106个。[①] 在此基础上，2019年开始在全国范围内推进老旧小区改造。先是住建部会同发改委、财政部联合印发《关于做好2019年老旧小区改造工作的通知》（建办城函〔2019〕243号），继而财政部、住

---

① 资料来源：住房和城乡建设部官方网站。

建部又印发《中央财政城镇保障性安居工程专项资金管理办法》的通知（财综〔2019〕31号），继公租房和棚户区改造后，将老旧小区改造也纳入城镇保障性安居工程，中央财政提供专项资金支持。在住建部等部门的摸底调查中，各地上报需要改造的城镇老旧小区17万个，涉及居民上亿人。在此次新冠肺炎疫情中，老人居住相对集中的老旧小区医疗急救通道不畅、物业管理困难等问题更加明显，老旧小区改造的迫切性也就更加突出。加快推进老旧小区改造，既可以提升居民的生活质量，有利于满足人民对美好生活的需要，又可以在当前的经济形势下为扩大内需、稳定经济增长起到促进作用，可以说是一举两得。

三 2020年房地产市场展望

（一）国际经济形势变化

2019年世界经济总体呈缓速增长的态势。经济增长低迷的一个显著特征是，全球制造业的衰退、贸易壁垒的增加导致投资和需求明显下降。在国际投资方面，至2019年全球直接投资流量连续第四年下降，投资自由化进程受阻，各主要经济体纷纷实行货币宽松政策以维持经济稳定。2020年1月16日，联合国发布《2020年世界经济形势与展望》，报告指出全球经济在2019年经历了十年来最低增长，全球经济增长放缓至2.3%。2020年全球经济增长受贸易争端及政策不确定性影响，预计2020年经济增速可能达到2.5%。

但随着新冠肺炎疫情在全球的暴发，美国股市多次出现熔断，全球资产价格暴跌，金融机构资产负债表快速恶化，疫情对金融体系的巨大冲击传导并扩大至实体经济。与此同时，疫情造成原油需求萎缩，主要产油国无法达成减产协议而开启价格战，从而导致石油价格暴跌。最终，金融危机将有可能进一步演变为经济危机，全球经济面临衰退的风险。国际货币基金组织（IMF）发布2020年4月《世界经济展望》，对世界各国和经济

体2020年的GDP增长率做出最新预测：美国为－5.9%，欧元区为－7.5%，中国为－1.2%，印度为1.9%。目前，全球金融市场调整尚未完成，股市可能还会下跌。全球零利率和负利率盛行，美国实施无限量化宽松政策，美元贬值导致人民币升值预期加大，将会带来国内房地产市场价格上涨的压力。

（二）国内经济形势和政策变化

2019年中国国内生产总值990865亿元，比上年增长6.1%，明显高于全球经济增速，在世界主要经济体中名列前茅。2019年，中国人均国内生产总值70892元，按年平均汇率折算达到了10276美元，突破了1万美元的大关，实现了新的跨越。在全球经济下行压力下，一些国际机构普遍预测，中国经济在2020年仍将保持稳定的增长态势。如高盛预测中国2020年GDP增速是5.9%；2020年1月20日，国际货币基金组织（IMF）上调了中国2020年经济增长预期，将中国2020年经济增速预期上调0.2个百分点至6%。但在疫情暴发之后，第一季度中国经济负增长，增速为－6.8%，全年经济增速有可能面临较大幅度回落。

2019年下半年以来，猪肉价格上涨推动CPI同比涨幅持续超预期上行，形成约束货币政策宽松的掣肘。但CPI处于较高水平主要是由猪生长周期所引起，并非对应物价的全面上涨（见图17）。核心CPI达到历史最低更能反映经济运行的实际问题是"通缩"而非"通胀"。2020年2月份，全国CPI环比上涨0.8%，涨幅比上月回落0.6个百分点；同比上涨5.2%，涨幅回落0.2个百分点。预计2020年CPI整体走势前高后低，下半年随着CPI回落，对货币政策约束放松，为货币政策宽松打开空间。

在投资三大领域中，制造业投资依然受到去杠杆后遗症影响，设备和库存投资均处于收缩状态。房屋新开工面积与房企土地购置价款在12月单月均创年度新高，因此在增长动力上开发投资完成额依旧强劲。尽管基建投资在2019年全年增速较低（见图18），但2020年将在积极财政政策以及专项债发行的推动下出现明显的反转。专项债的使用范围将有所扩大，推动基建

图17　CPI 变化（2013～2019 年）

资料来源：Wind 数据库。

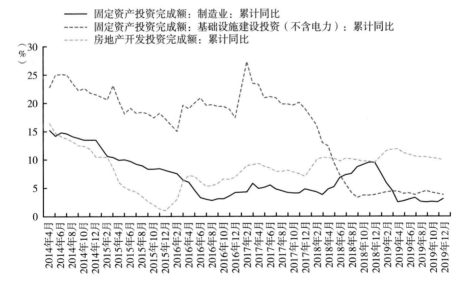

图18　三大固定资产投资增速比较（2014～2019 年）

资料来源：Wind 数据库。

和重大项目投资增长，尤其是新基建投资将是相对亮点。此前财政部分两批下发了"提前批"新增专项债，额度共计 12900 亿元，截至 2020 年 3 月 19 日，各地专项债发行规模共计 10165.31 亿元，突破万亿元，占提前下达新增专项债额度的近八成。

2017 年 11 月以来，我国大幅度放宽金融业市场准入，在提升外资股权比例、减少业务范围限制、加速资质审核和牌照发放等方面进一步推进开放。2020 年资本市场的开放仍将持续推进，中国优质核心资产在世界范围内具有较大吸引力。随着沪港通、深港通先后开通，A 股市场国际化水平不断提高，未来将在相当一段时间内吸引外资持续流入。在中国国债被纳入摩根大通旗舰全球新兴市场政府债券指数、"债券通"进一步便利境外机构投资、"沪伦通"启动、H 股"全流通"改革全面推开等开放政策的加持下，海外投资者将加速布局资本市场。

2019 年的货币政策总体偏宽松，全年 3 次降准，LPR 利率新机制形成。在 GDP 增速下行以及全球货币宽松的压力下，预计 2020 年的货币政策将松紧适度，"大水漫灌"式宽松难再现，结构性宽松可期。房地产资金面整体略有宽松，房贷利率打开下行空间。2020 年元旦伊始，央行降准便如期而至，虽然 3 月份的降息落空，但在全球零利率甚至负利率的背景下，未来降息概率依然较大，预计年内结构性宽松仍将延续。房地产融资有望获得边际改善，但在"房住不炒"的约束下，房企整体融资环境依旧相对偏紧；在 LPR 利率中枢下移的作用下，按揭贷款仍是银行信贷优选，2020 年房贷利率大概率稳中有降，以便支持居民合理的自住以及改善性购房需求。

但在 2020 年初，新冠肺炎疫情突发对中国经济、社会造成了一定程度的影响，工业、投资和消费领域均出现了大幅下降，超出预期，第一季度中国经济负增长，同比增速为 -6.8%。随着国内疫情防控成效不断显现，复工复产进度加快，正常生产生活秩序不断恢复，疫情所带来的影响在第二季度将会逐渐减弱，特别是前期压抑的一些经济活动会逐步释放，预计第二季度经济运行会比第一季度有明显回升。疫情不会改变中国经济中长期的增长趋势，随着我国疫情形势趋缓，经济显现出强大韧性，未来中国将可能成为全球资本的"避风港"。在全球负利率盛行的背景下，由于房地产具有较强的保值功能，加上宏观货币政策结构性宽松和地方调控政策边际放松，房地产市场将得到快速修复。

（三）中央房地产调控政策新变化

2019年中央经济工作会议明确，要加大城市困难群众住房保障工作，加强城市更新和存量住房改造提升，做好城镇老旧小区改造，大力发展租赁住房。根据中央经济工作会议的精神，实际上在保障房、老旧小区改造和租赁住房等方面将会形成各类新的支持政策。

第一，供应体系从"重市场"到"重保障"。在"房住不炒"的背景下，我国住房供应体系也发生了明显变化，从重市场端转为市场、保障并重，租购并举的住房供应体系和多层次、多渠道、多元化的住房保障体系逐渐成形。2020年要全面建成小康社会，为了促进实现全体人民住有所居，重点是加大城市困难群众住房保障工作力度，进一步完善住房保障体系试点，全面保障"住有所居"目标的实现，因此，2020年住房保障建设的力度不会放松。一些人口净流入量大的城市保障类住房需加大供应量，同时，保障性住房后续管理需要进一步加强和规范。

第二，住房保障从"棚改"到"旧改"。大规模棚改是导致2016年以来房地产价格快速上涨的一个重要因素。到2020年，基本完成现有的城镇棚户区、城中村和危房改造。用"旧改"取代"棚改"，吸引社会资本进入，将会在一定程度上减小成本、提高效率，尤其是可以在一定程度上减小地方政府的财政压力，还能在一定程度上提升实体制造业的发展。2020年老旧小区改造的力度将会明显强化，各大城市也将继续加大试点和对标杆项目推广的力度，包括电梯加装、停车位设置、管道改造等领域会形成很多新的投资机会。而相关的配套政策也会跟进，如公积金提取、财政补贴等。

第三，租赁市场从"规范发展"到"租赁住房"。虽然2019年租赁市场的发展面临很多问题，但是预计2020年依然会发力，这和租售并举

的发展目标是相关的。2019 年底的中央经济工作会议关于发展租赁市场的提法更加具体，提出要大力发展租赁住房，政策目标直接指向这一具体的住房产品。因为只有多渠道扩大租赁住房供给，住房租赁市场才能真正发展起来。那么，未来围绕发展租赁住房的各种政策创新会不断推出。预计在土地的供应和保障、产品的创新等方面会有各类新举措。比如在产品创新领域，包括人才租赁住房、蓝领公寓住房等，会成为供给端发力的重点。

第四，土地市场从"改革试点"到"全面推开"。2015 年 2 月 27 日，十二届全国人大常委会审议通过《关于授权国务院在北京市大兴区等三十三个试点县（市、区）行政区域暂时调整实施有关法律规定的决定》，2020 年 3 月 11 日，农业农村部办公厅发布通知，全面推开农村集体产权制度改革试点。3 月，国务院发布《国务院关于授权和委托用地审批权的决定》，将农用地转为建设用地审批事项授权各省、自治区、直辖市人民政府批准，以及试点将永久基本农田转为建设用地和国务院批准土地征收审批事项委托部分省、自治区、直辖市人民政府批准。土地市场改革的"全面推开"将加速房地产长效机制的形成，集体土地入市将会推动房地产投资模式创新。

2020 年对于房价的管控依然会继续，"房住不炒"定位不会改变，房地产调控政策的底线思维是"三稳"（稳地价、稳房价、稳预期），既不会放水刺激也不会过度收紧。但是"一城一策"作用有可能会被强化。各地将延续 2019 年中央"因城施策"号召，政策继续"双向调节"操作趋势。部分热点城市持续推进限购、限售、限价政策，维稳房价；部分存在去库存压力的城市，则以放宽落户政策、降低人才购房门槛或提供购房、住房补贴为主，进而达到定向放松的目的。随着疫情结束，部分城市的新房限价有望放松，政策层面对于房价的反弹等也会有更大的容忍度。不同城市的调控思路按照各自的市场和价格走势灵活调整，房价分化加剧。前期政策过于紧缩的一、二线城市有望得到结构性放松。除个别超大城市外的城市落户限制全面放松，预计会有更多的城市通过人才引进的途径对特定人群或特定区域变相放松限购，市场触底回暖。而部分人口流出、前期需求被严重透支的三、四线城市，房价内生上涨动力不足，再加上棚改货币化、大城市外溢需求等利好逐渐消退，房价目前在高位盘整，面临较大的调整压力。

（四）2020年中国房地产市场总体走势

从2019年市场主要指标来看，房地产市场处于平稳回落的趋势。然而新冠肺炎疫情的突发，给房地产市场造成了较大的冲击，市场销售基本停滞，开发企业基本停工停产。随着国内疫情逐步得到控制，宏观政策环境改善，过度压制的市场需求集中释放，市场将快速回暖。随着疫情结束，市场销售和投资将逐步得到修复。

由于2018～2019年的市场销售面积处于历史高位，均在17万亿平方米以上，且新冠肺炎疫情对第一季度房地产市场销售的冲击较大，预计全年市场销售面积将会进一步回落，在15万亿平方米左右，降幅在10%左右。核心一、二线城市疫情之后将有一波刚需和改善需求有待释放，随着宏观政策环境的改善，市场有望率先回暖。三、四线城市市场仍将面临较大压力。

因2019年土地市场基数较低，土地购置面积增速也将从低位缓慢回升，整体降幅会不断收窄，预计年底有可能由负转正。核心一、二线城市因基本面良好，购买力存在支撑，土地市场将持续回暖。三、四线城市因棚改政策收缩，投资风险逐步加大，房企将会更多地将土地储备集中在核心一、二线城市，三、四线城市的土地购置面积将进一步回落。

2019年房地产开发投资的高位运行主要取决于在建规模和土地购置费的增加。伴随着当前住房库存水平的上升和未来住房需求的高位回归，预计2020年房地产企业房屋新开工面积和商品房销售面积均将出现较大幅度的下降，这对房屋在建规模的增长形成负向拉动。2019年以来土地成交价格同比增幅总体呈下降趋势，从而导致2020年土地购置费增幅也将下降。此外，由于新冠肺炎疫情对第一季度房地产开发投资影响较大，预计2020年房地产开发投资增速有可能大幅回落至3%左右，但住宅投资增速有望保持在5%左右的水平，非住宅类投资将出现较为明显的下降。

总体来看，2019年商品房市场价格处于平稳增长的态势，市场价格增

幅缓慢收窄。在新冠肺炎疫情中断了市场交易之后，随着财政政策的调整，央行降准降息预期不断加大，市场行情逐步回暖，市场价格有望保持小幅平稳回落态势，全年商品房销售均价同比增速转为负增长。从具体城市能级看，一线及二线热点城市的市场有望率先回暖，市场刚需和改善需求的集中释放，将产生一波疫后销售高潮，市场价格有可能逐步回升。三、四线城市由于上一轮市场需求基本出清，在新冠肺炎疫情的冲击下，短期内市场预期难以改善，价格仍有进一步回落风险。

参考文献

《2019 年中国房地产总结与展望 | 政策篇》，《克而瑞地产研究》2019 年 12 月 18 日。

《2019 年国内宏观经济分析与 2020 年展望》，中国金融信息网，2020 年 1 月 8 日。

任泽平：《2019 年中国住房存量报告》，泽平宏观，2019 年 8 月 19 日。

管清友：《2020 年中国经济十大预测》，新浪财经，2020 年 1 月 7 日。

《2019 年中国房地产政策盘点》，中国指数研究院，2019 年 12 月 31 日。

附录 2020年中国房地产市场主要指标预测[*]

与以往年份不同，2020 年初中国经济遭受了前所未有的巨大冲击。根据 2020 年 3 月 16 日国家统计局发布的最新数据，新冠肺炎疫情对我国宏观经济的影响显然超出了我们稍早时的估计，这使得我们不得不调整模型，重新预测全年的指标趋势。

在估计疫情的影响时，人们常常会与 2003 年 SARS 时的情形做比较。本文也专门建立了新冠肺炎患者病例预测模型，预测精度相对较高。虽然，疫情结束时间与疫情的经济影响程度紧密相关，但在 3 月 20 日这个时点上，预测疫情结束时间的意义已经不是很大了。在统计数据出炉前，人们很难确定疫情影响的深度。换句话说，即使人们能准确预知疫情结束的时间，也无法确切预知经济受损的程度，更何况境外疫情对境内的影响是复杂多变的。由图 1 可见，仅从投资视角看，2003 年 SARS 疫情与当前新冠疫情的影响力是完全无法相比的。

尽管 2003 年 SARS 与新冠肺炎疫情对投资影响没有多少可比性，但我们仍然可以从图 1 的历史轨迹及比较中发现一些有益的启示。

第一，两次疫情发生的历史阶段不同。2003 年 SARS 发生时，我国固定资产投资正处于一个历史性上升阶段。2000 年 12 月投资累计增速只有 9.7%，到 2004 年 12 月累计增速已经上升到 27.6%，几乎是 4 年前的 3 倍。而在新冠肺炎疫情发生的 4 年前，中国投资增速已经趋势性地降至 1 位数，新冠肺炎疫情发生前的 2019 年投资增速进一步降至 5.4%。

---

[*] 附录部分由张智研究员完成。

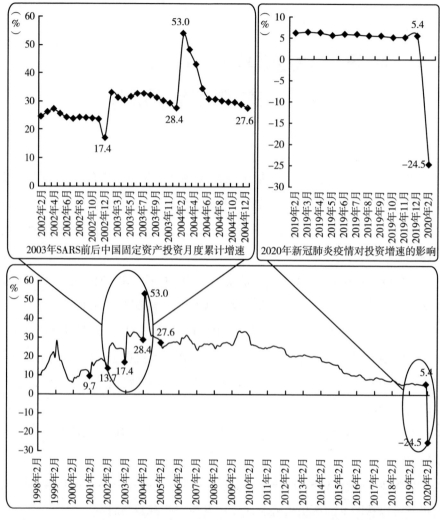

**图1　中国固定资产投资月度累计增速（1998～2020年）及2003年
SARS与2020年新冠肺炎疫情影响比较**

　　第二，两次疫情影响的情况截然不同。2003年2月投资累计增速为
32.8%，到了6月增速仍为32.8%，看似SARS疫情对投资毫无影响。由图
1可见，2000～2003年投资增速每年上一个台阶：9.7%、13.7%、17.4%、
28.4%，在图形变化上几乎看不出2003年上半年有任何异常变化。比较而
言，新冠肺炎疫情对投资的冲击是快速且剧烈的，2020年2月投资增速从

上年底的同比增长5.4%直降到 -24.5% ，落差高达29.9个百分点。

第三，两次疫情的后续影响明显不同。对图1进一步观察后发现，虽然 SARS 疫情当年即 2003 年投资增速似无明显变化，2004 年初却出现异常。2004 年 2 月投资累计增速高达 53% ，随后 3 月至 6 月的累计增速分别为 47.8% 、42.8% 、34.8% 和 31% 。即 2 月冲高后至 6 月逐渐回落到上年同期相似水平（2003 年 6 月为 32.8% ）。这不免会让人产生这样的疑问：2004 年投资增速异常峰值是不是 2003 年 SARS 疫情的"后遗症"呢？是否 2003 年原本就存在一个更大的潜在投资增长空间，而被 SARS 疫情压制后在 2004 年得到"恢复性"释放呢？带着疑问，我们深入查证了 2003 年前后的相关历史数据，基本证实了上述推测。根据分产业的固定资产投资月度数据，2004 年初投资高速增长 53% 的动力源主要来自制造业，其中特别是原材料工业、机械电子工业和轻纺工业在 2003 年甚至 2002 年就已开始加速增长。如果没有 SARS 的影响，2003 年全国固定资产投资增速可能会达到更高水平。

综上，新冠肺炎疫情过后投资增长一定会出现反弹，鉴于新冠肺炎疫情发生的背景及其特征与 SARS 有很大差异，其反弹的情形应与 SARS 疫情之后有所不同。那么，此次新冠肺炎疫情过后房地产领域主要指标将呈现何种轨迹呢？

有一些学者根据自身的经验对 2020 年的经济趋势给出了自己的估计和判断，虽然这些预估结果并不一致，但仍有很高的参考价值。另有一些学者认为，新冠肺炎疫情对经济的冲击是前所未有的，其影响难以估计，相关经济指标的变化无规律可循，因此计量经济模型不适用于当前的预测和分析。疫情发生后的预测难度的确大大高于正常时期，但只要运用得当，计量模型方法不仅有助于提高预测精度，而且模型方法在疫情冲击影响测算和评价中将发挥不可替代的重要作用。如果说近期经济趋势难以精准判断，那么单靠定性分析也不会比计量模型的预测更为准确，更何况专家学者们的预估也并不一致。计量模型的核心价值在于，当经济系统发生剧烈波动，人们运用经验和简单推断已无法做出准确可靠判断的时候，模型方法能给人们的判断和决策提供客观有力的支撑。

关于本期预测的几点说明。

第一，模型预测结果尽可能客观，没做任何倾向性的人为调整，因此是一个中性的大概率预测结果。当然，未来完全有可能出现更好或更差的情况，这取决于政策及外部环境等多方面因素的影响。

第二，建模预测的前提假设是，疫情产生的冲击具有持续性。刚开始时，我们认为疫情主要是短期冲击，疫情对宏观经济中长期影响因素并未引入模型。随着全球疫情形势变化，我们意识到，此次疫情已经从开始的单一公共卫生事件演变为"疫病危机＋金融危机＋经济危机＋社会危机"，如果不将疫情的中长期影响因素纳入模型，则预测结果会在很大程度上偏离客观实际。

第三，数据来源于国家统计局国家数据查询系统，建模数据截至 2020 年 3 月。模型采用 ARIMA 组合模型。预测结果表中均为月度累计值，其中增速为名义增速，并未剔除价格因素。

第四，建模预测结果表明疫情影响比前期一般估计要严重。预测结果表中"稍早预测"是指没有疫情发生时应该达到的数值；"疫情冲击"是指受疫情影响后的预测结果即对真实未来的预测值；"冲击损失"是指疫情发生后相关指标及其增速减少量或下降的百分点数。

为了更有前瞻性地描绘新冠肺炎疫情冲击对房地产领域产生的影响，本文在得到 2020 年 2 月统计数据后专门进行了冲击影响模型分析，测算结果见表 1 和表 2。冲击分析包括三个部分。第一部分，采用冲击发生前的历史序列数据建模，精准预测未来的合理预期值。第二部分，当冲击发生后，将最新的统计数据引入模型，对模型施加疫情冲击影响，重新估计参数，并预测未来大概率指标数值。第三部分，以合理预期值作为参照标准，将受疫情冲击后的数值作为评价对象，计算两者差值，观察和分析疫情对经济体产生的影响和过程。

这里以固定资产投资指标举例说明冲击分析的过程。

运用截至 2019 年 12 月的数据建模，测算出 2020 年各月度的模型合理预期值，并绘制图 2，图 2 中的预测值明显是历史数据的规律性延续。2020 年 2 月全国固定资产累计投资 3.33 万亿元，同比下降 24.5%，将此最新统计数据输入模型，重新估计，绘制图 3。从图 3 可见，受疫情冲击后，投资曲线原来2~9月份隆起的部分（图3中虚线合理预期值）被压扁。而后，随着疫情基本结束，至10月份合理预期值与冲击后预测值基本重合。此时，疫情直接冲击影响虽然结束了，但经济系统仍处于调整之中。必须强调，模型预测值并非"宿命论"式的先知预言，而是表明未来经济指标值最大概率会出现在预测值附近，适当的政策调整会在一定程度上影响指标的未来真实值。

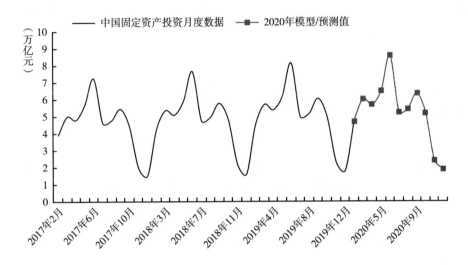

图2　近年中国固定资产投资月度数据及2020年模型预测值

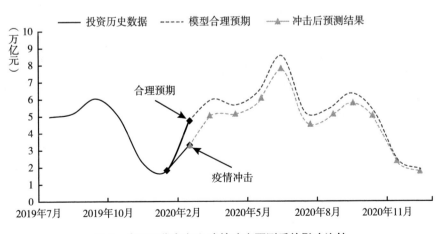

图3　合理预期与加入疫情冲击预测后的影响比较

在分析疫情冲击影响的过程中，我们曾经尝试将疫情冲击影响作为孤立事件来定性，相应地在模型估计中将其作为"点冲击"来处理。然而，伴随疫情影响深度和广度的不断扩大，境外疫情影响将持续至下半年，国内的经济恢复也会存在一个艰难的过程。因此，我们后来改变了对冲击影响的定性，将疫情冲击看作一种持续性的影响因素，相应地在模型估计中作为一种结构突变来处理，我们希望这种处理方式能够更加接近现实。从表1中的具体数值看，固定资产投资在2月时的冲击损失达1.48万亿元，随后冲击影响会逐月扩大，至12月达到2.76万亿元。而相比固定资产投资，房地产开发投资及住宅开发投资指标的各月度冲击损失规模较小，年末损失占稍早预期比重在5%左右。开发企业到位资金2020年的损失程度更大，预计年末损失1.59万亿元，占稍早预期比重达到8.4%，这甚至可能成为部分房地产开发企业的生死考验。

表2是表1指标的对应增速指标。至2020年末，固定资产投资大致为零增长，开发企业到位资金很可能出现负增长，房地产开发投资增速约为3.1%，预计住宅开发投资增速将达到4.6%。根据表1数据绘制图4，结合表2中的增速指标变化，可见开发企业到位资金下降幅度更大，即冲击损失更大，比未受冲击时减少约8.9个百分点。

表1　2020年中国固定资产投资及房地产开发投资相关指标新冠肺炎疫情冲击预测分析

单位：万亿元

2020年	固定资产投资			房地产开发投资			住宅开发投资			开发企业到位资金		
	稍早预期	疫情冲击	冲击损失	稍早预期	疫情冲击	冲击损失	稍早预期	疫情冲击	冲击损失	稍早预期	疫情冲击	冲击损失
1~2月	4.81	3.33	1.48	1.32	1.01	0.31	0.98	0.73	0.25	2.61	2.02	0.59
1~3月	10.82	8.41	2.41	2.59	2.20	0.39	1.93	1.60	0.33	4.12	3.36	0.76
1~4月	16.48	13.99	2.49	3.72	3.30	0.42	2.80	2.43	0.37	5.52	4.72	0.80
1~5月	22.94	20.36	2.58	5.00	4.54	0.46	3.79	3.38	0.41	7.02	6.16	0.86
1~6月	31.49	28.80	2.69	6.66	6.16	0.50	5.04	4.59	0.45	8.96	7.99	0.97
1~7月	36.64	33.92	2.72	7.88	7.35	0.53	5.97	5.48	0.49	10.55	9.49	1.06
1~8月	42.02	39.27	2.75	9.14	8.58	0.56	6.94	6.42	0.52	12.05	10.91	1.14
1~9月	48.39	45.59	2.80	10.58	9.99	0.59	8.04	7.48	0.56	13.84	12.58	1.26
1~10月	53.68	50.87	2.81	11.83	11.21	0.62	8.99	8.40	0.59	15.40	14.0	1.4
1~11月	56.15	53.36	2.79	13.08	12.44	0.64	9.95	9.32	0.63	17.06	15.61	1.45
1~12月	58.05	55.29	2.76	14.26	13.62	0.64	10.82	10.15	0.67	18.99	17.40	1.59

注：2020年4~12月为预测值，表中数据均为累计值。

表2　2020年中国固定资产投资及房地产开发投资相关指标增速新冠肺炎疫情冲击预测分析

单位：%，个百分点

2020年	固定资产投资增速			房地产开发投资增速			住宅开发投资增速			开发企业到位资金增速		
	稍早预期	疫情冲击	冲击损失	稍早预期	疫情冲击	冲击损失	稍早预期	疫情冲击	冲击损失	稍早预期	疫情冲击	冲击损失
1~2月	7.2	-24.5	31.7	9.4	-16.3	25.7	12.0	-16.0	28.0	6.3	-17.5	23.8
1~3月	6.3	-16.1	22.4	9.0	-7.7	16.7	12.1	-7.2	19.3	5.9	-13.8	19.7
1~4月	5.8	-10.2	16.0	8.8	-3.6	12.4	12.3	-2.3	14.6	5.2	-10.1	15.3
1~5月	5.4	-6.4	11.8	8.6	-1.4	10.0	12.1	0.2	11.9	5.3	-7.6	12.9
1~6月	5.3	-3.7	9.0	8.1	0.0	8.1	11.6	1.6	10.0	5.4	-6.0	11.4
1~7月	5.0	-2.8	7.8	8.1	0.9	7.2	11.6	2.5	9.1	5.7	-4.9	10.6
1~8月	4.9	-2.0	6.9	8.0	1.5	6.5	11.6	3.2	8.4	5.9	-4.1	10.0
1~9月	4.9	-1.2	6.1	7.9	1.9	6.0	11.5	3.7	7.7	6.0	-3.6	9.6
1~10月	5.1	-0.4	5.5	7.9	2.3	5.6	11.5	4.1	7.4	6.1	-3.2	9.3
1~11月	5.2	0.0	5.2	7.9	2.6	5.3	11.5	4.4	7.1	6.3	-2.8	9.1
1~12月	5.3	0.2	5.1	7.9	3.1	4.8	11.5	4.6	6.9	6.3	-2.6	8.9

注：2020年4~12月为预测值，表中数据均为累计值。

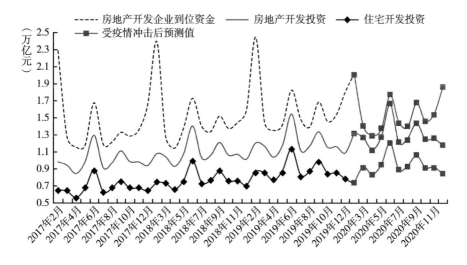

图4　房地产开发投资、住宅开发投资与房地产开发企业本年到位资金月度预测

表3列出土地购置相关指标及房地产施工面积。第一，预测土地购置面积、成交价款和成交均价的全年增速分别为2.5%、-0.2%和0.7%。第

二，2020 年 3 月 1 日国务院印发《关于授权和委托用地审批权的决定》（国发〔2020〕4 号），授权各省、自治区、直辖市人民政府对农用地转为建设用地的审批事项。这应该会加快建设用地的供给，如果一、二线城市和区域中心城市土地供给比重相对增加，则可能会带动土地成交均价加速上升。第三，2020 年房地产施工面积增速可能会明显下降，预计由 2019 年的 8.7% 降为 2020 年的 4.4%。这可能与新开工面积和竣工面积同步下降，且新开工面积下降更快有关。

表3　2020 年中国房地产市场土地交易指标及房地产施工面积月度预测

时间区间	土地购置面积		土地成交价款		土地成交均价		房地产施工面积	
	累计面积（万平方米）	增速（%）	累计金额（亿元）	增长率（%）	成交价格（元/米²）	增长率（%）	面积存量（亿平方米）	增速（%）
2019 年 1~2 月	1545	−34.1	690	−13.1	4467	31.9	67.5	6.8
2019 年 1~3 月	2543	−33.1	1194	−27.0	4693	9.2	69.9	8.2
2019 年 1~4 月	3582	−33.8	1590	−33.5	4437	0.4	72.3	8.8
2019 年 1~5 月	5170	−33.2	2269	−35.6	4390	−3.5	74.5	8.8
2019 年 1~6 月	8035	−27.5	3811	−27.6	4743	−0.1	77.2	8.8
2019 年 1~7 月	9761	−29.4	4795	−27.6	4912	2.5	79.4	9.0
2019 年 1~8 月	12236	−25.6	6374	−22.0	5209	4.8	81.3	8.8
2019 年 1~9 月	15454	−20.2	8186	−18.2	5297	2.6	83.4	8.7
2019 年 1~10 月	18383	−16.3	9921	−15.2	5397	1.4	85.5	9.0
2019 年 1~11 月	21720	−14.2	11960	−13.0	5507	1.5	87.5	8.7
2019 年 1~12 月	25822	−11.4	14709	−8.7	5696	3.1	89.4	8.7
2020 年 1~2 月	1092	−29.3	440	−36.2	4033	−9.7	69.4	2.9
2020 年 1~3 月	1969	−22.6	977	−18.1	4962	11.1	71.8	2.6
2020 年 1~4 月	3241	−9.5	1478	−7.0	4560	2.8	74.1	2.5
2020 年 1~5 月	4861	−6.0	2301	1.4	4733	6.7	76.5	2.6
2020 年 1~6 月	7582	−5.6	4028	5.7	5313	21.0	79.3	2.7
2020 年 1~7 月	9788	0.3	5351	11.6	5467	15.3	81.7	2.8
2020 年 1~8 月	12760	4.3	7052	10.6	5527	12.5	84.0	3.3
2020 年 1~9 月	15827	2.4	8970	9.6	5668	8.8	86.5	3.6
2020 年 1~10 月	19072	3.7	10678	7.6	5599	5.7	88.8	3.8
2020 年 1~11 月	22672	4.4	12498	4.5	5513	2.1	91.1	4.1
2020 年 1~12 月	26477	2.5	14681	−0.2	5545	0.7	93.3	4.4

注：2020 年 4~12 月为预测值，表中数据均为累计值。

表4列出房地产市场商品房销售情况预测。预计2020年商品房销售面积和销售额将同步下降，下降幅度在10%～12%；商品房销售均价约为9250元/米²，同比下降0.6%，增速较2019年下降7.2个百分点。

表4　2020年中国房地产新开工和竣工面积及商品房销售指标月度预测

时间区间	房地产新开工面积		房地产竣工面积		商品房销售面积		商品房销售额		商品房销售均价	
	累计面积（亿平方米）	增速（%）	累计面积（亿平方米）	增速（%）	累计面积（亿平方米）	增速（%）	累计金额（万亿元）	增速（%）	平均单价（元/平方米）	增长率（%）
2019年1～2月	1.88	6.0	1.25	−11.9	1.41	−3.6	1.28	2.8	9079	6.7
2019年1～3月	3.87	11.9	1.85	−10.8	2.98	−0.9	2.70	5.6	9065	6.6
2019年1～4月	5.86	13.1	2.26	−10.3	4.21	−0.3	3.91	8.1	9300	8.3
2019年1～5月	7.98	10.5	2.67	−12.4	5.55	−1.6	5.18	6.1	9325	7.8
2019年1～6月	10.55	10.1	3.24	−12.7	7.58	−1.8	7.07	5.6	9329	7.5
2019年1～7月	12.57	9.5	3.73	−11.3	8.88	−1.3	8.32	6.2	9367	7.7
2019年1～8月	14.51	8.9	4.16	−10.0	10.18	−0.6	9.54	6.7	9364	7.3
2019年1～9月	16.57	8.6	4.67	−8.6	11.92	−0.1	11.15	7.1	9355	7.2
2019年1～10月	18.56	10.0	5.42	−5.5	13.33	0.1	12.44	7.3	9337	7.2
2019年1～11月	20.52	8.6	6.38	−4.5	14.89	0.2	13.90	7.3	9335	7.1
2019年1～12月	22.72	8.5	9.59	2.6	17.16	−0.1	15.97	6.5	9310	6.6
2020年1～2月	1.04	−44.9	0.96	−22.9	0.85	−39.9	0.82	−35.9	9680	6.6
2020年1～3月	2.82	−27.2	1.56	−15.8	2.20	−26.3	2.04	−24.7	9266	2.2
2020年1～4月	4.62	−21.0	1.96	−13.0	3.34	−20.7	3.15	−19.4	9447	1.6
2020年1～5月	6.43	−19.4	2.40	−10.3	4.60	−17.1	4.32	−16.5	9395	0.8
2020年1～6月	9.05	−14.2	2.96	−8.8	6.45	−14.9	5.99	−15.3	9283	−0.5
2020年1～7月	10.73	−14.7	3.43	−8.2	7.63	−14.1	7.07	−14.9	9269	−1.0
2020年1～8月	12.63	−13.0	3.86	−7.1	8.80	−13.6	8.16	−14.5	9262	−1.1
2020年1～9月	14.59	−11.9	4.38	−6.3	10.37	−13.0	9.61	−13.8	9269	−0.9
2020年1～10月	16.41	−11.6	5.07	−6.4	11.68	−12.3	10.82	−13.0	9266	−0.8
2020年1～11月	18.25	11.0	5.92	−7.3	13.17	−11.6	12.21	−12.2	9272	−0.7
2020年1～12月	20.04	−11.8	9.77	1.8	15.31	−10.7	14.17	−11.3	9250	−0.6

注：2020年4～12月为预测值，表中数据均为累计值。

市场篇

Market Reports

B.2

2019年全国住宅市场形势
分析及2020年预测

张 智　乌兰图雅*

摘　要： 2019年中国商品住宅市场运行平稳，各项核心指标符合年初
预测值。在建设环节，住宅新开工与竣工面积增速差缩小；
在投资环节，住宅开发投资占房地产开发投资比重提高到
73.4%；在销售环节，住宅销售均价上升2.4%。预测2020
年住宅销售均价增长8%。住宅市场平稳对我国宏观经济的
健康与安全具有重大战略意义，虽然新冠肺炎疫情对住宅市
场带来巨大冲击，但住宅市场总体平稳态势未变。住宅产业
只有与高新技术引领下的"新基建"相协调，与智能社区和

---

* 张智，天津社会科学院经济分析与预测研究所研究员，研究方向：宏观经济预测、房地产经
济、城市经济；乌兰图雅，天津社会科学院东北亚研究所副研究员，博士，研究方向：国土
空间规划、国别经济比较。

智慧城市建设相结合，与超级城市群及中心城市建设相融合，才能走出高质量发展的新路。

关键词： 住宅市场　商品住宅　住宅价格

一　2019年房地产市场调控政策

2019年中央经济工作会议再次强调"要坚持房子是用来住的、不是用来炒的定位，全面落实因城施策，稳地价、稳房价、稳预期的长效管理调控机制，促进房地产市场平稳健康发展"。现阶段中央新的房地产政策思路愈加清晰。

第一，以长效管理调控机制来稳定房地产市场、避免大起大落，为住房制度改革创造稳定的行业环境。第二，坚决推进住房制度改革，不将房地产作为短期刺激经济的手段。将住房制度从承担的部分宏观调控职能中逐步解放出来，回归解决居民住房的问题上，从根本上解决当前我国房地产业存在的问题和面临的困境。第三，政策调控组合不断优化。中原地产研究中心统计数据显示，2019年房地产政策调控次数不断刷新纪录，2019年1月至11月，合计房地产政策调控次数高达554次，比2018年同期的425次增长30%。从历史规律看，在政策的方向性变化关口，楼市政策发布会较为密集，特别是随着2019年下半年因城施策、一城一策的深入，各地密集发布微调政策。

房地产调控政策的松紧是导致2019年房地产市场出现四季变换的直接原因。从调控节奏来看，收紧政策集中在第二、第三季度，主要是银行和信托收紧对房地产企业的融资；放松政策在第一、第四季度更多，包括央行的两次全面降准，各大城市降低人才落户和购房标准，以及台湾同胞在购房资格方面与大陆居民享受同等待遇等。2019年中共中央政治局会议及中央经济工作会议三次提及"因城施策"的政策导向，各地在落实调控政策上也出现明显分化。房地产企业融资环境在2019年同样呈现第一季度松，第二、第三季度紧的状况。自2018年11月后国内房企融资有转暖迹象，2019年1

月全面降准同样带来地产企业融资宽松预期。据克而瑞对 95 家重点房企的监测数据显示，2019 年 1 月融资总额（不含开发贷和银行一般贷款）为当年度最高值，超过 2000 亿人民币。融资"暖春"持续到 2019 年 4 月，监管层认为房地产企业过度融资，挤占了其他产业、小微企业的信贷资源。5～8 月，政府出台多项政策收紧房地产企业融资，对信托、境外发债以及开发贷等多方面融资渠道进行严控。房地产行业预期政策将持续收紧，企业抓紧 7 月窗口期积极融资，当月融资额出现强力反弹，仅次于 1 月，同时 7 月境外融资也迎来高峰期，刷新历史纪录。8 月、9 月房企融资持续低迷，单月融资规模降至年内低位。

2019 年 8 月 25 日，中国人民银行发布《关于新发放商业性个人住房贷款利率调整的公告》（〔2019〕第 16 号）。公告称，自 2019 年 10 月 8 日起，2020 年新发放商业性个人住房贷款利率以最近一个月相应期限的贷款市场报价利率（简称 LPR）为定价基准加点形成，即房贷利率"换锚"。为深化利率市场化改革，进一步推动 LPR 运用，中国人民银行于年底发布公告（〔2019〕第 30 号），要求自 2020 年 3 月 1 日起，金融机构应与存量浮动利率贷款客户就定价基准转换条款进行协商，将原合同约定的利率定价方式转换为以 LPR 为定价基准加点形成（加点可为负值），加点数值在合同剩余期限内固定不变，也可转换为固定利率。

长期来看，LPR 改革与房贷利率"换锚"对中国房地产市场未来发展将产生深远影响。首先，使得央行货币政策价格工具如"降息"，对居民房贷利率与企业融资利率的影响可以分离开来。例如，5 年期 LPR 的下调可以引导企业长期贷款利率下行，但不一定会引起房贷利率的下调，房贷利率仍可通过银行加点进行调节。其次，有助于落实房地产"因城施策"的调控原则。省级人民银行具有指导辖区房贷利率加点下限的自主权，可根据当地房地产市场形势变化，对房价快速上涨的城市提高加点，对房价压力较大的城市适当降低。再次，通过对首套房、二套房制定不同的利率加点水平，可以在满足居民住房刚性需求的同时，打击借房贷杠杆的投机性炒作行为。此次改革的意义与价值将会逐步显现，未来房贷利率政策在"房住不炒"、因城施策的调控方向下，将发挥重要作用。

二 2019年住宅市场运行状况

（一）商品住宅建设新开工增速回落、竣工加速，在建施工面积增速平稳

2019年商品住宅施工面积、新开工面积和竣工面积分别为62.8亿平方米、16.7亿平方米和6.8亿平方米，分别同比增长10.1%、9.2%和3%，增幅分别比上年增加3.8个、–10.5个和11.1个百分点（见表1和表2）。新开工面积增速回落，竣工面积增速逐步回升，增速差明显减小。从图1可见，2019年商品住宅新开工面积累计增速非常稳定，特别是下半年累计增速基本保持在9%~10%。全年从2018年的19.7%回落至9.2%，9.2%的增速与2016年的8.7%和2017年的10.5%相呼应，即又回到了前两年的平均水平。2019年前三个季度住宅竣工面积增速仍延续了2018年的负增长，上半年累计下降11.7%，前三个季度累计下降8.5%。直至第四季度竣工面积累计增速快速回升，全年增速由负转正，实现3%的正增长，第四季度同比增长高达17%。从图1清晰可见，在2017年第一季度以前，住宅新开工面积增长与住宅竣工面积增长是总体同步的。从2017年第二季度开始，住宅新开工面积与竣工面积增速开始分离，至2018年第四季度时分离幅度达到32个百分点。到2019年12月，两者分离差值缩小至6.2个百分点，差值的缩小使商品住宅建设进度比例更趋于合理。

2014年中国经济进入"新常态"，宏观经济减速压力陡然增加，经济结构调整和经济增长方式转变迫在眉睫。2015年12月中央经济工作会议提出去产能、去库存、去杠杆、降成本、补短板五大任务，即所谓的"三去一降一补"。其中，去库存主要是指房地产库存特别是住宅库存，2015年底住宅待售面积占全部商品房待售面积的63%。去杠杆也与房地产领域调控紧密相关。图2大体能展示出去库存的政策调控效果。2019年全国商品住宅待售面积已下降到2.25亿平方米，不到2015年4.52亿平方米的一半，大致相当于2012

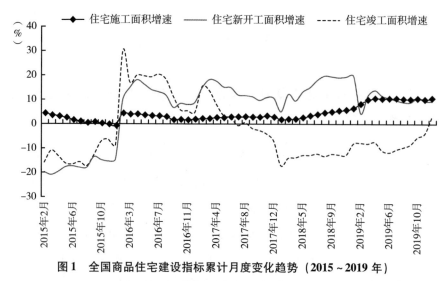

图1　全国商品住宅建设指标累计月度变化趋势（2015～2019年）

资料来源：如无特别说明，本文数据来源均为国家统计局。

年的水平；同时住宅待售面积占全部商品房待售面积比重也下降到45%，比2015年降低18个百分点。去库存和去杠杆等供给侧结构性改革的扎实推进，为防范和化解重大系统性风险做出了关键性、实质性贡献。

综上，作为狭义库存的商品住宅待售面积大幅下降，去库存成果是显著的。但我们应该看到，包括待售面积和施工面积在内的广义库存总量仍在上升。

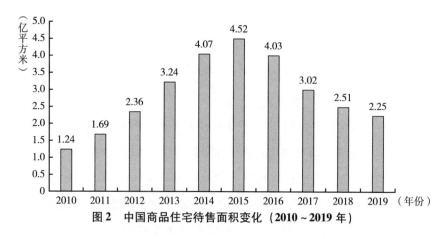

图2　中国商品住宅待售面积变化（2010～2019年）

图3显示，商品住宅施工面积的增长可分为两个阶段，2000～2014年呈加速增长态势，2014年以后供给侧结构性改革有效抑制了施工面积的增长势头，2015～2017年住宅施工面积增速较为平缓，2015～2017年增速分别为－0.7%、1.9%、2.9%。值得注意的是，2019年商品住宅施工面积增长达10.1%，增速相当于2012年的水平，但由于基数的差异，增量超过2012年增量的1.4倍。从总量上看，2019年住宅施工面积达到62.8亿平方米的历史新高，其占全国房地产施工面积比重已超过70%。毋庸置疑，无论从建设体量还是从投资规模角度看，房地产市场特别是住宅市场必将对宏观经济运行产生不可替代的价值与影响。

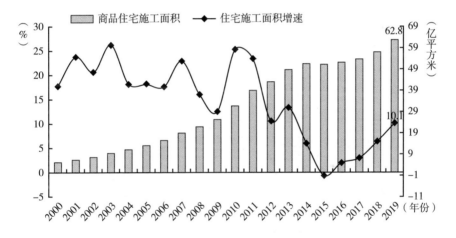

图3 中国商品住宅施工面积及其增速变化（2000～2019年）

东、中、西部地区①商品住宅新开工面积增速自2019年初开始出现明显分化（见图4）。特别是从下半年开始，东部地区住宅新开工面积增速基本稳定在2%左右，中部地区则是围绕8%小幅波动，西部地区一直保持在24%～26%。比较近年来三大区域增速变化差异不难发现，到2016年时东

① 本文中，东部地区包括北京、天津、河北、辽宁、上海、江苏、浙江、福建、山东、广东、海南；中部地区包括山西、吉林、黑龙江、安徽、江西、河南、湖北、湖南；西部地区包括内蒙古、广西、重庆、四川、贵州、云南、西藏、陕西、甘肃、青海、宁夏、新疆。

部地区大规模开发阶段已过，增速始终为负值；2016年又是中部地区发展的高速扩张阶段；经过2017年的整体调整，从2018年下半年开始西部地区的住宅新开工面积增速很快拉升到20%以上并保持较高水平。这表明三大区域的规模扩张型轮动发展已逐渐进入尾声，东部和中部地区已不太可能有持续快速（如两位数增速）的扩张。这一判断有助于我们深入认识和准确把握住宅市场的一般规律和运行态势。

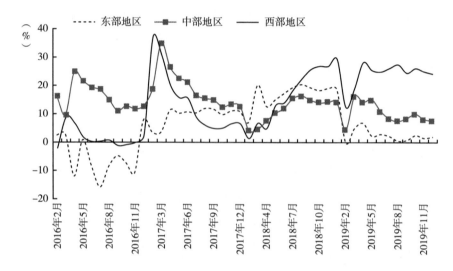

图4　东、中、西部地区商品住宅新开工面积累计月度增速变化（2016～2019年）

一、二、三四线城市住宅新开工面积增速出现不同程度的减缓，三四线城市增速大幅回落。2019年，一、二、三四线城市[①]商品住宅新开工面积分别同比增加5.8%、6.9%、10.2%，分别比2018年增速减少3.7、4.0和13.6个百分点。如果将城市分级住宅新开工面积增速与前文三大区域进行对比，可以印证前文的判断。一线城市"北上广深"显然位于东部地区，一线城市与东部地区商品住宅新开工面积增速分别为5.8%和2.1%；二线城市中除6个位于西部外

---

① 一线城市为北京、上海、深圳、广州（4个）；二线城市为南京、杭州、宁波、重庆、温州、天津、武汉、成都、苏州、无锡、厦门、福州、济南、青岛、沈阳、大连、长沙、西安、昆明、郑州、合肥、石家庄、长春、哈尔滨、呼和浩特、南宁（26个）；三四线城市为除上述一、二线以外的其他内地城市。各级城市相关房地产数据来源于中国指数研究院，下同。

其余20个均在东部和中部地区，二线城市与中部地区住宅新开工面积增速分别为6.9%和7.8%；三四线城市与西部区域住宅新开工面积增速分别为10.2%和24.2%。可见，三四线城市开发增速的增长虽然明显超过一、二线城市，但其增速也已经大幅回落，三四线城市的开发热潮将逐渐进入收尾阶段。40个重点城市中，增速超过20%的有呼和浩特（135.1%）、兰州（109.9%）、西宁（95.2%）、昆明（85.4%）、石家庄（70.9%）、北海（63.0%）、贵阳（47.9）%、广州（41.5%）、太原（39.6%）、西安（28.5%）、哈尔滨（28.3%）、南宁（27.6%）、厦门（25.5%）、银川（24.2%）、青岛（23.2%）、长春（20.8%）、南昌（20.7%），共有17个。有15个城市商品住宅新开工面积同比下降，分别是三亚、海口、乌鲁木齐、北京、杭州、宁波、沈阳、成都、重庆、济南、无锡、合肥、温州、深圳、苏州。

（二）商品住宅开发投资与房地产开发投资增速差距进一步扩大，西部地区城市为增长主力

2017年以来，房地产开发投资与商品住宅投资增速差距逐渐拉大。图5显示，2015年和2016年房地产开发投资与商品住宅开发投资增速差距很小。自2017年开始，商品住宅开发投资与房地产开发投资增速差距逐步扩大，2018年增速差值达到3.9个百分点，3.9个百分点对应房地产开发投资增速的41%。2019年第一季度增速差值更达到5.5个百分点，相当于住宅开发投资增速高出房地产开发投资增速的46.6%，至第四季度增速差值回落到4个百分点。持续的增速差距导致住宅开发投资的占比发生变化，2016～2019年住宅开发投资在房地产投资中的占比分别为67%、68.4%、70.8%和73.4%，2019年比3年前提高了6.4个百分点，其对应的投资量超过8500亿元。可见，从占比角度看住宅开发投资构成了房地产开发投资的主体，从增速视角观察，住宅开发投资还是房地产开发投资的动力源。如果剔除住宅开发投资，2019年非住宅类房地产投资增长0.15%，接近零增长。

从2019年初笔者对投资预测值与统计值比较看，2019年全国城镇固定资产投资、房地产开发投资和住宅投资预测值分别为69.89万亿元、13.12万亿元和

9.69 万亿元，实际统计值分别为 55.15 万亿元、13.22 万亿元和 9.71 万亿元。以预测值计算的三项投资指标年增速分别为 9.96%、9.11% 和 13.76%，实际值为 5.4%、9.9% 和 13.9%，预期增速与实际增速差值分别为 4.56 个、-0.79 个和 -0.14 个百分点。全国城镇固定资产投资预测偏离度较大的原因是国家统计局调整了投资的统计口径，2018 年、2019 年公布的全国城镇固定资产投资总额（不含农户）分别为 63.56 万亿元和 55.15 万亿元，名义增速为 -13.2%。而实际公布 2019 年投资增速为 5.4%，国家统计局的解释是对投资历史数据进行了修订，5.4% 为按可比口径计算。① 笔者预测的房地产开发投资和住宅投资精度达到 99% 以上，说明房地产投资和住宅开发投资的增长是稳定的，没有出现明显异常变化。2019 年房地产开发投资拉动城镇投资增长了 2.3 个百分点，而住宅开发投资拉动房地产投资增长了 9.9 个百分点。

2019 年商品住宅完成投资 9.71 万亿元，比上年增长 13.9%，增幅增加 0.5 个百分点，比同期房地产开发投资增速高 4 个百分点。从月度变化来看，商品住宅开发投资累计增速前高后低，由第一季度最高 17.3% 逐步降至年末的 13.9%，增速下降 3.4 个百分点（见图 5）。

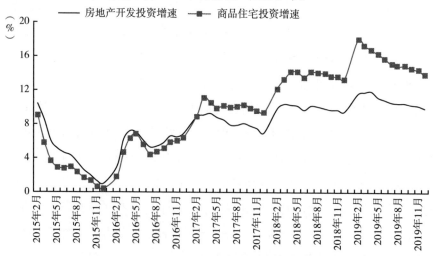

图 5　房地产开发投资与商品住宅开发投资月度累计增速比较（2015～2019 年）

---

① 国家统计局：《中华人民共和国 2019 年国民经济和社会发展统计公报》，2020 年 2 月 28 日。

东、中、西部地区商品住宅开发投资增速出现进一步分化。2019年，东、中、西部地区商品住宅分别完成投资5.2万亿元、2.3万亿元和2.2万亿元，分别同比增长10%、13.8%和24.7%，增速与各地区住宅新开工面积增速基本相应。由图6可见，东部地区住宅开发投资累计增速逐月缓慢下降；中部地区全年基本持平；西部地区2月住宅开发投资同比增速达28.9%，随后略有下降，但全年保持高位运行，西部地区住宅开发投资高速增长将其在全国的占比从2018年的20.66%拉升到22.6%，提高1.94个百分点。

一线城市商品住宅开发投资增速略有下降，二线城市增速大幅上升，三四线城市增速明显回落。2019年，一、二、三四线城市商品住宅开发投资分别增长9.1%、14.0%和14.7%，分别比上年下降0.9个百分点、上升6.6个百分点和下降3.6个百分点。40个重点城市中，有11个城市住宅开发投资增速超过20%，分别是南宁（37.3%）、太原（35.0%）、福州（33.4%）、呼和浩特（31.5%）、贵阳（29.8%）、昆明（29.0%）、成都（26.6%）、西安（24.8%）、沈阳（23.4%）、济南（22.2%）、广州（20.4%）。有6个城市商品住宅开发投资下降，分别是三亚、海口、乌鲁木齐、石家庄、银川、大连。

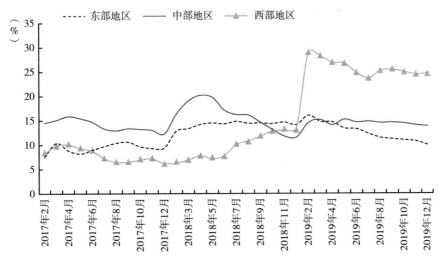

图6 东、中、西部地区房地产住宅开发投资月度累计增速比较（2017～2019年）

（三）商品住宅销售面积增速持续低迷，现房销售持续大幅负增长

2016～2017年商品住宅销售面积持续回落，2018年保持2%～4%的低速增长，2019年增速曲线处于零刻度线附近（见图7）。如图7所示，2016～2017年商品住宅销售面积与现房销售、期房销售增速相差无几。进入2018年，住宅销售、现房与期房增速明显分化，期房增速与现房增速差值超过25个百分点。2019年基本延续了2018年的走势，唯一不同的是住宅销售和期房销售增速更低了。经过两年现房销售面积增速大幅下降，全国商品住宅现房销售所占比重已由2017年的21.6%下降至2019年的12.1%，下降9.5个百分点。

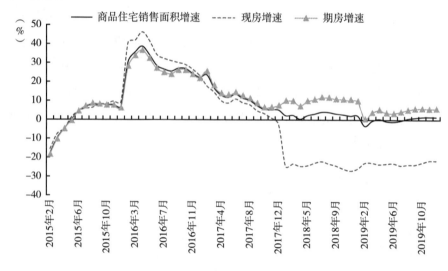

图7 商品住宅及现房与期房销售面积月度累计增速（2015～2019年）

在现行销售制度没有发生重大变化①的条件下，现房销售增速和待售现房占比同步下降这一局面应该会持续。其内在逻辑是：第一，我国的房地产

---

① 2020年3月7日，海南省出台新的改革措施，提出改革商品住房预售制度，新出让土地建设的商品住房实行现房销售制度。如果全国各城市逐步取消预售制，将使住宅销售市场产生大的结构性变化。

开发模式是企业高负债经营，增大预售比例是开发企业的必然选择；第二，我国房地产销售采用预售制，为房地产开发现行模式提供了制度保障；第三，2017年国家宏观调控后，新建商品住宅价格受到一定抑制，期房价格相对购房者更为有利；第四，连续的去库存使可售现房面积大幅减少；第五，近两年来住宅新开工面积增速大幅超过竣工面积增速，导致一方面施工面积存量增大，另一方面住宅建设周期有所延长，预售获得的时间也被延长。

从东、中、西三大区域观察商品住宅销售情况，2019年东、中、西部地区商品住宅销售面积增长呈规律性阶梯分布，东部、中部地区出现同步下降，西部增速与2018年相当。2019年，东、中、西部地区商品住宅销售面积分别为4.5亿平方米、4.5亿平方米、4.0亿平方米，分别比上年增长−5.6%、−6.9%、5.9%，其中只有中部地区增速发生明显变化，从2018年增长9.7%变为下降6.9%，下降16.6个百分点。从东、中、西三大区域住宅销售增长轮动形势看，继2018年中部地区销售高峰过后，2019年西部地区成为住宅销售的唯一主动力。

（四）商品住宅平均销售价格变化符合预期，重点城市新建住宅价格指数整体趋于平稳

2019年各级政府房地产政策与调控始终坚守"房住不炒"原则，有效避免了房地产特别是住宅市场价格的大幅波动。2019年全国商品住宅销售面积达15亿平方米，占全部房屋销售面积的87.5%，比2018年上升1.5个百分点。住宅价格对整体房地产市场价格的"锚定"作用还在逐渐加强。2019年全年商品住宅销售均价为9287元/米^2，与我们年初测算的预期值9206元/米^{2}相差无几。年初预测2019年住宅价格增速7.6%，实际为增长8.7%，相差1.1个百分点。价格变化精准符合预期，一方面印证了模型的精度，另一方面说明住宅市场健康稳定，起到了促进宏观经济稳定发展的积极作用。

图8是2015~2019年商品住宅现房与期房平均售价累计增速月度变化情况。图8显示，现房价格增速与期房价格增速始终存在明显差值。其中

2016~2018年期房价格增速高于现房，而2015年和2019年现房价格增速高于期房。实际上房地产住宅平均销售价格的变动一般表现出的是非均衡性惯性特征，即价格上升较快时往往会透支后期的价格上升空间，而价格下降或增速大幅减缓时，价格走低也具有一定的自我强化作用，所以从现象看价格上升更像是"走走停停"，走也要走一段，停也要停一阵。如果抽象地看待销售价格上升，则2015~2019年现房均价的年均增速为8.77%，期房为8.99%。可见，现房与期房从更长的阶段看，其增长趋势和速度是基本一致的。

2020年3月7日，海南省委、省政府办公厅印发《关于建立房地产市场平稳健康发展城市主体责任制的通知》。该通知提出改革商品住房预售制度，自文件印发之日起，新出让土地建设的商品住房实行现房销售制度。按照国家《商品房销售管理办法》的规定，现房销售的房屋应通过竣工验收，且供水、供电、燃气、通信等配套基础设施具备交付使用条件。如果该项改革得以坚持并推广，则对未来的房地产开发建设和销售会产生深远影响。

图8　商品住宅现房与期房平均售价累计增速比较（2015~2019年）

从70个大中城市商品住宅销售价格指数看，图9给出了2019年价格指数上升最快的30个城市。呼和浩特和大理在2018年的新建商品住宅销售价格指数排名中排第5和第6位，2019年分别以上升15.9个百分点和15.4个百分点排在前两位，西安以14.2个百分点名列第三。从指数涨幅看，2019年较2018年有大幅回落，排名前9位的城市价格指数上升均超过20个百分点，2018年排第30名的涨幅在2019年可排至第5位。2019年指数上升超过10个百分点的城市共有18个，排第4至第18位的分别是洛阳14、西宁13.8、唐山12.9、南宁12.7、银川12.3、秦皇岛12.2、武汉11.8、徐州11.6、扬州11.1、昆明11.1、成都10.6、吉林10.2、襄阳10.2、哈尔滨10.1、烟台10。

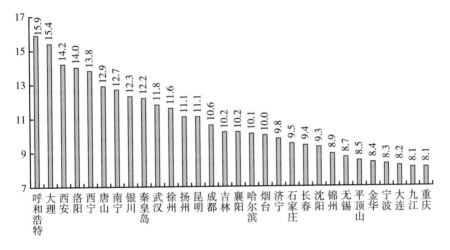

图9　2019年70个大中城市新建商品住宅销售价格指数增长前30个城市排序

从一、二、三、四线城市分类看，2019年一线城市商品住宅销售价格指数继续保持稳定增长，上涨最快的北京只有4.8个百分点，广州、深圳和上海指数分别上升4.7个、3.6个和2.3个百分点。在二线城市中，有14个城市指数增长排名在前30以内，分别是呼和浩特、西安、南宁、武汉、昆明、成都、哈尔滨、石家庄、长春、沈阳、无锡、宁波、大连和重庆。排前30名的另外16个城市为三四线城市。综上，2019年商品住宅销售价格指数领涨全国的以部分二、三线城市为主，普遍上涨

的是二、三四线城市，一线城市涨幅较小，这与不同类别的城市限购调控力度有关。

（五）住宅地价同比涨幅明显低于上年水平，环比涨幅逐季平稳回落

2019 年第一至第四季度，全国 105 个主要监测城市①住宅地价分别环比上涨 1.32%、1.70%、1.24%、0.66%，环比累计全年上涨 4.32%，涨幅比上年下降 4.08 个百分点。其中，第二季度住宅地价环比涨幅最高，第三季度和第四季度涨幅逐季下降。从同比变化来看，第一至第四季度住宅地价分别同比上涨 4.45%、6.45%、5.59%、4.97%，涨幅逐季回落。2019 年全年住宅地价平均涨幅为 5.37%，比上年下降 4.52 个百分点，参见图 10。

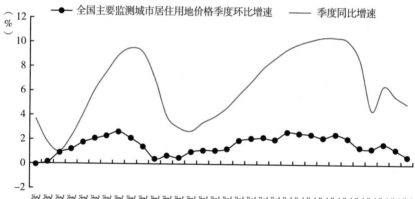

图 10　全国主要监测城市居住用地价格变化情况（2012～2019 年）

资料来源：中国国土勘测规划院城市地价动态监测组各年度季度全国主要城市地价监测报告。

----

① 全国主要监测城市指 105 个城市。自 2019 年第一季度起，去掉邯郸、阜新、抚顺、鸡西、伊春、鹤岗、齐齐哈尔、淮南、淮北、新乡、衡阳 11 个城市，新增金华、安庆、赣州、常德、惠州、韶关、桂林、泸州、遵义、大理 10 个城市；重点监测城市指直辖市、省会城市和计划单列市，共 36 个。

在全国主要监测城市中，一线、三线城市①住宅地价增速均有所放缓，二线城市住宅地价增速回升。按城市分类看，2019年，一、二、三线城市住宅地价分别逐季环比累计上涨2.6%、5.6%、5.1%，涨幅比上年分别减少4.1个、2.0个和4.9个百分点。分季度来看，第一至第四季度，一线城市住宅地价分别环比上涨0.84%、0.99%、0.74%、0.01%，涨幅在第四季度回落接近于零；二线城市住宅地价分别环比上涨1.48%、2.1%、1.39%、0.51%，涨幅先升后降，在第四季度增幅明显回落；三线城市住宅地价分别环比上涨1.31%、1.48%、1.23%、1.01%，涨幅在第二季度达到最高然后回落。

三　2020年住宅市场发展预测分析

2020年初我国突然暴发新冠肺炎疫情，各地被迫采取隔离措施加以应对，在隔离抗疫期间，全社会生产生活大都处于暂停状态，给宏观经济运行和房地产业都造成了严重影响。3月下旬我国境内疫情基本得到控制，但境外疫情形势尚不明确，全球经济由此面临衰退风险。我国是开放型世界经济的重要一环，也将承受全球经济下行的外部环境压力。显然，2020年我国住宅市场发展预测的难度大大增加了，我们将尽可能地发挥模型预测技术的客观性和系统性优势，提供可供参考和借鉴的预测分析结果。

（一）2020年住宅市场主要相关指标模型预测

这里选定住宅开发投资额、住宅建设和住宅销售三大类指标进行建模预测。

1. 商品住宅开发投资模型预测

这里对房地产开发投资和住宅开发投资分别建模（本节月度数据及其累计增速详见表1）。选取2006年2月至2020年3月的房地产开发投资月度序列进行建模，共156个观测值。经过反复估计和检验，获得两个符合标准

---

① 105个全国主要监测城市中，一线城市包括北京、上海、广州、深圳；二线城市包括除一线城市外的直辖市、省会城市和计划单列市，共32个；三线城市包括除一线、二线城市外的69个监测城市。

的备选模型。分别进行测算和比对，最终选取最佳模型进行预测。

根据模型预测，2020年房地产开发月度累计投资分别为：4月3.30万亿元、5月4.54万亿元、6月6.16万亿元、7月7.35万亿元、8月8.58万亿元、9月9.99万亿元、10月11.21万亿元、11月12.44万亿元、12月13.62万亿元。2020年全年房地产开发投资增速预计为3.1%，比2019年下降6.8个百分点。

建立2020年商品住宅开发投资预测模型。计算2020年住宅开发月度累计投资分别为：4月2.43万亿元、5月3.38万亿元、6月4.59万亿元、7月5.48万亿元、8月6.42万亿元、9月7.48万亿元，10月8.40万亿元、11月9.32万亿元、12月10.15万亿元。2020年商品住宅开发投资增速预计为4.6%，比2019年下降9.3个百分点。

2. 商品住宅建设面积指标模型预测

这里对商品住宅建设面积和销售额建立模型（本节月度数据及其累计增速详见表1和表2），根据月度时间序列模型建立商品住宅施工面积模型。根据模型测算，2020年4月至12月住宅施工面积分别为：4月52.22亿平方米、5月53.85亿平方米、6月55.55亿平方米、7月57.03亿平方米、8月58.45亿平方米、9月59.93亿平方米、10月61.31亿平方米、11月62.74亿平方米、12月64.11亿平方米。2020年全年住宅施工面积增速为2.1%，比2019年下降8个百分点。

根据模型测算商品住宅新开工面积，2020年4月至12月住宅新开工面积分别为：4月3.42亿平方米、5月4.96亿平方米、6月6.79亿平方米、7月8.23亿平方米、8月9.60亿平方米、9月11.09亿平方米、10月12.48亿平方米、11月13.90亿平方米、12月15.45亿平方米。2020年全年住宅新开工面积增速为-7.7%，比2019年下降16.9个百分点。

根据月度时间序列模型建立商品住宅竣工面积模型，根据模型测算，2020年4月至12月住宅竣工面积分别为：4月1.38亿平方米、5月1.65亿平方米、6月2.04亿平方米、7月2.38亿平方米、8月2.67亿平方米、9月3.03亿平方米、10月3.56亿平方米、11月4.23亿平方米、12月6.40

亿平方米。2020年全年住宅竣工面积增速为－5.9%，比2019年下降8.9个百分点。

表1 2020年中国商品住宅开发投资建设核心指标预测值

单位：亿元、万平方米、%

时间段	房地产开发投资		商品住宅开发投资		商品住宅施工面积		商品住宅新开工面积	
	累计金额	增速	累计金额	增速	面积存量	增速	面积存量	增速
2019年1~2月	12089.8	11.6	8711.0	18.0	466340	8.3	13596.6	4.3
2019年1~3月	23802.9	11.8	17255.8	17.3	484560	9.7	28466.6	11.5
2019年1~4月	34217.5	11.9	24925.3	16.8	501832	10.4	43334.6	13.8
2019年1~5月	46074.9	11.2	33780.1	16.3	518617	10.4	59124.7	11.4
2019年1~6月	61609.3	10.9	45166.8	15.8	538284	10.3	77997.9	10.5
2019年1~7月	72843.1	10.6	53466.3	15.1	554111	10.4	92826.5	9.6
2019年1~8月	84589.1	10.5	62186.8	14.9	568025	10.1	107053.0	8.9
2019年1~9月	98007.7	10.5	72145.7	14.9	583683	10.1	122308.5	8.8
2019年1~10月	109603.4	10.3	80666.2	14.6	598802	10.4	136936.7	10.5
2019年1~11月	121265.0	10.2	89232.3	14.4	613566	10.1	151447.4	9.3
2019年1~12月	132194.3	9.9	97070.7	13.9	627673	10.1	167463.4	9.2
2020年1~2月	10115.4	－16.3	7318.3	－16.0	487654	4.6	7559.5	－44.4
2020年1~3月	21963.0	－7.7	16015.0	－7.2	505391	4.3	20799.0	－26.9
2020年1~4月	32976.0	－3.6	24345.7	－2.3	522236	4.1	34220.2	－21.0
2020年1~5月	45438.6	－1.4	33840.5	0.2	538467	3.8	49584.3	－16.1
2020年1~6月	61621.3	0.0	45878.4	1.6	555453	3.2	67919.8	－12.9
2020年1~7月	73467.4	0.9	54808.0	2.5	570287	2.9	82255.2	－11.4
2020年1~8月	85827.3	1.5	64180.4	3.2	584527	2.9	96028.9	－10.3
2020年1~9月	99893.6	1.9	74807.2	3.7	599264	2.7	110943.2	－9.3
2020年1~10月	112131.0	2.3	83994.7	4.1	613135	2.4	124761.5	－8.9
2020年1~11月	124446.1	2.6	93150.4	4.4	627358	2.2	139011.9	－8.2
2020年1~12月	136244.4	3.1	101548.7	4.6	641148	2.1	154509.5	－7.7

注：2020年4~12月为预测值，表中数据均为累计值。

3. 商品住宅销售指标模型预测

根据月度时间序列模型建立商品住宅销售面积模型（见表2）。根据模型测算，2020年4月至12月住宅销售面积分别为：4月2.94亿平方米、5月4.04亿平方米、6月5.61亿平方米、7月6.69亿平方米、8月7.77亿平方米、9月9.16亿平方米、10月10.31亿平方米、11月11.56亿平方米、12月13.29亿平方米。2020年全年住宅销售面积增速预计为－11.5%，增

速比 2019 年减少 13 个百分点。

根据月度时间序列模型建立商品住宅销售额模型（见表 2）。根据模型测算，2020 年 4 月至 12 月住宅销售额分别为：4 月 2.80 万亿元、5 月 3.84 万亿元、6 月 5.35 万亿元、7 月 6.40 万亿元、8 月 7.43 万亿元、9 月 8.74 万亿元、10 月 9.83 万亿元、11 月 11.03 万亿元、12 月 12.64 万亿元。2020 年全年住宅销售额累计增速为 −9.4%，比 2019 年减少 19.7 个百分点。

表 2　2020 年中国商品住宅建设销售及价格指标预测值

时间段	商品住宅竣工面积		商品住宅销售面积		商品住宅销售额		商品住宅销售均价	
	累计面积（万平方米）	增速（%）	累计面积（万平方米）	增速（%）	累计金额（亿元）	增速（%）	平均单价（元/米²）	增长率（%）
2019 年 1~2 月	8925.6	−7.8	12319.5	−3.2	11027.8	4.5	8951	8.0
2019 年 1~3 月	13043.1	−8.1	25953.5	−0.6	23239.4	7.5	8954	8.2
2019 年 1~4 月	16040.1	−7.5	36795.8	0.4	33869.8	10.6	9205	10.2
2019 年 1~5 月	18834.6	−10.9	48708.2	−0.7	45020.7	8.9	9243	9.7
2019 年 1~6 月	22929.1	−11.7	66180.6	−1.0	61344.9	8.4	9269	9.5
2019 年 1~7 月	26373.7	−10.5	77755.7	−0.4	72430.6	9.2	9315	9.6
2019 年 1~8 月	29336.2	−9.6	89409.9	0.6	83317.1	9.9	9319	9.3
2019 年 1~9 月	33084.3	−8.5	104649.7	1.1	97496.6	10.3	9316	9.1
2019 年 1~10 月	38474.2	−5.5	117132.5	1.5	108947.8	10.8	9301	9.2
2019 年 1~11 月	45274.2	−4.0	130805.1	1.6	121705.9	10.7	9304	8.9
2019 年 1~12 月	68011.1	3.0	150144.3	1.5	139440.0	10.3	9287	8.7
2020 年 1~2 月	6760.9	−24.3	7489.0	−39.2	7197.6	−34.7	9611	7.4
2020 年 1~3 月	10928.0	−16.2	19235.0	−25.9	17934.0	−22.8	9324	4.1
2020 年 1~4 月	13792.4	−14.0	29368.6	−20.2	27984.7	−17.4	9529	3.5
2020 年 1~5 月	16478.6	−12.5	40416.9	−17.0	38387.5	−14.7	9498	2.8
2020 年 1~6 月	20445.4	−10.8	56120.1	−15.2	53468.8	−12.8	9528	2.8
2020 年 1~7 月	23761.1	−9.9	66880.8	−14.0	64000.2	−11.6	9569	2.7
2020 年 1~8 月	26676.5	−9.1	77708.9	−13.1	74308.1	−10.8	9562	2.6
2020 年 1~9 月	30323.5	−8.3	91560.2	−12.5	87390.4	−10.4	9545	2.4
2020 年 1~10 月	35617.9	−7.4	103093.1	−12.0	98286.8	−9.8	9534	2.5
2020 年 1~11 月	42280.3	−6.6	115631.1	−11.6	110297.2	−9.4	9539	2.5
2020 年 1~12 月	64002.3	−5.9	132868.0	−11.5	126394.1	−9.4	9513	2.4

注：2020 年 4~12 月为预测值，表中数据均为累计值。

（二）当前住宅市场发展要点分析

综合上述分析和预测结果，我们对 2020 年商品住宅市场有如下几点认识。

1. 住宅市场平稳对我国宏观经济的健康与安全具有重大战略意义

继"房住不炒"定位后，2019 年 7 月 30 日中央政治局召开会议提出：不以房地产作为短期刺激经济的手段。这不是不重视房地产作为基础产业的地位与作用，也不是我国宏观经济不需要发展动力。事实上，房地产业被中央定位赋予了更为重要的使命与责任。面对百年未有之大变局，面对中美贸易摩擦，中国经济要实现从高速增长顺利进阶高质量发展，首要问题是不能发生系统性风险。2020 年 4 月 1 日中国开始正式对外开放金融市场，这是中美达成第一阶段经贸协议的核心内容。外资进入后，房地产成为我国最大的系统性风险领域之一。因此，稳房地产就是稳经济，就是保宏观。当前房地产的最大价值不是拉动经济，而是成为宏观经济整体稳定安全的"压舱石"。2019 年住宅开发投资占房地产开发投资的 73.4%，预测 2020 年住宅开发投资占比可能高达 74.5%；2019 年住宅销售额占商品房销售的87.3%。可见，稳住宅市场就是稳房地产市场，就是稳宏观经济，住宅市场平稳对我国宏观经济的健康与安全意义非凡。

2. 新冠肺炎疫情对我国住宅市场冲击巨大但住宅市场总体平稳态势未变

新冠肺炎疫情暴发以来，国民经济各领域都受到严重影响。截至 2020年 3 月，工业增加值同比下降 8.5%，社会消费品零售总额同比下降15.8%，固定资产投资（不含农户）同比下降 16.1%。与上述数据相比，虽然房地产开发投资与住宅开发投资分别下降 7.7% 和 7.2%，没有什么特别，但是住宅新开工面积下降 26.9%、住宅竣工面积下降 16.2%、住宅销售面积下降 25.9%、住宅销售额下降 22.8%。数字表明，不论建设进度还是市场销售，住宅产业都是重灾区。尽管住宅产业遭受巨大冲击，但住宅市场总体是平稳的。房地产业是一个资本密集型行业，只要供给端不出现资金链断裂，需求端不出现价格大幅跳水，即使出现短期的强烈冲击，也是能够

较快恢复的。截至 2020 年第一季度，房地产企业实际到位资金同比增长 5.4%，3 月房地产企业投资上年资金结余大幅增长弥补了本年资金来源的下降。第一季度商品住宅销售均价同比上升 4.1%，市场价格总体稳定。

3. 应在价格总体稳定基础上积极推进住宅产业高质量发展

2019 年商品住宅平均销售价格增长 8.7%，稍高于预期（年初预测 7.6%）。2020 年预计住宅销售均价将达到 9500 元/米² 左右，年增长 2.4%。笔者认为，住宅价格波动在正负 5 个百分点之间时，住宅市场应该看作是总体稳定的。2014 年中央提出我国宏观经济进入新常态，经济增速明显放缓，随后推进供给侧结构性改革。2015 年开始房地产去库存，房价加快上升。2017 年第一季度，为遏制部分城市房价过快上升，国家出台系列调控政策，在两年多时间里，国家通过金融改革和整顿，在房地产总体去杠杆的同时实现了三、四线城市去库存。从表面上看，这一系列举措都是围绕防范和化解系统性金融风险展开的。从另一视角看，这一过程为住宅产业走向高质量发展打下了基础、提供了条件。住宅产业高速增长的规模扩张阶段已近尾声，可以预见，未来住宅产业只有与高新技术引领下的"新基建"相协调，与智能社区和智慧城市建设相结合，与超级城市群及中心城市建设相融合，才能走出高质量发展的新路。

参考文献

孙磊、章岱钧：《全国主要城市住宅市场供应分析与研究》，《住宅与房地产》2019 年第 36 期。

邹琳华：《"一城一策"促进住房市场平稳发展》，《中国国情国力》2019 年第 9 期。

马成文、薛倩玉、王昱斐：《商品住宅市场价格影响因素及价格预测》，《长春工业大学学报》2019 年第 3 期。

2019年中国商业不动产市场分析及 2020年市场预测

杨泽轩　姜星狄*

摘　要： 2019年是商业不动产不易的一年，中美贸易摩擦对消费者信心带来压力，房地产行业资金环境紧张，商业不动产市场面临下行压力。购物中心市场趋于饱和，开业率再创新低。写字楼供过于求叠加宏观环境影响，空置率提高租金下行。酒店市场连锁型、有限服务型市场份额继续提升。公寓行业经历"寒冬"后继续整合。展望2020年，新型冠状病毒肺炎疫情将对商业不动产市场带来较大冲击和更大的不确定性。预计购物中心整体开业率和商铺开业率将出现大幅下滑；写字楼随国家刺激经济或将带来一定利好，但压力仍高企；酒店市场全年业绩大幅下滑，下沉市场将是新增长点；长租公寓行业集中度提高，继续探索更有效的盈利模式。

关键词： 商业不动产　购物中心　写字楼　酒店　长租公寓

一　2019年中国商业不动产发展总览

2019年是商业不动产颇为不易的一年。宏观环境来看，中美贸易摩擦

---

* 杨泽轩，万商俱乐部创始人，研究方向：商业不动产；姜星狄，中城商业研究院研究总监兼首席分析师，研究方向：商业不动产。

不仅对我国进出口造成重大冲击，更对国人经济前景和消费信心形成不小压力，使民众消费、民间投资明显收缩，令商业市场感受到阵阵寒意。另外，金融监管机构进一步严令收紧资金流向房地产，行业融资渠道受阻、总体资金紧张，土地流拍、商业项目停工消息时有所闻，企业并购、裁员降薪也屡见不鲜，而压力之下的房地产企业高管职务的变动更是连绵不断。房地产行业"不易日子"来临，步入存量时代的商业不动产面临高强度竞争格局。

（一）商业政策

"促进商业消费"政策对大中城市商业形成长期利好。为应对中美贸易摩擦对经济造成的下行压力，同时加速经济结构调整、推进国内消费转型升级，2019 年 8 月 27 日国务院出台"促进消费 20 条"，以稳定消费预期、提振消费信心，充分释放消费潜能。同时，上海、北京、成都等大中城市，相继出台促进首店经济和活跃夜间经济相关政策，"首店经济"和"夜间经济"成为 2019 年商业关键词。相关政策见表 1。

表 1　2019 年商业不动产相关政策

2019 年	出台部委	名称	政策内容摘要
8 月 27 日	国务院办公厅	《关于加快发展流通促进商业消费的意见》	促进流通新业态新模式发展；推动传统流通企业创新转型升级；改造提升商业步行街；加快连锁便利店发展；优化社区便民服务设施；加快发展农村流通体系；扩大农产品流通；拓展出口产品内销渠道；满足优质国外商品消费需求；释放汽车消费潜力；支持绿色智能商品以旧换新；活跃夜间商业和市场；拓宽假日消费空间；搭建品牌商品营销平台；降低流通企业成本费用；鼓励流通企业研发创新；扩大成品油市场准入；发挥财政资金引导作用；加大金融支持力度；优化市场流通环境
10 月 14 日	商务部等 14 个部门	《关于培育建设国际消费中心城市的指导意见》	利用 5 年左右时间，指导基础条件好、消费潜力大、国际化水平较高、地方意愿强的城市开展培育建设，基本形成若干立足国内、辐射周边、面向世界的具有全球影响力、吸引力的综合性国际消费中心城市。重点任务有：聚集优质消费资源；建设新型消费商圈；推动消费融合创新；打造消费时尚风向标；加强消费环境建设；完善消费促进机制

续表

2019年	出台部委	名称	政策内容摘要
11月26日	应急管理部消防救援局	《大型商业综合体消防安全管理规则(试行)》	针对已建成并投入使用且建筑面积不小于5万平方米的商业综合体,对其消防安全责任、建筑消防设施、安全疏散与避难逃生、灭火和应急救援设施、日常消防、消防控制室、用火用电安全、装修施工等十四项作出规定
12月13日	住房和城乡建设部等6部门	《关于整顿规范住房租赁市场秩序的意见》	严格登记备案管理;真实发布房源信息;落实网络平台责任;动态监管房源发布;规范住房租赁合同;规范租赁服务收费;保障租赁房屋安全;管控租赁金融业务;加强租赁企业监管;建设租赁服务平台;建立纠纷调处机制;加强部门协同联动;强化行业自律管理;发挥舆论引导作用

资料来源:各政务公开网站、中城商业研究院整理。

(二)投资、供需与价格

1. 商业营业用房投资连续三年负增长,办公楼止跌

商业营业用房(简称"商用房")、办公楼投资分别自2017年、2018年出现负增长。一方面,商用房开发投资持续下降,开发投资额从2018年1.42万亿元降至2019年1.32万亿元,同比下降6.7%,降幅收窄。另一方面,办公楼市场虽总体需求偏弱,但开发投资止跌回升,开发投资额从2018年5996亿元升至2019年6163亿元,同比增长率从-11.3%升至2.8%(见图1、图2)。

2. 商用房新开工面积连续六年负增长,办公楼结束四连降迎反弹

商用房新开工面积自2014年起逐年下降,2019年新开工面积仅1.89亿平方米,同比下降6.0%,为2010年来最低;全年商用房施工面积10亿平方米,同比下降2.2%;2019年商用房竣工面积1.08亿平方米,增长率收窄至-3.9%(见图3、图4)。

办公楼新开工面积结束了2014年以来的下降趋势,2019年新开工面积7084万平方米,同比上升17.1%;施工面积止跌回升,全年施工面积3.73亿平方米,同比上升3.9%;竣工面积增速由负转正,全年竣工面积3923

图1　2010~2019年商业营业用房开发投资完成额

资料来源：国家统计局、中城商业研究院。

图2　2010~2019年办公楼开发投资完成额

资料来源：国家统计局、中城商业研究院。

万平方米，同比上升1%（见图5、图6）。

3. 消费动能走弱，经济增速放缓，商办销售面积创四年新低

商用房需求与商业零售业增长发展息息相关，2017~2019年我国批发零售业同比增长分别为7.8%、6.7%、5.7%。2017~2019年商用房销售面

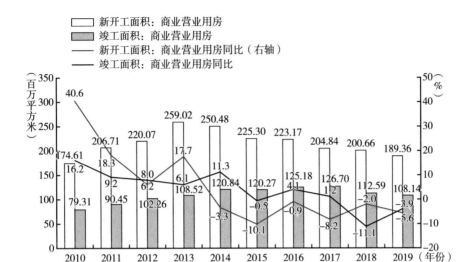

图3　2010～2019年商业营业用房新开工面积、竣工面积

资料来源：国家统计局、中城商业研究院。

图4　2010～2019年商业营业用房施工面积

资料来源：国家统计局、中城商业研究院。

积分别达1.28亿、1.2亿、1.02亿平方米，2019年增速同比下降15.0%，为2015年以来最低（见图7）。

办公楼市场主要集中在发达一、二线城市，与服务业发展密切相关，特

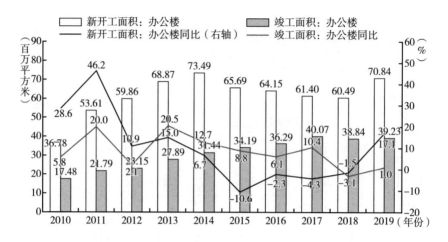

图5 2010～2019年办公楼新开工面积、竣工面积

资料来源：国家统计局、中城商业研究院。

图6 2010～2019年办公楼施工面积

资料来源：国家统计局、中城商业研究院。

别是金融业、商务服务业、高端制造业和前沿科技业等新兴战略产业。2017～2019年我国第三产业同比增长率分别为8.3%、8.0%、6.9%。2017～2019年办公楼销售面积分别为4756万平方米、4363万平方米、3723万平方米，下降趋势明显（见图8）。

图7　2010～2019年商业营业用房销售面积、销售额

资料来源：国家统计局、中城商业研究院。

4. 商办市场供大于求对售价带来下行压力

2019年商用房与办公楼市场供需两端同步减弱，并供大于求，为售价带来压力。2019年末商用房销售价自2018年末1.12万元/米²，降至1.1万元/米²；2019年末办公楼售价自2018年末1.44万元/米²，降至1.43万元/米²（见图9、图10）。

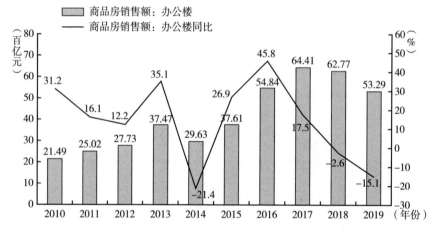

图8 2010～2019年办公楼销售面积、销售额

资料来源：国家统计局、中城商业研究院。

（三）商用拿地

1. 拿地数量减少，总价提高两成

即便2019年融资困难、资金趋紧，企业拿地力度不减。全年共48家企业参与商服拿地，同比减少3家；拿地宗数418宗，同比减少21宗；拿地面积1910万平方米，同比减少210万平方米；但拿地规划建筑面积4315万

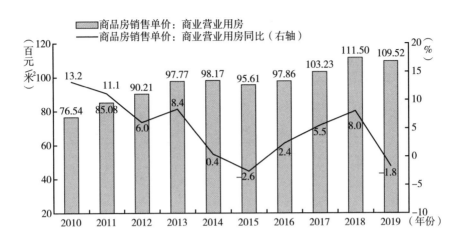

图9 2010～2019年商业营业用房销售单价

资料来源：国家统计局、中城商业研究院。

图10 2010～2019年办公楼销售单价

资料来源：国家统计局、中城商业研究院。

平方米，同比增加198万平方米；拿地总价1237亿元，同比增加213亿元，同比上升20.8%（见表2）。

表2　企业拿地（商服用地）比较（2018年、2019年）

年份	拿地企业家数		拿地数量		拿地土地面积		拿地规划建筑面积		拿地总价	
	指标值（家）	同比增速(%)	指标值（宗）	同比增速(%)	指标值（万平方米）	同比增速(%)	指标值（万平方米）	同比增速(%)	指标值（亿元）	同比增速(%)
2019	48	−5.9	418	−4.8	1910	−9.9	4315	4.8	1237	20.8
2018	51	—	439	—	2120		4117		1024	

资料来源：Wind、中城商业研究院。

2. 拿地企业TOP 5集中度下降

2019年拿地土地面积TOP 5合计降至44.7%，拿地总价TOP 5合计降至38.6%，2019年资金实力较强的房企拿地态度略微保守，企业拿地总价前五强分别为华润置地、绿地控股、华夏幸福、大连万达及世茂房地产，见表3。

表3　2019年企业拿地（商服用地）明细

序号	企业	拿地数量（宗）	土地面积（万平方米）	规划建筑面积（万平方米）	拿地总价（亿元）	楼面地价（元/米²）
1	华润置地	7	29.1	89.8	146.7	16335
2	绿地控股	58	298.7	674.1	96.8	1555
3	华夏幸福	7	37.0	199.3	93.7	4716
4	大连万达	32	160.4	359.1	70.5	1964
5	世茂房地产	3	36.2	128.9	70.1	5441
6	龙湖集团	12	36.8	127.1	68.0	5751
7	碧桂园	24	98.3	233.8	66.5	2821
8	融创中国	38	190.0	420.3	65.8	1565
9	华侨城	17	91.5	147.2	59.6	4430
10	富力地产	9	90.2	261.2	52.7	2018

资料来源：Wind、中城商业研究院。

（四）资本市场

1. 大宗交易继续加速，沪京仍为主要来源

随着存量时代到来，加之竞争激烈，商业项目收并购逐年活跃，外资入场更提升交易热度。据赢商网统计，2019年全年内地商业不动产（含纯商业、商办、商住，不含纯写字楼及其他物业）大宗收并购案例43宗，交易金额近1300亿元，其中，京沪合计占四成左右，见表4。

表4　2019年大宗收并购交易明细

	城市	收购方	被收购方	收购标的	物业类型	交易金额
1	北京	远洋资本、北京华联集团	—	安贞门华联商厦	商办	20.5亿元
2	北京	领展房地产投资信托基金	新加坡ARA资产管理有限公司	京通罗斯福广场	商业	25.6亿元
3	北京	吉宝置业	北京畅升商务咨询	北京碧生源海淀玲珑广场D座	综合体	5.55亿元
4	北京	大悦城控股&高和资本	北京王府井百货	北京大兴火神庙商业中心E座、F座（后改名大悦春风里）	商业	—
5	北京	今日头条	中坤集团	大钟寺中坤广场	商办	90亿元
6	北京	凯雷啟城、颐腾联合瑞士合众集团（Partners Group）和中东家族财富基金	—	中关村鼎好大厦	商业	90.2亿元
7	北京	平安人寿	华夏幸福	华夏幸福丽泽金融商务区D03、D04地块	综合体	58.29亿元（股权转让约53.87亿元，债权转让约4.42亿元）
8	北京	光大安石	光耀东方	中关村时代广场（原中关村广场购物中心）	商业	60亿元

续表

	城市	收购方	被收购方	收购标的	物业类型	交易金额
9	北京	安联集团旗下包括安联不动产在内的多家公司与首峰亚洲宏观趋势基金Ⅲ（Alpha Asia Macro Trends Fund Ⅲ）成立的合营公司	东久中国	北京融新科技中心85%权益	综合体	66亿元
10	北京	北京华联商业信托	Horizon Thrive International	八达岭奥特莱斯	商业	4.55亿新元
11	北京	高和资本	北京欧陆房地产	欧陆广场	商业	23.5亿元
12	北京	高和资本	北京双全房地产	爱情海购物中心	商业	7.7亿元
13	上海	绿地控股	中民投	上海外滩董家渡项目50%股权	综合体	121亿元
14	上海	吉宝置业	North Bund Keppel Pte. Ltd.	上海北外滩一方大厦	商办	46亿元
15	上海	加拿大Brookfield	绿地集团	黄浦滨江项目（上海五里桥项目）	商办	132亿元（物业总价值105.65亿元）
16	上海	瑞安（SCOV）（瑞安+宏利投资+中国人寿信托核心+办公楼投资平台）	瑞安房地产	上海企业天地5号	商办	57亿元
17	上海	西案开发集团	华人文化	上海梦中心项目及20.7亿元债务	综合体	52.48亿元
18	上海	Chelsfield、Amcorp Dynamic、KHI、JRN组成的国际财团	远洋资本	大宁国际广场（项目最终股权：Chelsfield：30%、Amcorp Dynamic：40%、KHI：15%、JRN：15%）	商办	14.5亿元

续表

	城市	收购方	被收购方	收购标的	物业类型	交易金额
19	上海	KKR与翰同资本	—	上海黄浦区人民路399号豫园福都商厦（后将改名外滩NEO）	商业	—
20	上海	亚腾资产管理公司（ARA Asset Management）、Straits Real Estate、工银国际,组成合资联合体	万科印力	上海浦东三林印象城	商业	24.2亿元
21	上海	融创中国	泛海控股控股子公司武汉中央商务区股份有限公司	北京泛海国际项目1号地块及上海董家渡项目100%权益	综合体	125.53亿元
22	上海	绿地控股	上海吉盛伟邦家居市场经营管理	上海吉盛伟邦家居村50%股权	—	23.49亿元
23	广州	吉宝置业	同创集团	荔湾区西门口广场30%股权	综合体	9亿元
24	广州	广州陛鹿物业管理	广州华骏实业	太阳新天地	商业	18.08亿元
25	广州	富春投资	昌兴国际控股（香港）	东方文德广场55%权益	综合体	5.47亿元
26	深圳	领展基金	怡景集团	新怡景商业中心	商业	66亿元
27	深圳	粤荣租赁	招商蛇口	太子湾商务大厦T6栋一、二层及33套商业物业	商业	2.95亿元
28	珠海	印力	沃尔玛百货	珠海乐世界购物中心（更名珠海印象城）	商业	—
29	西安郑州	黑石集团	塔博曼	塔博曼熙地港购物中心资产包（西安熙地港购物中心、郑州熙地港购物中心、韩国Starfield Hanam购物中心）	商业	4.8亿美元

续表

	城市	收购方	被收购方	收购标的	物业类型	交易金额
30	苏州	中海集团	苏州工业园区地产经营管理公司	苏州国际财富广场（更名中海财富中心）	商办	—
31	郑州	郑州丰祥投资	锦艺集团	标的公司100%股权，锦艺国际轻纺	商业	2.12亿元
32	成都	新加坡ARA、中金资本、新加坡MetroHoldinds联合	铁狮门	成都晶融汇商场	商业	16亿元
33	重庆	金科股份	中科建设、重庆润凯	涪陵红星国际广场项目全部权益及债权	综合体	8.473亿元
34	重庆	融创中国	阳光100	重庆阳光100的70%股权	综合体	13.34亿元
35	鄂尔多斯	王府井集团	兴业银行呼和浩特分行	鄂尔多斯太古广场B区租赁物业	商业	3.9亿元
36	成都	融创西南公司子公司成都融创骏源	成都地润置业51%股权（控股股东为华侨城集团）	成都地润置业持有项目包括"洛带博客小镇"的多个待开发地块。"洛带博客小镇"项目位于成都市龙泉驿区洛带古镇的核心位置	综合体	10.42亿元
37	湖南	福晟国际控股集团	长沙广安	目标公司30%股权及股东贷款（含长沙综合体项目30%股权）	综合体	2.7亿元
38	广西	深圳宝能	宝新置地集团、宝新金融集团	目标公司100%股权（包含南宁五象新区环球金融中心、南宁五象湖1号两个综合发展项目）	综合体	3亿元

	城市	收购方	被收购方	收购标的	物业类型	交易金额
39	安徽	上海爱琴海奥莱商业管理	红星美凯龙	红星美凯龙自营家具商场	商业	—
40	内蒙古	茂业商业	—	包头东河商业综合体项目	综合体	—
41	天津	华润	—	天津银河国际购物中心	商业	79亿元
42	成都	融创中国	云南城投	成都环球中心	综合体	—
43	南京	丰盛控股	南京创睿	南京六合区大型购物商场两层物业	商业	3.98亿元

资料来源：赢商网、不完全统计，2019/1/1 – 12/31中城商业研究院整理。

2. 资产证券化创新中加速

2019年商业不动产资产证券化发展加快，新发行29只，总额616.9亿元。其中，金光上海白玉兰广场138亿元CMBS上交所上市发行，创境内CMBS最大发行规模。2019年部分发行明细见表5。

表5　2019年商业不动产资产证券化（REITs/CMBS）发行明细

单位：亿元，%

	项目名称	发行金额	基础资产类型	优先级占比	次级占比
1	金光上海白玉兰广场	138.0	商业房地产抵押贷款	99.3	0.7
2	光控安石商业地产第1期静安大融城	43.0	不动产投资信托REITs	81.4	18.6
3	迈科商业中心综合体	33.0	不动产投资信托REITs	66.7	9.1
4	光控安石商业地产第2期观音桥大融城	29.0	不动产投资信托REITs	51.7	33.5
5	新长宁兆丰广场	25.3	商业房地产抵押贷款	67.2	5.1
6	星河丽思卡尔顿酒店	22.1	商业房地产抵押贷款	81.4	5.0
7	海信南方大厦	22.0	商业房地产抵押贷款	99.9	0.1
8	泛海民生金融中心2019年第一期	21.9	商业房地产抵押贷款	59.4	2.3
9	华侨城租赁住房一号第一期	21.5	不动产投资信托REITs	90.0	10.0

续表

	项目名称	发行金额	基础资产类型	优先级占比	次级占比
10	印力印象1号	21.1	商业房地产抵押贷款	95.0	5.0
11	阳光控股大厦	21.0	不动产投资信托 REITs	85.2	14.8
12	平安合生财富广场	20.0	商业房地产抵押贷款	97.5	2.5
13	四川高速隆纳高速公路	19.8	不动产投资信托 REITs	83.2	16.8
14	成都苏宁广场	19.0	不动产投资信托 REITs	94.7	5.3
15	新建元商旅	18.0	不动产投资信托 REITs	66.7	33.3
16	融创南昌万达茂	17.9	商业房地产抵押贷款	94.4	5.6
17	华发租赁住房一号第一期	15.5	不动产投资信托 REITs	89.9	10.1
18	普洛斯仓储物流2期	15.0	商业房地产抵押贷款	99.9	0.1
19	顺丰产业园一期第2号	13.6	不动产投资信托 REITs	56.3	43.8
20	华泰佳越 – 梅溪湖一期	12.4	商业房地产抵押贷款	99.9	0.1
21	苏州恒泰商业地产一期	12.0	不动产投资信托 REITs	70.0	30.0
22	中国智能骨干网仓储	10.7	不动产投资信托 REITs	62.6	37.4
23	平安不动产朗诗租赁住房1期	10.7	不动产投资信托 REITs	89.0	11.1
24	苏州纳米大学科技园	10.2	不动产投资信托 REITs	70.6	29.4
25	广州港集团	8.4	商业房地产抵押贷款	95.0	5.0
26	光明冷链仓储物流	6.0	商业房地产抵押贷款	53.3	—
27	朗诗寓长租公寓一期	3.5	不动产投资信托 REITs	58.7	10.0
28	金融街控股供应链	3.2	商业房地产抵押贷款	100.0	—
29	远洋地产长租公寓1号第一期	3.1	不动产投资信托 REITs	92.9	7.1

资料来源：Wind、不完全统计，2019/1/1 – 12/31 中城商业研究院整理。

二 零售商业市场分析

（一）消费形势

1. 国民生活水平提高，消费升级不可逆

2019年我国经济总量99.1万亿元，同比增长6.1%，世界排名第二，对全球经济增长贡献率约30%。人均GDP首次突破1万美元。2019年城镇居民人均可支配收入同比增长5%，城镇居民人均消费性支出同比增长4.6%，见图11。在追求美好生活、消费升级的驱动下，消费支出仍维持一定水平。

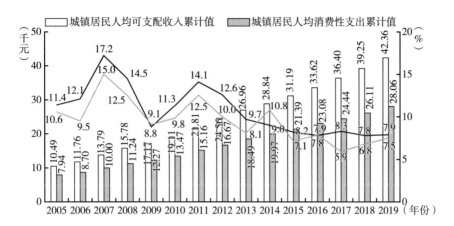

图11　2005～2019年城镇居民人均可支配收入、城镇居民人均消费性支出

资料来源：国家统计局、中城商业研究院。

2. 居住、文娱教育、医疗保健支出占比稳定上升

2019年城镇居民人均消费性支出占比中，居住比重逐年上升。此外教育文化娱乐服务、医疗保健支出均较2018年少许增加，见图12。显示消费者对自身健康养护日益重视，更愿在医疗保健上增加消费。同时消费者更关注品质和性价比，以Costco为例，2019年8月27日Costco大陆首店开业三小时被迫闭店，且开业会员数创下全球新高。

3. 电商实物销售额占比上升，占比超两成

2019年电商实物商品销售额占社会消费品零售总额比重上升至20.7%，首次超过两成（见图13）。

（二）购物中心市场分析

1. 行业整并趋势延续，集中度小幅提高

2019年11家头部商业不动产企业（G11）购物中心市场份额小幅提高，行业整体投资转趋保守。2020年整并趋势仍将持续，市场集中度继续提高。

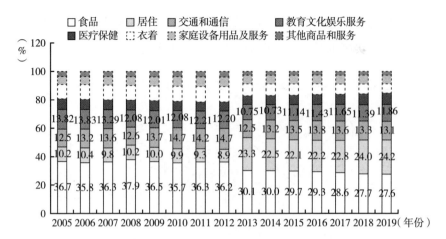

图12 2005～2019年全国城镇居民人均消费性支出构成

资料来源：国家统计局、中城商业研究院。

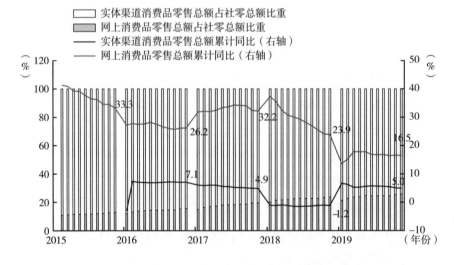

图13 2015～2019年实体渠道/网上消费品零售总额占比

资料来源：国家统计局、中城商业研究院。

2.市场饱和之际，存量增速持续减缓

过去十年购物中心高速增长，近两年因经济增长放缓、人口红利边际下降，加上电商冲击，购物中心市场渐趋饱和、竞争环境异常激烈，增速明显减缓（见图14）。2008～2017年全国1～6线城市3万平方米以上购物中心，体量存量同比增长约28.8%，但2019年增长率降至15%之下，存量约4.2亿平方米。

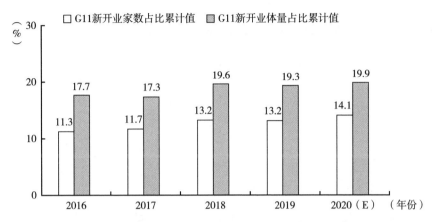

图14　2016～2020（预测值）年11大主流房企购物中心市场份额

注：统计范围覆盖全国商业面积3万平方米以上购物中心，假设2020年全国项目开业率为50%、G11为100%。G11代表11家头部主流商业地产开发商，含华润置地、大悦城、大连万达、龙湖、新城、爱琴海、恒隆置地、太古、新世界、新鸿基、九龙仓等。

资料来源：赢商大数据、中城商业研究院。2016/1/1 – 2019/11/30，2020年为预测值。

图15　2010～2019年全国购物中心体量存量

注：统计范围覆盖全国商业面积3万平方米以上购物中心。

资料来源：赢商大数据、中城商业研究院。

3. 租户压力增大，重点21城空置率普遍攀升

2019 年消费动能走弱，影响购物中心商铺承租意愿，空置率上升。据赢商大数据监测 21 个城市 5 万平方米及以上体量购物中心，2019 年平均空置率为 7.2%（2018 年为 5.3%），一线、新一线、二线城市平均空置率分别为 5.9%、6.5%、11.5%，同比 2018 年皆提高（见图 16）。

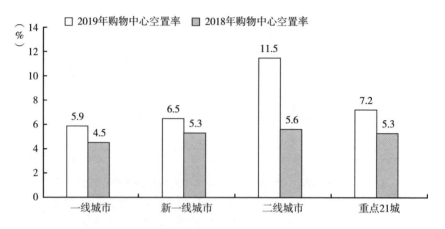

图 16　重点 21 城购物中心平均空置率（2018 年、2019 年）

注：统计范围覆盖重点 21 城 5 万平方米及以上购物中心，重点 21 城：北京、上海、广州、深圳、重庆、成都、天津、西安、郑州、武汉、长沙、青岛、苏州、南京、杭州、昆明、合肥、福州、厦门、泉州、贵阳。

资料来源：赢商大数据、中城商业研究院。

4. 销售前三位仍是高端项目

多年蝉联销售榜首的北京 SKP，2019 年顺利突破 150 亿元年度目标，北京国贸业绩大幅成长，一举突破 150 亿元，迈上新台阶，前三名仍由高端商场占据。

表 6　2019 年全国商场销售业绩 TOP 10

单位：万平方米，亿元

所在城市	项目名称	商业建筑面积	2019 年销售额
北京	SKP	18	150 +
北京	国贸商城	23	150 +
南京	德基广场	15	112.4

所在城市	项目名称	商业建筑面积	2019年销售额
上海	星月环球港	32	98
北京	世纪金源购物中心	61.5	76
成都	IFS	21	70
郑州	丹尼斯大卫城	23	61.5
广州	天河城	16	58
杭州	湖滨银泰in77	24	52
上海	上海五角场万达广场	26	50.4

资料来源：赢商大数据、2019/1/1 – 12/31，不完全统计中城商业研究院。

三 写字楼市场分析

（一）"贸易战"叠加"去杠杆"，市场需求承压

据世邦魏理仕报告，截至2019年末，17座主要城市写字楼新增供应面积740万平方米，同比增长19%。其中，深圳、上海、北京新增供应面积居前三位，合计占53%，同时这17座主要城市净吸纳量336万平方米，同比下降37%（见图17）。

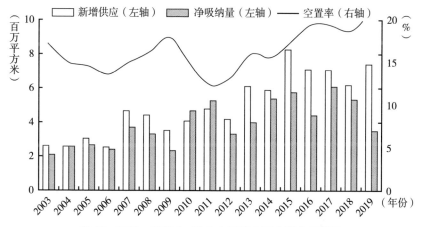

图17 2003～2019年17座主要城市写字楼市场供需

资料来源：世邦魏理仕。

综合多家上市企业年报写字楼租赁情况分析，可看出市场整体需求下行，压力较大，主要原因有三个：第一，中美贸易摩擦升级，影响部分外资企业和对美出口制造业企业写字楼需求，而贸易摩擦对经济前景带来的不确定性，则抑制国内外承租方的续租、扩租意愿。第二，国内甲级写字楼重要"金主"网贷 P2P 金融公司持续倒闭，对写字楼吸纳量造成影响。网贷之家数据显示，2019 年年底，正常运营平台仅剩 344 家（2018 年同期为 1073家）。第三，联合办公行业高速追量扩张时期已过，行业洗牌加剧，也对写字楼新增需求下降产生一定影响。

（二）供应扩容、需求不振，空置率提升

供需同时承压，市场去化速度减缓，净吸纳量下降，致部分城市整体空置率攀升。据世邦魏理仕统计，17 个重点城市平均空置率同比升至 21.7%，见图 17。

分城市来看，仲量联行数据显示，截至 2019 年末，一线城市北京、上海甲级写字楼空置率分别为 12.7%、17.5%，深圳空置率超过 20%，仅广州空置率低于 5%。主要二线城市中，重庆、杭州、福州、天津因供应有限，空置率同比下降（见图 18、图 19）。

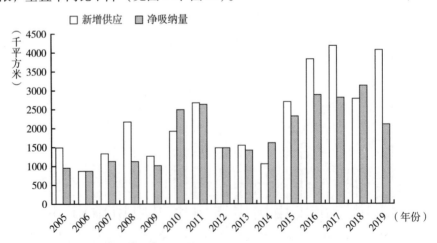

图 18　2005～2019 年北、上、广、深写字楼供需关系

注：一线城市包括北京、上海、广州、深圳。
资料来源：仲量联行。

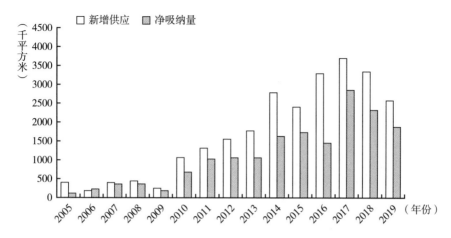

图 19　2005～2019 年全国 16 个城市写字楼供需关系

注：16 个城市包括成都、重庆、武汉、南京、杭州、苏州、西安、天津、青岛、大连、沈阳、郑州、无锡、宁波、长沙、厦门。

资料来源：仲量联行。

（三）以价换量致租金下行压力大

市场供应扩容、需求减缓，业主为加速去化空置物业，倾向于"以价换量"，使租金面临下行压力。据第一太平洋戴维斯数据，截至 2019 年末，16 座主要城市甲级写字楼平均租金下跌 2.6%，含直接调价和增加装免期等变相降价。

四　酒店市场分析

（一）旅游业支撑酒店需求，第三方预订平台占优势渠道

旅游业蓬勃发展对酒店业有正面助益。据文化和旅游部数据，2019 年国内旅游人数 60.1 亿人次，同比增长 8.4%；入境旅游人数 1.45 亿人次，同比增长 2.9%；入境过夜旅游人数 6573 万人次，同比增长 4.5%（见图 20）。

从酒店预订渠道看，OTA 等第三方凭借其技术平台优势，在预订渠道

图20　2010～2019年入境游接待人次与过夜旅游者人数

资料来源：文化和旅游部、中城商业研究院。

中迅速建立起规模化门槛，并对单体酒店甚至各大酒店集团形成平台优势（见图21）。

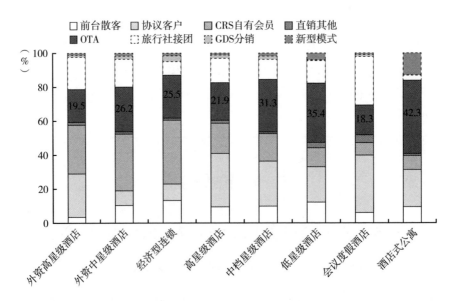

图21　2018年全国不同类型酒店各销售渠道占比

资料来源：观研天下。

（二）供给竞争激烈，洗牌加剧，结构分化

2012年以来酒店市场渐趋成熟，行业洗牌，整并加剧，酒店规模出现负增长。据文化和旅游部数据，2019年第三季度，共8077家星级饭店通过审核，同比减少12.5%，2014～2018年连续五年负增长（见图22）。

图22 2013～2019年全国星级酒店数量

资料来源：文化与旅游部、中城商业研究院。

从结构上看，2019年第三季度中高端与高端酒店（四星级及以上）市场份额提高，占比37.7%，且市场规模仍在扩大，五星级酒店整体向一线城市集中。中低端、低端酒店（二星级及以下）市场份额明显萎缩，占比14.9%（见图23）。这一变化与国民生活水平提高、新中产阶级崛起、追求消费升级趋势相吻合。

（三）有限服务酒店受投资者青睐，中档酒店集中度提高

锦江、华住、首旅如家三大酒店集团已占国内连锁酒店市场近半壁江山（约45%），竞争格局较稳定。无论CR3/CR5/CR10皆持续上升，显示集中度仍持续提高（见表7）。

图23　2013～2019年全国星级酒店结构分布

资料来源：文化和旅游部、中城商业研究院，截至2019年9月30日。

表7　2017～2019年中国10大中端酒店品牌市场占有率（特指有限服务连锁酒店行业）

单位：%

2019年	市占率	2018年	市占率	2017年	市占率
锦江国际酒店集团	18.31	锦江国际酒店集团	20.95	锦江国际酒店集团	20.31
华住酒店集团	10.19	首旅如家酒店集团	11.86	首旅如家酒店集团	12.59
首旅如家酒店集团	9.33	华住酒店集团	11.70	华住酒店集团	11.17
格美酒店集团	5.34	海航酒店集团	6.74	格林豪泰酒店集团	5.02
尚美生活集团	3.02	格美酒店集团	5.88	东呈国际集团	2.13
都市酒店集团	2.72	尚美生活集团	3.00	尚美生活集团	2.10
东呈国际集团	2.63	东呈国际集团	2.54	都市酒店集团	1.87
住友酒店集团	0.91	都市酒店集团	2.42	住友酒店集团	1.13
上海恭胜酒店管理有限公司	0.88	港中旅酒店有限公司	1.08	万达集团	0.93
开元酒店集团	0.83	住友酒店集团	1.02	恭胜酒店管理有限公司	0.90
其他	45.84	其他	32.81	其他	41.85

资料来源：天风证券研究所、中城商业研究院。

五　公寓市场分析

（一）政策大力支持发展租赁市场

2019年住房租赁政策对行业形成利好。第一，继续强化大力发展住房租赁市场总基调；第二，加强规范市场秩序，不断完善相关制度。中央层面政策以明确发展方向、支持鼓励住房租赁市场为主；地方政策，以规范市场、加强监管为主。

（二）年轻白领为目标客群，高学历、较高收入为主要特征

民众对于生活品质日益重视，特别是"90后"年轻群体，已成为消费市场主流力量。2017年以来房企大举进入长租公寓市场，目标客群锁定在一线、新一线职场新人。据零点有数研究，长租公寓客群通常学历较高、收入尚可、工作光鲜、乐于尝鲜，不仅重视房客素质、周边环境，对服务、活动及公共空间要求也较高。

（三）行业回归理性，扩张速度放缓

经历前两年的野蛮生长，2019年行业重回理性，企业放缓扩张速度，行业竞争加剧，企业汰换加速，资本则趋于谨慎。在房地产政策主基调下，部分房企将长租公寓纳入多元化布局一环。克而瑞研究显示，截至2019年末，国内房企TOP100中，将近1/4已布局长租公寓业务。TOP 20房企长租公寓累计开业房源规模已突破32万间，成为集中式长租公寓主力。此外，2019年新开门店集中在一线城市，亦与长租公寓客群画像匹配（见图24）。

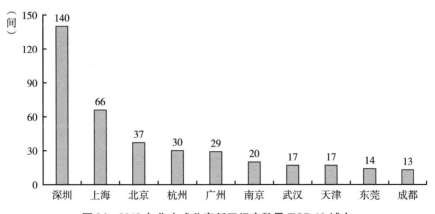

图24　2019年集中式公寓新开门店数量TOP 10城市

资料来源：15家头部公寓官网、贝壳研究院。

六　2020年商业不动产市场展望

2020年新年伊始，突如其来的新型冠状病毒肺炎疫情，不仅对国内宏观经济环境和商业不动产市场带来严重冲击，更在其后蔓延至全球。尽管疫情已进入可控阶段，但新冠肺炎疫情的全球蔓延对全世界和国内经济都带来相当大的不确定性。

（一）零售商业市场预测

2020年全国拟开购物中心仅874家，同比减少11.4%，为三年来最低。因上半年拟开数量约占35%，预计受新冠肺炎疫情影响，开业率将呈断崖式下跌。综合疫情及往年开业情况，预估2020年全年实际开业购物中心数量约400家，且因中小商户较多出现经营困难状况，品牌多采取保守策略——减少开店甚至关闭店铺，购物中心空置率预计再提高，租金收益也会有一定下降，预估减少10%~20%。

（二）写字楼市场预测

新冠肺炎疫情将对2020年写字楼市场供需两端产生重要影响。就供给面看，世邦魏理仕预计约有13%的写字楼新增供应将延迟交付，使得全年新增供应降至890万平方米。就需求面看，2020年第一季度全国办公需求预计下降40%左右，但随着疫情减弱及金融、TMT等行业新增长引擎的推动，将出现一定反弹。预计全年写字楼净吸纳量将达350万平方米，与2019年基本持平。全国空置率将升至25%，租金整体则仍下跌。

（三）酒店市场预测

当前全球疫情超预期恶化，恐拖累国内经济复苏速度。同时因"境外输入病例"增多，令国内疫情可能存在反复，致复工进程顺延。据浩华调研数据，国内酒店景气指数一路下滑，目前入住率仅10%。因国内经济仍存在较高不确定性，2020年上半年酒店行业景气回升速度可能较预期缓慢，待下半年国内外疫情趋缓，届时酒店业或将出现 V 形反转（见图 25）。另头部酒店集团自 2019 年起在三线及以下城市开展"圈店运动"，越来越多单体酒店加盟连锁品牌，以优化现金流和提升营利性，下沉市场有望成为中国旅游及酒店预订新的增长点（见图 26）。

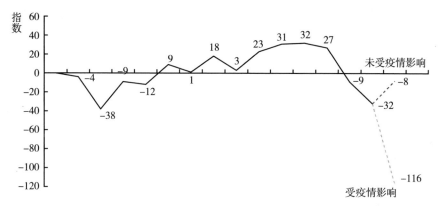

图 25 2013～2020 年全国酒店景气指数发展趋势

资料来源：浩华调研数据、中城商业研究院。

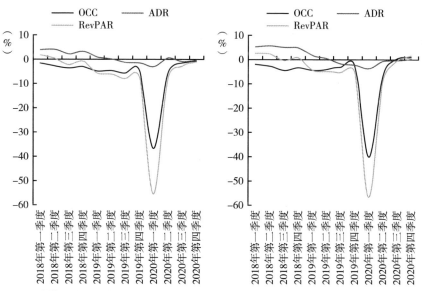

图 26 疫情影响下预估某酒店集团经营数据增速－经济型（上左）和中高端（上右）

资料来源：公司公告、东北证券。

（四）长租公寓市场预测

随着住房租赁市场发展，长租公寓的形态不断转型升级。预计 2020 年及之后，市场将出现大量增量长租公寓，此类物业除配建一部分家庭租赁住房外，也会在社区配置商业、学校等健全配套，满足租客多方面生活需求，让租客体会更有品质的租住生活，对我国构建"租购并举"住房体系起到重大推动作用。同时住建部明确表示 2020 年将重点探索此类项目运行机制，将"集租房"交专业长租公寓机构建设运营将是大势所趋。

参考文献

赢商网陈安琪：《2019 大宗商业物业交易真热闹，今日头条、保险公司都出手了！》，2020 年 2 月 18 日，https：//new. qq. com/omn/20200218/20200218A0TJ9400. html，最后检索时间：2020 年 3 月 25 日。

赢商网：《全国 132 家商场 2019 年销售额都"扒"出来了！》，2020 年 3 月 23 日，http：//news. winshang. com/html/067/0644. html.，最后检索时间：2020 年 3 月 25 日。

世邦魏理仕：《2019 年第四季度中国房地产市场报告》，2020 年 2 月 27 日，第 3 页。

仲量联行：《带你看中国｜2019 年办公楼市场概览》，2020 年 2 月 14 日，https：//f. smarket. net. cn/s/template/de007d3c68d954fc19880df1ee3e2771/html/info. html？articleId = 437593&configId = 1164035&code = 011t1QW82rmhpN0hCWU82A4uW82t1QWX&state = &appid = wx7a7f15a401f89840&weChatId = 43382&retCode = 0&excode = e652dbb10255caa25b03516a1af 83810，最后检索时间：2020 年 3 月 25 日。

第一太平洋戴维斯：《审时·读市 2020——中国房地产年度展望 2020》，2020 年 1 月 14 日，第 12 页。

观研天下：《2018 年中国酒店市场分析报告》，2018 年 6 月 15 日，http：//jingzheng. chinabaogao. com/jiudiancanyin/06153432R2018. html，最后检索时间：2020 年 3 月 25 日。

天风证券研究所：《酒店：重视成长，弱化周期，行业头部集中化趋势显著》，2020 年 3 月 6 日，第 3 页。

克而瑞：《2019 年中国长租公寓规模排行榜》，https：//baijiahao. baidu. com/s？id = 1655251194856807946&wfr = spider&for = pc，最后检索时间：2020 年 3 月 25 日。

零点有数：《长租公寓客群画像》，https：//www. meadin. com/156234. html，最后检索时间：2020 年 3 月 25 日。

贝壳研究院：《2019—2020 年住房租赁报告》，https：//baijiahao. baidu. com/s？id = 1655037936398216066&wfr = spider&for = pc，最后检索时间：2020 年 3 月 25 日。

中城商业研究院：《宏观弱周期下的新型冠状病毒疫情对中国经济与商业影响初探》，2020 年 2 月 3 日，第 43 页。

世邦魏理仕：《2020 年中国区房地产市场展望》，2020 年 2 月 20 日，第 16 页。

浩华管理顾问公司：《2020 年上半年中国酒店市场景气及新冠肺炎专项调查报告》，http：//www. chatchina. com. cn/Info/detail/182，最后检索时间：2020 年 3 月 25 日。

东北证券：《休闲服务：疫情影响下酒店业绩详细分拆测算》，2020 年 2 月 21 日，第 6 页。

B.4

2019年全国住房租赁市场发展报告

张波　汤秋红　熊雪婧*

摘　要： 在政府对住房租赁市场采取的一系列措施落地的背景下，从2017年到2019年，全国住房租赁的供给和需求热度整体呈上升趋势，租金整体下行。长租公寓市场处于成长期，资源向头部企业集中，行业集中度越来越高。2016年首宗租赁用地在北京成交，至今全国已有数十个城市推出了租赁用地，预期在2020年及之后将陆续有成规模的租赁住房入市。大数据和问卷调研显示，人们对于租房的接受度越来越高，"90后"人群为租房主力人群，租房人群整体更加偏好整租和两居房型。当前住房租赁市场，仍然存在房源较分散、出租情况掌控难度大、房东和租客的权益缺少有效的保障机制等问题，行业的规范性有待进一步提升。

关键词： 住房租赁　供需热度　长租公寓　租赁偏好

2018年全国住房和城乡建设工作会议提出，"以解决新市民住房问题为主要出发点，补齐租赁住房短板"为2019年住房和城乡建设十大工作重点之一。2019年，各地采取多项措施，重点从租赁人口落户、租房税、土地供应和租赁补贴等方面改善新市民的住房问题。

---

* 张波，58安居客房产研究院首席分析师，研究方向：房地产市场；汤秋红，58安居客房产研究院资深分析师，研究方向：房地产市场；熊雪婧，58安居客房产研究院高级分析师，研究方向：房地产市场。

一 2019年租赁住房重点政策

（一）保障租赁人口落户

2019年3月，国家发展和改革委员会发布《2019年新型城镇化建设重点任务》[①]，提出允许租赁房屋的常住人口在城市公共户口落户，这是"租购同权"提出以来的一项关键政策，将有效解决"新市民"租房的权益问题，使得租房作为居住的一种形态可以更稳定和可预期。

（二）个人租房减税降费

2019年，北京、上海、广州、深圳相继发布个人出租住房减税政策，对于月租金收入不超过10万元的，北京、深圳的综合征收税率均降为2.5%；上海月租金收入在3万~10万元的税率由5%调整为10万元以下统一3.5%；广州不同的月租金收入段税率下调2个百分点及以上（见表1）。个人租房税的降低，相当于向租客和房东让利，通过税收政策调整实现"稳房租、惠租客"的目的，鼓励更多潜在房东出租闲置房屋。

表1 月租金收入在10万元以下的个人出租住房综合征收税率变化（2019~2020年）

城市	调整前	调整后
北京	税率5%	税率2.5%
深圳	月租金收入≤3万元，税率4.5% (3,10]万元，税率6.105%	税率2.5%
上海	月租金收入≤3万元，税率3.5% >3万元，税率5%	税率3.5%

---

① 国家发展和改革委员会印发《2019年新型城镇化建设重点任务》（发改规划〔2019〕0617号），ndrc. gov. cn/xxgk/zcfb/tz/201904/t20190408_ 962418. html，最后检索时间：2020年4月28日。

续表

城市	调整前	调整后
广州	月租金收入 <0.2 万元,税率 4% [0.2,3]万元,税率 6% (3,10]万元,税率 7.9%	月租金收入 <0.2 万元,税率 2% [0.2,3]万元,税率 4% (3,10]万元,税率 4.295%

资料来源:58 安居客房产研究院整理。

(三)扩大集体土地建设租赁住房试点范围

2019 年 1 月,自然资源部办公厅、住房和城乡建设部办公厅联合发布《关于福州等 5 个城市利用集体建设用地建设租赁住房试点实施方案意见的函》①,原则同意福州、南昌、青岛、海口、贵阳 5 个城市利用集体建设用地建设租赁住房试点实施方案。至此,集体土地建设租房试点由首批北京、上海、沈阳、南京、杭州、合肥、厦门、郑州、武汉、广州、佛山、肇庆、成都等 13 个城市增至 18 城,试点范围进一步扩大。同时,为进一步增加集体建设用地租赁住房的吸引力,针对不少地区试点项目位置偏远的情况,该函强调,要尽量将项目安排在区位条件好、基础设施完备以及人口集中度高、市场需求旺盛的区域,在布局上更加立足于解决好本地住房困难群体和青年无房群体以及其他各类人才的住房需求。

(四)提供租房房源和租金补贴成为留住"新市民人才"的重点

2019 年热点城市的抢人大战持续升级,且呈现出从一、二线城市向三、四线城市扩展的趋势。各地在租房、购房、开放落户等方面均予以利好政策支持,租赁人才政策是其中的重点发力方向:一是直接提供人才公寓、公租房等解决房源问题,二是通过租金补贴、租金减免等方式降低人才的居住成本,留住新市民人才(见表 2)。

---

① 自然资源部办公厅、住房和城乡建设部办公厅:《关于福州等 5 个城市利用集体建设用地建设租赁住房试点实施方案意见的函》(自然资办函〔2019〕57 号),http://www.gi.mnr.gov.cn/201901/t20190116_2387957.html,最后检索时间:2020 年 4 月 28 日。

表2　全国"抢人大战"租赁相关主要政策（2019年）

	租赁相关人才政策	施行城市
房源	人才公寓、公租房	北京、上海、广州、深圳、南京、郑州、西安、武汉等
租金	租金补贴	北京、深圳、南京、西安、珠海横琴、海口、琼海等
	租金减少	北京、深圳、南京、西安、武汉、海口、琼海等
	免租	深圳、南京、海口、琼海等

资料来源：58安居客房产研究院整理。

二　2019年普通租赁住房市场表现

（一）普通租赁住房供需情况

2015～2018年我国流动人口的整体数量逐年减少①，每年新入市场的租房人群以"90后"、"95后"为代表，消费观念和居住观念与上一代有所不同，对租房的接受度更高。在这个背景下，从全国范围看租房需求热度在逐年上升。普通租赁住房②作为住房租赁市场中占比最大的租房类型，供需热度代表了整个市场表现。在此我们通过房源供给热度指数③和找房需求热度指数④两个指标来看市场供需的情况。

1. 全国的供需情况

从供给来看，2018年普通租赁住房房源供给热度相较2017年增幅明显，2019年房源供给热度趋于回落，但仍高于2017年。从需求来看，2017～2019年普通租赁住房的找房需求热度呈现整体上升的趋势，且2019年相较2018年的增幅高于2018年相较2017年，显示近三年找房需求热度持续升温。

---

① 国家卫生健康委员会流动人口数据平台：《新中国成立70周年人口流动与迁移》，http://www.chinaldrk.org.cn/wjw/#/nationalDay，最后检索时间：2020年4月28日。

② 指个人房东出租的租赁住房。

③ 房源供给热度指数主要由58安居客房源数据计算。

④ 找房需求热度指数主要由58安居客房源搜索及访问数据计算。

从季节周期来看，供给和需求热度变化呈现周期性波动。在每年1~3月的春节－返工季，供需均呈先降再升的态势，且上升后的热度高于下降之前的热度；在6~8月的毕业季，供需均呈先升再降的态势，且降后的热度高于升之前的热度。2020年1~2月，供给和需求热度均出现较大跌幅，1月的供给和需求相对于2019年12月分别下跌了30.3%和31.4%，2月的供给和需求相对于同年1月分别下跌了61.7%、62.0%，与往年春节季变化一致，但跌幅远高于往年，较大跌幅的产生与新冠肺炎疫情的暴发有一定相关性（见图1）。

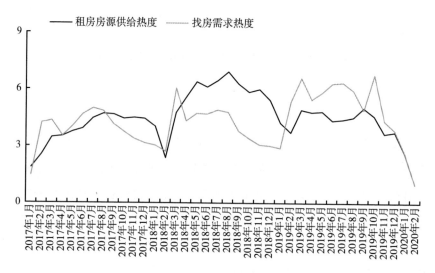

图1 全国普通租赁住房市场房源供给和找房需求热度指数（2017~2020年）

资料来源：58安居客房产研究院数据库。

2. 代表城市群的供需变化

京津冀和长三角城市群，分别包含全国最重要的两个城市北京和上海，且地理位置一南一北，我们重点分析这两个城市群的普通租赁住房供需热度变化。

为了更好地比较差异，我们将两个城市群的供需热度分别除以该城市群的总常住人口，得到人均供需热度指数。2017年，京津冀城市群的人均供给和需求热度均明显高于长三角城市群，2018年开始，长三角城市群的人均供给热度实现了赶超，人均需求热度与京津冀城市群的差距缩小，2019年两个城市群的人均供给和需求热度均趋于一致。可见在近两年，长三角城市群相对于京津冀城市群，租房市场有较为明显的发展，无论是房源供给还是找房需求都有更大幅度的增长（见图2）。

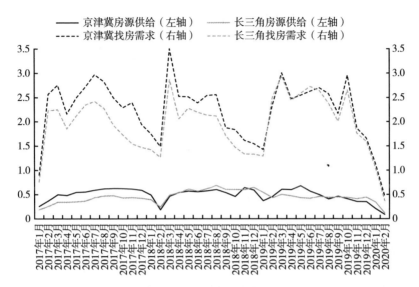

图2 代表城市群普通租赁住房市场单位人口房源供应和找房需求热度指数
（2017~2020年）

资料来源：58安居客房产研究院数据库。

（二）普通租赁住房租金变化

2017~2019年全国普通租赁住房市场租金整体下行，其中二线城市跌幅较大。随着城市化的进程，二、三线城市差距逐步缩小，体现在租金和租金回报率上的差距也在缩小。

1. 全国的平均租金

全国普通租赁住房月平均租金2017~2019年整体呈现下行趋势。2017、2018和2019年的月平均租金分别为41.16、40.04和38.61元/米^2，2018、2019年分别同比下跌了2.7%和3.6%（见图3）。

具体到一、二、三线城市，一线城市租金持续上涨，2017、2018和2019年月平均租金分别为64.43、66.81和68.89元/米^2，2018、2019年分别同比上涨3.7%、3.1%；二线城市租金先涨后跌，2017~2019年月平均租金分别为

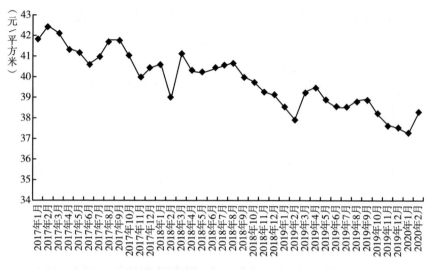

图3 全国普通租赁住房月平均租金（2017～2020年）

资料来源：58安居客房产研究院数据库。

34.27、34.85和33.32元/米², 2018年同比上涨1.7%, 2019年同比下跌4.4%；三线城市租金同样先涨后跌, 2017～2019年月平均租金分别为29.96、30.78和30.08元/米², 2018年同比上涨2.7%, 2019年同比下跌2.3%（见图4）。

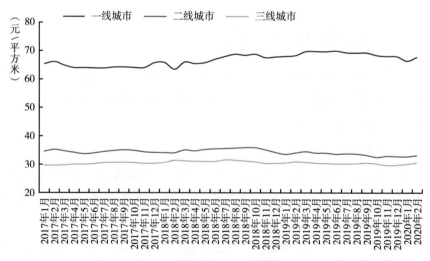

图4 一、二、三线城市普通租赁住房月平均租金（2017～2020年）

资料来源：58安居客房产研究院数据库。

2018 和 2019 年，二线城市月平均租金涨得少、跌得多，和一线城市的租金差距逐渐拉大，而三线城市与二线城市的租金差距逐渐减少。通过租金比可以看出，2017 年一、二线城市租金比为 1.88，2019 年拉高到 2.07，而二、三线城市租金比在 2017 年是 1.14，2019 年收缩为 1.11（见图 5）。

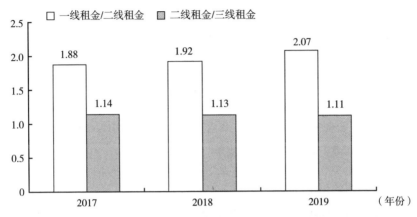

图 5   一、二、三线城市普通租赁住房月平均租金比（2017~2019 年）

资料来源：58 安居客房产研究院数据库。

2. 租金的月度变化

随着普通租赁住房房源供给和找房需求热度的季节性变化，租金也呈现相应的波动，在返工季和毕业季均会出现上涨，其中返工季租金上涨的幅度更大。

2017~2020 年，春节（大年初一）分别为 1 月 28 日、2 月 16 日、2 月 5 日及 1 月 25 日。租金变动也与之相关，这 4 年分别在 1 月、2 月、2 月及 1 月出现租金下降，并在 2 月、3 月、3 月及 2 月达到租金高值，即春节期间所在月份的租金最低，春节后一个月的租金会有较大幅度的上涨。毕业季也遵循类似的规律。2017~2019 年返工季租金月均涨幅达 3.3%，毕业季租金月均涨幅为 0.7%，返工季的租金涨幅明显大于毕业季（见图 6）。

2020 年 1~2 月，房源供给和需求热度均呈现大幅下跌，但租金表现却相对稳定，并未出现回落。从数据上看租金在这个时期没有因为新冠肺炎疫情而明显降低。

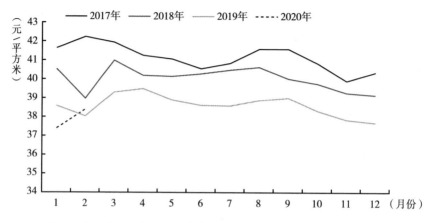

图6　全国普通租赁住房月平均租金的月度变化（2017～2020年）

资料来源：58安居客房产研究院数据库。

3. 代表城市的租金回报率

对于全国租金回报率的情况，我们从华北、西部、华东、华中和华南五个区域分别选取一个代表城市进行分析，这五个城市分别是北京、成都、苏州、郑州和惠州。

2019年，这五个城市的普通租赁住房月平均租金排名为北京 > 苏州 > 成都 > 郑州 > 惠州，分别为83.26、31.83、31.59、28.97和25.28元/米²，其中北京的月平均租金要远高于其他城市（见图7）。

但从租金回报率来看，这五个城市2019年的月平均租金回报率排名为北京 < 苏州 < 郑州 < 成都 < 惠州，北京的租金回报率在五个城市中最低，平均在1.7%左右。租金回报率的排名与其2019年存量房房价的排名（北京 > 苏州 > 郑州 > 成都 > 惠州）正好相反，显示在租金回报率这个指标上，影响更大的因素是房价。

2017～2019年除北京以外的四个城市，租金回报率均在下跌。其中，成都和郑州的跌幅最大。成都租金的年复合增长率在五个城市中较低，仅为1.1%，但成都房价的年复合增长率在五个城市中最高，达23.9%。郑州的房价年复合增长率为4.9%，涨幅不高，但郑州是五个城市中租金唯一下跌的城市，年复合跌幅达7.6%，这就导致了郑州的租金回报率也明显下跌。

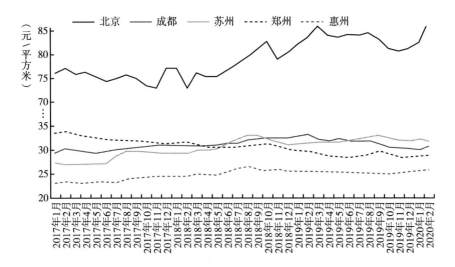

图7　北京、成都、苏州、郑州、惠州普通租赁住房月平均租金（2017～2020年）

资料来源：58安居客房产研究院数据库。

整体来看，这四个城市的租金和租金回报率的差距，均在逐年缩小（见图8）。

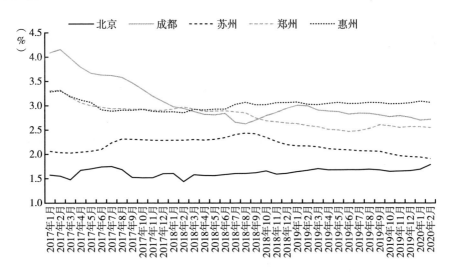

图8　北京、成都、苏州、郑州、惠州普通租赁住房月平均租金回报率（2017～2020年）

资料来源：58安居客房产研究院数据库。

三 2019年长租公寓市场发展情况

（一）长租公寓的发展阶段

在个人房东出租的普通租赁住房市场以外，规模化租赁机构通过"租赁经营"，以"长租公寓""品牌公寓""人才公寓""蓝领公寓"等产品形式提供房源的长租公寓市场，从2015年开始起跑，在摸索、竞争和扩张中逐步发展和调整，逐渐形成了以房产经纪机构、互联网创投运营公司、酒店、房地产开发商为四大供应主体的市场格局。

1. 竞争激烈的成长期，行业集中度提升

2016~2017年，大量长租公寓企业获得资本助推，实现了市场规模的迅速扩张。2018年开始，爆仓爆雷、租金贷、资金链断裂等一系列风险事件爆发，一大批长租公寓企业出局。2019年，行业的竞争态势逐步加剧，有盈利能力的、运营更专业的公司在竞争中得到更多的支持和发展，市场进一步洗牌，具体表现在以下三个方面。

第一，融资资本向头部企业倾斜。目前长租公寓市场融资资金主要投向实力雄厚的国企、知名房地产开发商、头部长租公寓企业，2019年仅自如、魔方、蛋壳、城家、窝趣五家头部企业总融资额就达到了16.4亿美元加2亿人民币，合计约116.8亿人民币。

第二，头部企业上市，进一步拉大企业规模差距。2019~2020年已有长租公寓企业成功上市，如已在美国上市的青客公寓和蛋壳公寓。上市意味着融资渠道被拓宽，企业将会获得更多的社会资金来发展壮大，行业规模差距也将进一步拉大。

第三，巨头的整合并购，进一步提升行业集中度。2019年长租公寓市场出现的大型并购案例有：蛋壳公寓以2亿美元全资收购爱上租，麦家公寓收购寓见公寓部分资产，湾流国际并购星窝创享青年公寓，新派公寓宣布启动新"资管力"模式等。资金不够雄厚的小企业不仅要面临长租公寓市场激烈的竞争，还要警惕头部企业的虎视眈眈。以北京为例，2016 年以来，北京市先后进入长租公寓市场的运营商有 200 多家，截至 2019 年仍在经营中的仅剩 100 多家。

2. 在关注下行业逐步规范

2019 年是长租公寓市场逐步规范的一年。2018 年以来的租金贷、甲醛超标、运营商跑路等事件引起社会的广泛关注，其舆论影响和压力推动着行业逐步进入检讨和反思的冷静期。

2019 年 9 月，《长租公寓评价规范》标准正式启动编制。该标准由中国标准化研究院牵头起草，中国建筑标准设计研究院等事业单位参与认证，行业代表企业参与编制，将对长租公寓装饰装修产品和室内环境等提出系统性分级评价指标。该标准的实施将进一步引导企业规范化经营，并可通过评价机制定期公布企业的评价结果，让行业管控更为科学和系统。

3. 长租公寓市场发展领先的城市

从全国范围来看，一、二线城市长租公寓市场发展较领先。由于长租公寓面向的客群主要是白领和高学历人群，一、二线城市的经济发展水平更高、企业规模更大，对人才的吸引力也更强，拥有更广泛的客群基础。58安居客平台大数据显示，2019 年长租公寓市场发展领先的城市有北京、上海等 20 个（见表 3），其中一、二线城市有 11 个。

表 3　长租公寓市场发展领先的城市（2019 年）

城市名称	北京	上海	深圳	广州
	杭州	武汉	南京	天津
	成都	重庆	西安	郑州
	济南	长沙	石家庄	青岛
	苏州	昆明	合肥	厦门

资料来源：58 安居客房产研究院数据库。

（二）代表城市的市场表现

北京作为常住人口和流动人口规模均领先的特大城市，长租公寓的发展

处于全国第一梯队，其数据也更具代表性。通过对北京长租公寓市场的数据分析，可以总结长租公寓市场的代表性特点。

1. 长租公寓与普通租赁住房的租金对比

2019 年北京市集中式长租公寓、分散式长租公寓及普通租赁住房的月平均租金依次为 105.49、90.54、83.45 元/米^2，集中式长租公寓较分散式月平均租金高 16.5%，分散式长租公寓较普通租赁住房月平均租金高 8.5%，且平均每月溢价水平较为稳定。

2019 年，北京市普通租赁住房租金下行，长租公寓租金则相对稳定。从月度变化来看，分散式长租公寓的月度租金较为平稳，而集中式长租公寓和普通租赁住房的月度租金波动性相对较大（见图9）。

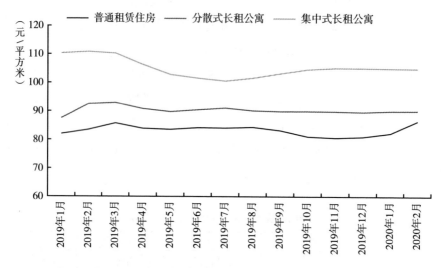

图9 北京市长租公寓与普通租赁住房的月平均租金对比（2019～2020 年）

资料来源：58 安居客房产研究院数据库。

2. 长租公寓的需供热度比

我们用需供热度比，即需求热度指数/供给热度指数来衡量长租公寓市场需求的紧迫度。2019 年北京市长租公寓的需供热度比在 8 月达到峰值，3～9 月维持在较高水平，9 月至来年 2 月处在较低水平。可以看出，8 月毕业季是对长租公寓需求最大的时段（见图10）。

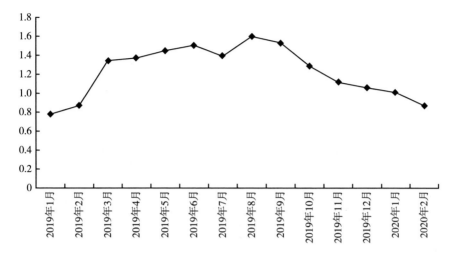

图10 北京市长租公寓需供热度比（2019～2020年）

资料来源：58安居客房产研究院数据库。

四 2019年租赁用地供应

（一）全国租赁用地成交量

2010～2015年，全国租赁用地①以公共租赁用房用地为主，2016年开始出现竞自持用地成交案例。2017年出现租赁住房用地成交案例，全国租赁用地成交宗数和成交建面大幅上涨，达到近10年最高值，分别为179宗和1895.8万平方米，单个项目体量也达到最高，为10.6万平方米/地块。随后2018和2019年成交略有回落，2019年共成交租赁用地134宗，成交建面达1344.2万平方米（见图11）。

（二）2019年全国城市租赁用地成交量排名

2019年全国共有12个城市成交了租赁用地。在这12个城市中，杭州

---

① 用地规划中包含租赁住房用地和竞自持用地。

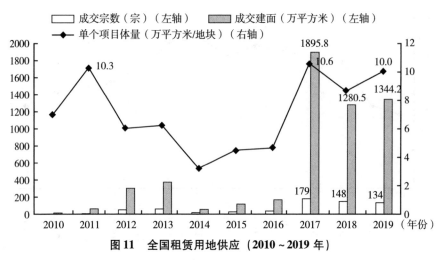

图11　全国租赁用地供应（2010～2019年）

资料来源：58安居客房产研究院数据库。

成交42宗，成交建面362.4万平方米，在所有城市中最高。其次是上海，成交了33宗，成交建面307.1万平方米。石家庄成交1宗，为竞自持用地，建面39.7万平方米，为单个项目体量最高的城市（见图12）。

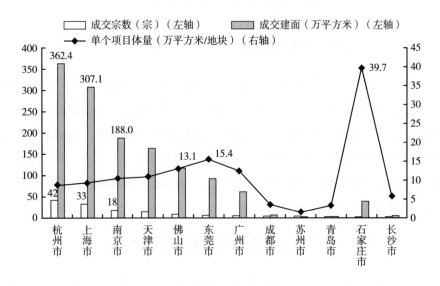

图12　各城市租赁用地供应（2019年）

资料来源：58安居客房产研究院数据库。

五 2019年租房人群特征和租赁偏好

《中国流动人口发展报告》[①] 显示，2017年全国流动人口规模为2.45亿人。流动人口是住房租赁市场发展的基础条件之一，我们通过58安居客平台大数据及问卷调研对2019年租房群体的特征和租赁偏好进行分析。

（一）租房人群特征

1. 年龄及工作年限

从年龄来看，年龄在21~30岁的租客占比最高，达61.3%（见图13）。从工作年限来看，工作年限为1~3年的租客占比最高，达35.8%，工作年限为3~6年和1年以下的租客占比次之，分别占28.5%和20.8%（见图14），即工作3年以下租客占比达56.6%，而工作6年以上租客仅占比14.9%。可以看出，"90后"及工作年限3年以下人群为租房的主力人群。

2. 学历及工作行业

从学历来看，租房人群的学历以高中及以下、技校、中专和大专为主，合计占比89.2%，本科学历租客占比10.6%，硕士和博士租客占比为0.2%（见图15）。

从租房人群的工作行业来看，来自计算机/互联网/通信行业的租客占比最高，达17.0%；其次是自由职业者，占比11.2%；教育培训、市场/媒介/公关和销售行业租客占比也较高（见图16）。

3. 收入及意愿租金收入比

租房人群收入段占比最高的为5001~8000元/月和3001~5000元/月，分别占比32.6%和31.6%，即收入在3001~8000元/月的租房人群占比达64.2%，为租房的主力人群（见图17）。

---

① 国家卫生健康委员会：《中国流动人口发展报告2018》，http://www.nhc.gov.cn/wjw/xwdt/201812/a32a43b225a740c4bff8f2168b0e9688.shtml，最后检索时间：2020年4月28日。

从意愿租金收入比来看，在 5% ～10% 的占比最高达 28.6%，20% ～40%、10% ～20% 次之，分别为 25.6% 和 19.2%，在 40% 以上的仅占 15.1%，意味着只有 15.1% 的租房人群愿意拿出收入的 40% 以上来支付房租（见图 18）。

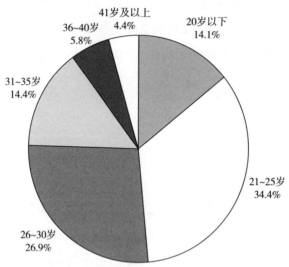

图 13　租房人群的年龄分布（2019 年）

资料来源：58 安居客房产研究院数据库。

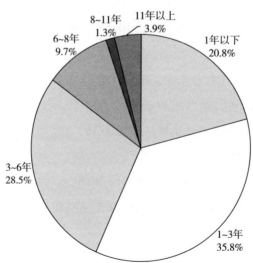

图 14　租房人群的工作年限分布（2019 年）

资料来源：58 安居客房产研究院数据库。

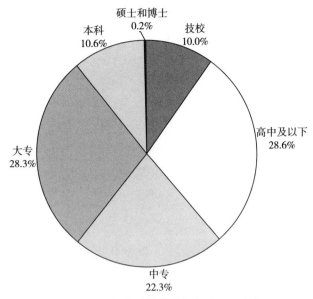

图15　租房人群的学历分布（2019年）

资料来源：58安居客房产研究院数据库。

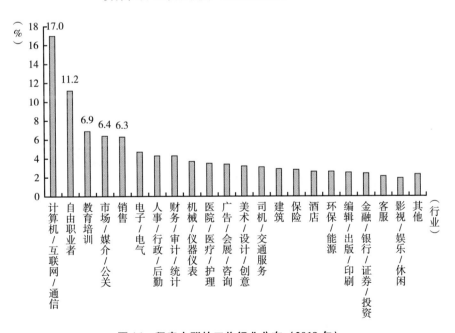

图16　租房人群的工作行业分布（2019年）

资料来源：58安居客用户问卷调研。

107

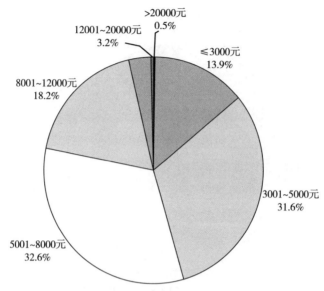

图 17　租房人群的收入分布（2019 年）

资料来源：58 安居客房产研究院数据库。

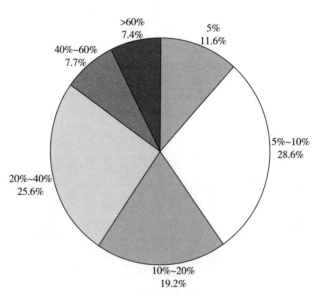

图 18　租房人群的意愿租金收入比（2019 年）

资料来源：58 安居客房产研究院数据库。

（二）租赁偏好

1. 租赁方式偏好

从租赁方式来看，约65.2%的租客选择了整租，约34.8%的租客选择了合租单间，整租占比高出合租单间占比约1倍，可见更多的租房人群对于房屋的独立空间和私密性需求较高（见图19）。

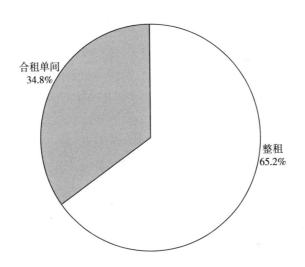

图19 租房人群的租赁方式偏好（2019年）

资料来源：58安居客房产研究院数据库。

2. 房型偏好

选择两居房型的租客占比最高，达46.8%，选择一居和三居的租客占比分别为26.2%和21.1%，选择LOFT的租客占比为5.1%（见图20）。

3. 租房接受度

近年来，随着国家对住房租赁市场的大力扶持，人们尤其是一线城市人口对于租房的接受度也逐渐提高。调研显示，约1/3的访谈人表示在租金价格合适的情况下会选择长期租房居住，约1/3的访谈人表示能接受短期租房，另有约1/3的访谈人表示能买房坚决不租房。即约2/3的访谈人愿意租房，显示租房接受度在以买房为主流的中国已经处于较高水平（见图21）。

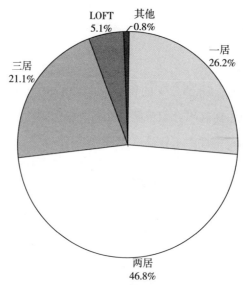

图20 租房人群的房型选择（2019年）

资料来源：58安居客用户问卷调研。

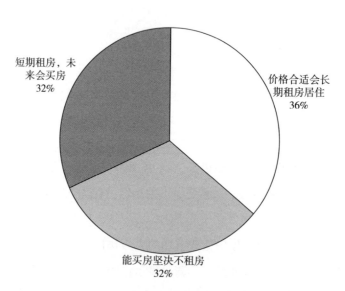

图21 租房买房的选择偏好（2019年）

资料来源：58安居客用户问卷调研。

六　住房租赁市场问题及应对建议

我国拥有较大规模的流动人口，如何解决流动人口的住房问题成为新时代城市建设的重要问题。同时，我国住房租赁市场目前处于较早期阶段，存在多项问题需要逐步解决和规范。

（一）房源分散，市场管理难度较大

当前全国住房租赁市场为个人房东出租占绝对多数的市场，房源较分散，个人与个人之间的自发交易占比较高，政府掌控出租情况难度较大。

应对建议：一是进一步建设租赁服务平台，将租赁房源纳入备案以及监管。2019年深圳、杭州、合肥等城市建设了住房租赁服务平台，可在线登记备案，实现将全市住房租赁信息纳入管理，申请人无须去相关主管机构办公地点即可办理，减少办理时间和经济成本。二是将租赁备案和相关便民服务进行关联，促使承/出租人主动备案。如将租赁备案关联居住证办理、个税抵税办理、公积金提取、租房补贴申领、积分入学申请、积分入户等事项，并可支持一站式办理，同时，及时将出租房屋信息和租客信息自动同步到物业公司、居委会、警务站等相关机构，实现各平台信息互联互通。三是通过互联网平台加大对租赁管理的宣传和推广。利用互联网平台的流量优势，通过宣传手段引导申请人在互联网平台直接备案，同时将信息同步给政府主管部门，如目前水电煤气费在很多城市已实现了在支付宝等平台线上缴纳。互联网平台这些便民服务也得到了市民群众的认可和欢迎。

（二）行业的规范性有待进一步提升

一方面，不规范的从业经纪人扰乱行业秩序，破坏行业口碑；另一方面，规模化租赁机构不规范的经营行为，带来社会问题。从业经纪人的专业水平和素质不一，其中部分不规范的从业经纪人，存在提供虚假信息、瞒骗客户、哄抢房源等行为，给业主和承租人带来损失。规模化租赁机构出现的甲醛房、

租金贷、跑路等问题，如果处理不好，有可能造成市场局部不稳定。

应对建议：一是提高房产经纪机构的准入要求；二是提升经纪人从业资质要求，健全经纪人在岗培训和继续教育制度，并对经纪人的工作表现、业绩和投诉情况等进行综合评价和管理，对于不合格者加强离岗培训，对于不合格情节严重的，实施行业禁入管控；三是加强对规模化租赁机构的管理，通过制定和落实一系列行业标准规范，引导企业规范化经营，对于情节严重的机构采用暂停营业等措施来提高不规范经营成本，加强管控效果。

（三）房东和租客的权益缺少有效的保障机制

目前我国租赁市场，房东和租客之间存在权益难以得到保障的问题，租房满意度无法得到很好的反馈和交流。如由提前收房、提前退房产生的时间和经济成本，房屋定损引起的扯皮，租客与邻居的纠纷对房东的影响，实际居住人口大于合同约定人数等。

应对建议：一是与互联网平台尤其是行业垂直平台合作，增加房东租客社交、互评功能，通过市场化运营的手段加强对双方行为的规范和约束；二是组织房产专业机构在社区、企业定期进行租房知识宣讲，普及在遇到问题时以何种方法保障自身权益；三是引入家财险等保险产品来分散风险，减少损失对于个人的突发性影响，增进社会和谐。

备注：本文的城市集群名单

城市集群	城市数量（个）	城市名单
京津冀	10	北京、天津、石家庄、唐山、保定、秦皇岛、廊坊、沧州、承德、张家口
长三角	27	上海、南京、杭州、苏州、合肥、无锡、常州、南通、扬州、镇江、盐城、泰州、宁波、温州、湖州、嘉兴、绍兴、金华、舟山、台州、芜湖、马鞍山、铜陵、安庆、滁州、池州、宣城
一线城市	4	北京、上海、广州、深圳
二线城市	8	天津、重庆、武汉、南京、成都、杭州、郑州、沈阳
三线城市	13	苏州、哈尔滨、长春、西安、昆明、合肥、太原、长沙、青岛、大连、乌鲁木齐、厦门、济南

B.5

2019年全国个人住房信贷市场分析及2020年展望

蔡真　崔玉　孙会亭*

摘　要： 在中央"房住不炒"和"不将房地产作为短期刺激经济的手段"的政策背景下，个人住房信贷市场进入相对稳定状态。从总量来看，2019年底个人住房贷款余额规模为30.07万亿元，同比增速持续下降。从价格来看，2019年上半年全国个人住房贷款平均利率呈下降态势，但下半年受房地产调控政策影响又有所上升。从风险来看，虽然住户部门债务收入比上升较快，但受益于我国实施宏观审慎和差别化的住房信贷政策，新增个人住房贷款平均首付比例超过五成，抵御房价下跌风险的能力较强，个人住房贷款不良率较低，短期内房贷风险不构成对银行的显著影响。展望2020年，我们倾向于认为个人住房贷款余额增速依然保持平稳或者略有下降，房贷利率的实际平均水平将随5年期LPR的下降而略有下降。风险方面，我们预计个人住房贷款不良率以及新增LTV不会显著上升，而住房贷款收入比会延续2019年的情况继续小幅上升。

关键词： 个人住房贷款市场　住房贷款利率　个人住房贷款风险

---

* 蔡真，经济学博士，国家金融与发展实验室房地产金融研究中心主任，高级研究员，中国社会科学院金融研究所金融实验室副主任，副研究员，研究方向：房地产金融、泡沫经济和结构金融；崔玉，经济学硕士，国家金融与发展实验室房地产金融研究中心研究员，研究方向：房地产金融；孙会亭，中国社会科学院研究生院金融系在读硕士生，研究方向：互联网金融、金融科技。

一　个人住房贷款市场运行情况

（一）总量运行

我国大陆地区第一笔个人住房按揭贷款是在 1985 年由中国建设银行深圳分行向南油集团发放的，而个人住房贷款的大发展要等到 1998 年。这一年印发了《国务院关于进一步深化城镇住房制度改革加快住房建设的通知》（国发〔1998〕23 号），这一文件要求 1998 年下半年开始停止住房实物分配，并提高职工住房租金，其目标是发展住房买卖市场。与此同时，与住房买卖配套的金融支持政策也得以落实，文件第 20 条要求"扩大个人住房贷款的发放范围，所有商业银行在所有城镇均可发放个人住房贷款。取消个人住房贷款的规模限制，适当放宽个人住房贷款的贷款期限。"这些措施使得个人住房贷款快速增长，仅 1998 年当年就实现了 271.58% 的增长。经过 21 年的发展，个人住房贷款余额从 1998 年末的 700 亿元左右迅速增长到 2019 年底的 30.07 万亿元，增长了 429 倍，年均增速为 33.5%。个人住房贷款在银行贷款中的地位也不断上升，1998 年个人住房贷款余额占总贷款余额的比重不足 1%，2019 年这一比例接近 20%（见表 1）。

表 1　1998～2019 年个人住房贷款市场情况

单位：万亿元，%

年份	个人住房贷款余额	个人住房贷款余额同比增长率	金融机构各项贷款余额	个人住房贷款余额占总贷款余额百分比
1998	0.07	271.58	8.65	0.82
1999	0.14	94.05	9.37	1.46
2000	0.33	142.34	9.94	3.34
2001	0.56	67.47	11.23	4.95
2002	0.83	48.56	13.13	6.29
2003	1.20	45.28	15.90	7.55
2004	1.60	35.15	17.74	9.02
2005	1.84	15.00	19.47	9.45

年份	个人住房贷款余额	个人住房贷款余额同比增长率	金融机构各项贷款余额	个人住房贷款余额占总贷款余额百分比
2006	2.27	19.00	22.53	10.08
2007	3.00	33.60	26.17	11.46
2008	2.98	10.50	30.34	9.82
2009	4.76	43.10	39.97	11.91
2010	6.20	29.70	47.92	12.94
2011	7.14	15.50	54.79	13.03
2012	7.50	12.90	62.99	11.91
2013	9.00	21.00	71.90	12.52
2014	10.60	17.60	81.68	12.98
2015	13.10	23.90	93.95	13.94
2016	18.00	38.10	106.60	16.88
2017	21.90	22.20	120.13	18.23
2018	25.75	17.80	136.30	18.89
2019	30.07	16.70	153.11	19.72

资料来源：Wind 数据库、中国人民银行金融机构贷款投向报告。

住房市场的发展离不开金融支持，房价的涨跌也与个人住房贷款的增速表现出较强的相关性。从图1个人住房贷款余额增速情况来看，2006～2007年、2009～2010年、2012～2013年、2015～2016年这四个时间段是个人住房贷款余额增速较快的阶段，同时也是房价上涨较快的阶段，两者保持了较为一致的关系。

2016年以来，在中央"房住不炒"和"坚决遏制房价上涨"的政策定位下房地产市场调控政策持续从紧。住建部、央行、银监会、国土部等多部委多次表示要防范房地产泡沫风险，加强金融管理，严控加杠杆购房，严禁"首付贷"等个人住房融资违规行为。从数据上来看，银行信贷部门较好地落实了"房住不炒"的精神。2016～2017年个人住房贷款余额同比增速由38.1%大幅下降至22.2%，2018～2019年继续延续下降趋势，2019年底增速下降至16.7%（见图1）。尽管2019年个人住房贷款余额达到30.07万亿元，仍处于历史高位，但对于如此巨大的市场，增速下降即意味着"刹车"行为，如果突然"刹车"至速度为零，则有"翻车"风险。从目前数据看，个人住房贷款较好地完成"房住不炒"的任务，目前进入相对稳定状态。

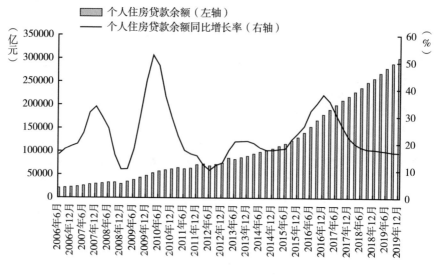

图1　2006～2019年个人住房贷款余额及增速情况

资料来源：Wind 数据库。

（二）市场结构

最早一笔个人住房按揭贷款由中国建设银行发放，国有大型商业银行是我国个人住房贷款业务的开拓者。从目前统计数据来看，国有大型商业银行依然是我国个人住房信贷市场的主力军，截至 2019 年 6 月，工、农、中、建、交五大国有商业银行个人住房贷款余额合计为 18.76 万亿元，相比 1998 年末的不到 500 亿元，增加了 18.71 万亿元，增长了 374.2 倍；占全国金融机构个人住房贷款余额总量的 66.87%，2014 年占比最高时达到 77.06%。从数据的时间序列来看，国有大型商业银行在 2009～2010 年、2011～2012 年这两个时间段市场份额快速上升，在 2014～2015 年依然保持较高市场份额，这说明市场主力的贷款行为要早于整个市场大约 1 年（见图 2 和图 1）。从政策视角来看，要实现"房住不炒"的精神，在政策执行过程中应抓住国有大型商业银行这个"牛鼻子"。

工、农、中、建、交五大国有商业银行的年报和半年报财务数据显示，

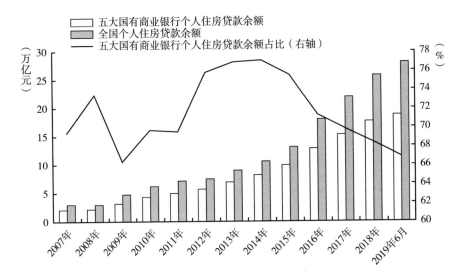

图2 2007～2019年五大国有商业银行个人住房贷款余额及占全国住房贷款余额比重

资料来源：Wind 数据库。

五大国有商业银行个人住房贷款余额规模自 2008 年之后开始快速上升，从 2007 年的 2.08 万亿元上升到 2019 年 6 月的 18.76 万亿元，年均复合增长率为 21.08%；从银行业务的内部结构看，个人住房贷款余额占五大国有商业银行贷款总额的比重从 2007 年的 14.38% 上升到 2019 年 6 月的 30.04%（见图3）。个人住房贷款业务在银行中的地位日益凸显，其原因包括三个方面。第一，1998 年的住房制度改革解除了居民的住房购买约束，在经过了约十年的市场培育后，居民的购房意愿成长起来。第二，经济增长和居民收入水平大幅提高，这使得居民购房能力得以提升，至少更接近首付款的门槛。第三，金融脱媒大背景下，银行向零售方向转型，个人住房贷款无疑是零售业务中最具价值的。个人住房贷款业务具有收益稳定、风险小的特点，并且可以通过与借款者建立长期合作关系，进而开展交叉销售。总体而言，在以上因素的共同作用下个人住房贷款业务呈现快速增长势头。

从截面数据来看，五大国有商业银行 2019 年上半年年报显示，中国建设银行个人住房贷款规模最大，为 5.10 万亿元，占该行贷款总额的 35.09%；中国工商银行个人住房贷款余额为 4.92 万亿元，占该行贷款总额

的 29.79%；中国农业银行个人住房贷款余额为 3.92 万亿元，占该行贷款
总额的 30.20%；中国银行个人住房贷款余额为 3.75 万亿元，占该行贷款
总额的 29.87%；中国交通银行个人住房贷款余额为 1.07 万亿元，占该行
贷款总额的 20.81%。五大国有商业银行的贷款业务中，个人住房贷款业务
已经稳居第一的位置，远远超过排名第二的制造业和排名第三的交通运输、
仓储和邮政业（见图 4）。

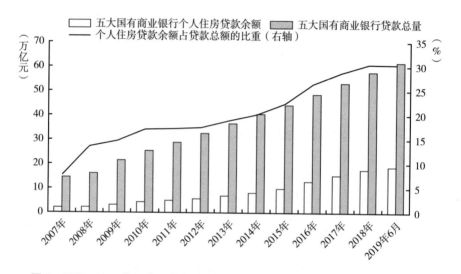

图 3　2007～2019 年五大国有商业银行个人住房贷款余额及其占贷款总额比重

资料来源：Wind 数据库。

从个人住房贷款余额地区结构①分布来看，地区间分布极不平衡。截至
2019 年第三季度，东部地区②个人住房贷款余额为 17.71 万亿元，占全国

---

① 对于各省个人住房贷款余额数据，我们首先从《中国区域金融报告（2019）》各省分报告中
取得 2018 年的余额数据，然后从中国人民银行各分行和中心支行取得 2019 年增量数据，两
者相加。对于不能用上述方法得到的地区个人住房贷款余额数据，我们使用地区本外币各项
贷款总额、境内贷款总额、住房贷款、住户中长期贷款或住户中长期消费贷款乘以全国住房贷
款余额占全国外币各项贷款总额、境内贷款总额、住房贷款、住户中长期贷款或住户中长期消费
贷款的比例来估算。我们用上述方法估算出全国 31 个省、市、自治区的住房贷款余额总计为
28.74 万亿元，央行公布的 2019 年第三季度末个人贷款余额为 29.05 万亿元，误差仅有 1.08%。
② 东部地区包括北京、天津、河北、辽宁、上海、江苏、浙江、福建、山东、广东和海南 11
个省（市）。

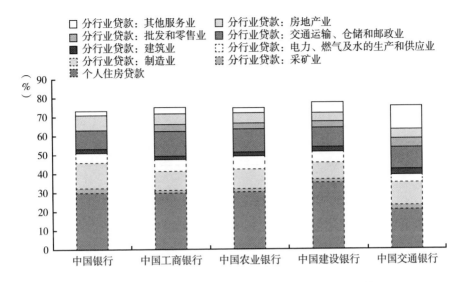

图4 2019年五大国有商业银行半年报分行业贷款占比情况

资料来源：Wind 数据库。

个人住房贷款总额的 61.62%；中部地区①个人住房贷款余额为 5.66 万亿元，占全国个人住房贷款总额的 19.69%；西部地区②个人住房贷款余额为 5.37 万亿元，占全国个人住房贷款总额的 18.68%（见图 5）。从各地区个人住房贷款余额来看，个人住房贷款余额超过 1 万亿元的共有 10 个省市，其中东部 8 个、中部 1 个、西部 1 个；按规模从大到小排列分别是：广东、江苏、浙江、山东、上海、四川、福建、河北、河南和北京，其余额分别为 4.25 万亿元、2.72 万亿元、2.31 万亿元、1.69 万亿元、1.61 万亿元、1.30 万亿元、1.26 万亿元、1.12 万亿元、1.04 万亿元和 1.03 万亿元，合计占全国个人住房贷款总额的 63.77%（见图 6）。

---

① 中部地区包括山西、吉林、黑龙江、安徽、江西、河南、湖北、湖南 8 个省。

② 西部地区包括四川、重庆、贵州、云南、西藏、陕西、甘肃、青海、宁夏、新疆、广西、内蒙古 12 个省区市。

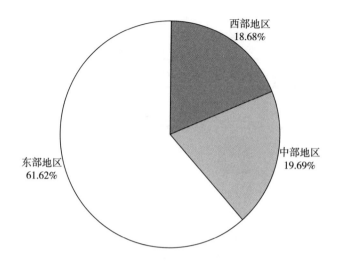

图5 截至 2019 年第三季度末个人住房贷款余额地区结构

资料来源：Wind 数据库。

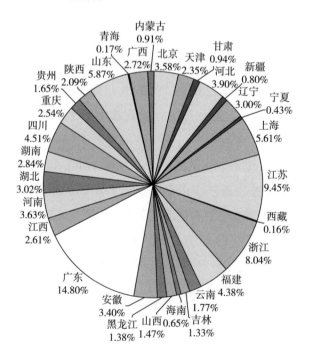

图6 截至 2019 年第三季度末个人住房贷款余额分布

资料来源：Wind 数据库。

二 个人住房贷款利率走势

(一)首套住房贷款平均利率

首套住房贷款利率水平与房地产调控周期密切相关,自2016年9月30日本轮房地产市场调控以来,首套住房贷款利率步入上行周期;2016年9月首套房房贷利率为4.44%,为同期基准利率的0.91倍;2018年11月达到近三年的最高点5.71%,为同期基准利率上浮16.53%。2019年首套房房贷利率呈现先下降后上升的趋势。2019年上半年,在公开市场操作、常备借贷便利、中期借贷便利、定向降准等一系列货币政策的操作下,银行流动性较为充裕,金融机构贷款增长较快,贷款利率整体略有下降,个人住房贷款利率也随之下降,由2019年1月的5.66%下降至2019年6月的5.42%,下降24个基点(见图7)。

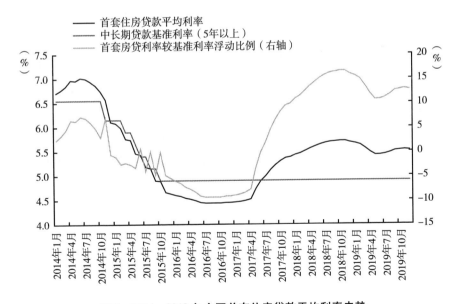

图7 2014~2019年全国首套住房贷款平均利率走势

资料来源:Wind数据库。

2019 年下半年房贷利率又重回上升趋势，这主要是受政策影响。2019 年 6 月 13 日，刘鹤副总理在陆家嘴论坛上表示中国宏观杠杆率上升速度已经放缓，其中企业杠杆率和地方政府杠杆率得到控制，但居民杠杆率仍然上升。他认为："这条线上升的原因有很复杂的结构性体制性的原因，我们需要深入地分析，采取有效的对策加以应对"①。这说明决策层很重视居民杠杆率上升的问题，而居民杠杆率上升过快的主要原因来自房地产。中国银行保险监督管理委员会主席郭树清在陆家嘴论坛上对房地产金融的表述更为直接："新增储蓄资源一半左右投入到房地产领域。房地产业过度融资，不仅挤占其他产业信贷资源，也容易助长房地产的投资投机行为，使其泡沫化问题更趋严重……历史证明，凡是过度依赖房地产实现和维持经济繁荣的国家，最终都要付出沉重代价"②。2019 年 7 月 30 日召开的中共中央政治局会议除了重申"坚持房子是用来住的、不是用来炒的定位"外，还明确提出"不将房地产作为短期刺激经济的手段"③。

在政策执行层面，2019 年 8 月 17 日中国人民银行发布改革完善贷款市场报价利率（LPR）形成机制公告。这是推动贷款利率市场化的重要举措，由于利率水平呈下行趋势，市场对房贷利率与 LPR 挂钩后的下行趋势也很期待；然而，中国人民银行副行长刘国强明确表示："房贷利率由参考基准利率变为参考 LPR，但最后出来的贷款利率水平要保持基本稳定……房贷的利率不下降"④。8 月 25 日中国人民银行正式出台了〔2019〕第 16 号公告，第 3 条为"首套商业性个人住房贷款利率不得低于

① 参见刘鹤副总理在陆家嘴论坛上的视频实录，https：//www. finance. sina. com. cn/hy/hyjz/2019 - 06 - 13/doc - ihvhiqay5328863. shtml。
② 《郭树清在第十一届陆家嘴论坛上的开幕致辞》，http：//www. pbc. gov. cn/goutongjiaoliu/113456/113469/3844705/index. html。
③ 《习近平主持中共中央政治局会议》，http：//www. gov. cn/xinwen/2019 - 07/30/content_5417282. htm。
④ 《人民银行副行长刘国强等出席国务院政策例行吹风会：降低实际利率水平有关政策情况（实录）》，http：//www. pbc. gov. cn/goutongjiaoliu/113456/113469/38775 80/index. html。

相应期限贷款市场报价利率"①。8 月 20 日 LPR 五年期以上报价为 4.85%，仅比同期限贷款基准利率低 5 个基点，基本实现了房贷利率不下降。从房贷实际利率水平看，2019 年下半年呈现了上升趋势，由 2019 年 7 月的 5.44%上升至 2019 年 11 月的 5.53%，2019 年 12 月下降至 5.52%。整体而言，下半年上升幅度不如上半年下降幅度，全年利率呈下降趋势。

（二）二套住房贷款平均利率

二套房的利率走势几乎与首套房的利率走势一致，亦是经历了持续上升再下降的过程；略微不同之处是，二套房利率上升的时间点晚于首套房。从2017 年 5 月开始二套住房贷款平均利率进入上行周期，2017 年 5 月二套房贷利率为 5.4%，较同期基准利率上浮 10% 左右；2018 年 10 月达到近三年的最高点 6.07%，较同期基准利率上浮 23.88%。2019 年二套房贷利率同样呈现先下降后上升的趋势。2019 年 1 月至 6 月，二套房贷利率由 6.02%下降至 5.75%，下降 27 个基点，下降幅度超过首套房利率下降幅度。二套房贷利率在下半年呈上升趋势同样是受政策影响，中国人民银行公告〔2019〕第 16 号第 3 条规定"二套商业性个人住房贷款利率不得低于相应期限贷款市场报价利率加 60 个基点"②，8 月 20 日 LPR 五年期以上报价为 4.85%，这意味着二套房贷利率不能低于 5.45%。从二套房贷实际利率水平看，2019 年 7月为 5.76%，高于政策标准 31 个基点，较好地执行了"房住不炒"的精神；2019 年 11 月，二套房贷利率达到 5.85%，为下半年最高点（见图 8）。

（三）部分城市首套、二套房贷利率情况

2017 年以来一线城市的首套、二套房贷利差经历了收窄过程，2018 年利差基本保持稳定，2019 年各一线城市呈分化趋势。北京的首套、二套房

---

① 《中国人民银行公告〔2019〕第 16 号》，http：//www.pbc.gov.cn/gou tongjiaoliu/113456/113469/3879648/index.html。

② 《中国人民银行公告〔2019〕第 16 号》，http：//www.pbc.gov.cn/goutongjiaoliu/113456/113469/3879648/index.html。

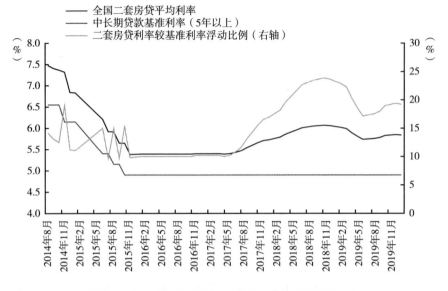

图8　2014~2019年全国二套住房贷款平均利率走势

资料来源：Wind 数据库。

贷利差在 2019 年 1 月至 5 月呈扩大趋势，这主要是因为首套房贷利率下降
幅度更大；2019 年 6 月至 12 月两者利差经历了收窄又扩大的变化，这主要
是因为二套房贷利率上升。上海的首套、二套房贷利差在 2019 年全年是扩
大的，这主要是首套房贷利率下降幅度较大造成的；两者利差由 2019 年 1
月的 48 个基点上升至 2019 年 12 月的 61 个基点。广州和深圳的首套、二套
房贷利差在 2019 年全年保持稳定，广州的利差全年平均为 27 个基点，深圳
的利差全年平均为 29 个基点；整体而言，首套房和二套房在利率政策方面
的差别不大（见图9）。另一个值得注意的现象是，所有一线城市无论是首
套房还是二套房利率都低于全国平均水平。这主要与一线城市房地产市场趋
冷有关，住房金融的需求也不如以前那么强劲。然而深圳是个例外，低利率
环境恰好是促成房价在 2019 年再次上涨的原因之一。

　　2017 年以来部分二线城市的首套、二套房贷利差经历了收窄过程，
2018 年和 2019 年两者利差基本保持稳定。具体而言，南京在 2019 年上半
年首套、二套房贷利差略有扩大，这主要是首套房贷利率降幅相对较大造成

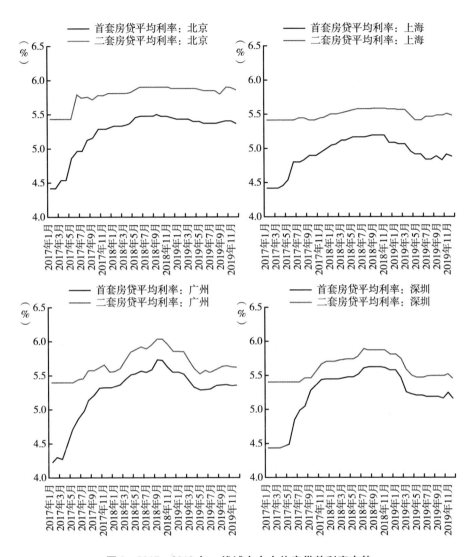

图9　2017~2019年一线城市个人住房贷款利率走势

资料来源：Wind 数据库。

的；2019 年下半年两者利差再次缩小，其原因是首套房贷利率回调幅度较大。杭州在 2019 年上半年首套、二套房贷利差大幅缩小，由 41 个基点缩小至 22 个基点，这主要是因为二套房贷利率降幅较大；2019 年下半年两者利差基本稳定在 24 个基点。武汉和长沙的首套、二套房贷利差在 2019 年上半年小幅收窄，下半年基本保持稳定（见图10）。利率水平方面，南京和武汉无论是首套房还是二套房，房贷利率都高于全国水平，这两座城市在2019年房价依然面临较大上涨压力，因此利率政策相对较紧；杭州的首套房和二套房贷利率低于全国水平，长沙则基本与全国平均水平持平，两座城市在2019年房价上涨压力不大。

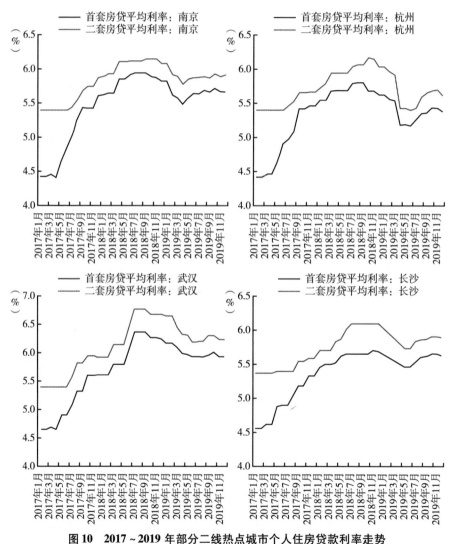

图10　2017～2019年部分二线热点城市个人住房贷款利率走势

资料来源：Wind数据库。

三 个人住房贷款风险情况

（一）个人住房贷款不良率较低

近年来，我国房地产市场处于异常繁荣的时期，住房价格的不断上涨与信贷推动有密切关系；然而住房贷款的不良率并不高。

贷款不良率是衡量银行贷款风险最重要的指标，个人住房贷款不良率相应地是对个人住房贷款风险的度量，它是一个事后指标。2011年以后中国银行业贷款不良率呈上升趋势，由2011年的0.96%上升至2018年的1.83%，这主要是经济形势下行、去杠杆、银行业竞争加剧等诸多原因造成的。个人贷款不良率快速上升后，2015年后略有放缓；个人贷款不良率上升主要是个人信用卡贷款不良率上升贡献的，我国目前正处于消费金融快速发展的阶段，应警惕出现的风险苗头。个人住房贷款不良率与银行整体不良率、个人贷款不良率表现出完全不同的走势：个人住房贷款不良率水平相较两者低一个数量级，2011年以来最高峰值仅为0.39%，且波动性极小（见图11）。从银行的视角来看，个人住房贷款是风险最低的一个贷款品种，因此也就不难理解个人住房贷款位居银行贷款之首了。

为何个人住房贷款风险如此之低？究其原因包括两个方面。第一方面，来自银行对第一还款来源居民收入的风险控制：由于居民收入相对于企业收入现金流更加稳定，且这些年居民收入伴随着经济增长一直呈上升趋势，因此风险相对较小；银行在放贷时要求居民月收入达到还款月供两倍以上，这一措施也很好地控制了风险；住房在中国极受重视，贷款意愿较低，即使在还款能力不足的情况下，也存在"六个钱包"① 助

---

① 六个钱包，是指男方的父母、祖父母、外祖父母加上女方的父母、祖父母、外祖父母共六个钱包。2018年4月，央行货币政策委员会委员樊纲在CCTV2《大讲堂》电视节目中提出，只要六个钱包能帮你凑够首付的话，那么最好还是买房子。这里"六个钱包"借指帮助子女买房的父辈和祖辈。

力还款的情况。第二方面，住房抵押作为贷款的担保措施形成了很好的保护。我们可以将住房贷款看作银行卖给居民的关于房价的看涨期权，伴随着房价上涨抵押品价值也随之上升，在这样的情况下居民是没有违约动力的。

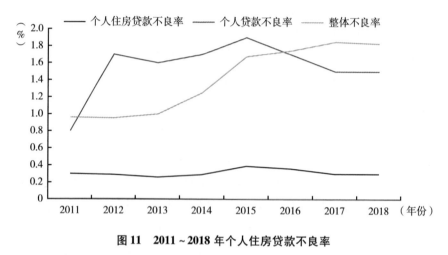

图11　2011～2018年个人住房贷款不良率

资料来源：Wind 数据库，2018 年个人住房贷款不良率和个人贷款不良率数据来自《中国金融稳定报告（2019）》。

（二）新增贷款价值比大幅下降

如果说个人住房贷款不良率是对过往风险和既成事实的刻画，那么贷款价值比（Loan to Value Ratio，简称 LTV）则是对住房贷款当下风险的度量。LTV 是一种国际通用的风险控制指标，它可以衡量金融机构在住房价格下跌时承受风险的能力，反映房价下跌对银行坏账的影响。相关统计表明，住房贷款价值比与住房贷款违约率有显著的正相关性，一般来说，当住房价格波动使得住房抵押品的市场价值小于未偿还住房贷款时（即住房贷款价值比大于1时），会对理性的贷款人产生违约激励，住房金融机构面临的违约风险增加。LTV 除了作为风险监测的指标外，还是宏观审慎管理的政策工具之一，即通过提高首付比从而降低 LTV，以此达到防范市场风险向信用风险传导的目的。

由于我们难以计算全部存量住房的价值，因此难以计算LTV，但我们可以根据每年新增住房销售额和新增个人住房贷款计算新增LTV，这一指标反映了当年居民部门在住房消费中使用杠杆的程度。图12展示了各年新增LTV的情况：自2011年以后新增LTV即呈现上升势头；2014年之后上行速度加快，并在2017年达到峰值59.3%，这段时期LTV走势几乎与房价上升势头吻合，尤其是一线城市；2016年9月本轮房地产调控开启，从相关数据来看金融机构较好地执行了"房住不炒"的政策，新增LTV在2018年回落至30.46%，并在2019年基本保持平稳。尽管从利率水平来看，2019年上半年首套房和二套房贷利率都下降明显，似乎意味着某种程度的宽松；但从住房贷款余额增速以及新增LTV指标来看，个人住房金融政策依然较紧，这说明调控主要是通过数量手段来实施的。

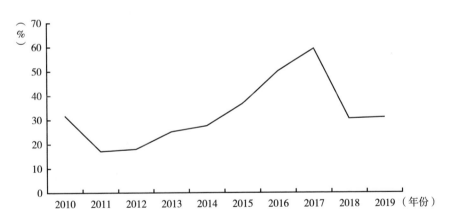

图12 2010~2019年我国新增住房贷款价值比

注：因数据可得性问题，2010~2016年新增贷款价值比数据由Wind收录的金融机构新增住房贷款/全国住宅销售额估算所得，数据会低估真实新增住房贷款价值比，在这期间估算方法相同，可以反映新增住房贷款价值比变化趋势；2017年新增贷款价值数据来自《中国金融稳定报告（2018）》，为真实新增住房贷款价值比；2018年和2019年央行未公布新增个人购房贷款，我们使用年初和年末余额之差取得。

资料来源：Wind，2017年数据直接取自《中国金融稳定报告（2018）》。

我们估算了一线和部分二线城市的新增住房贷款价值比。一线城市中，2019年，北京的新增住房贷款价值比有所下降，平均新增住房贷款价值比为24.88%，属于较低水平，风险不大；深圳方面，平均新增住房贷款价值比为57.49%，处于合理水平；上海的风险也不大，2019年平均新增住房贷款价值比为26.42%；广州的新增住房贷款价值比在2018年下半年再次出现上涨，2019年第二季度以来开始回落，2019年平均新增住房贷款价值比为59.84%。二线城市方面，东部的南京、杭州和厦门杠杆的支撑作用较强，2018年初以来新增住房贷款价值比呈现波动上升趋势。2019年杭州平均新增住房贷款价值比为63.64%；南京2019年平均新增住房贷款价值比为57.36%；厦门的新增住房贷款价值比一直维持较高水平，2019年平均新增住房贷款价值比为62.99%。中西部城市方面，杠杆的支撑作用较弱。郑州2019年平均新增住房贷款价值比为31.03%；武汉和天津第一季度平均新增住房贷款价值比有所反弹，之后开始回落，2019年平均新增住房贷款价值比分别为32.15%和28.71%，风险较小（见图13）。

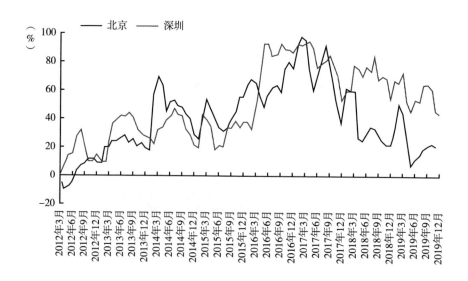

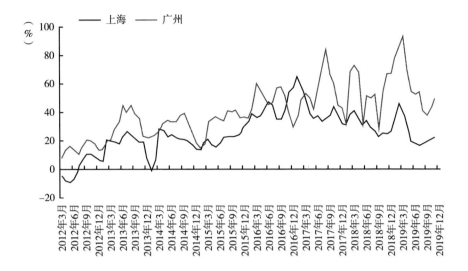

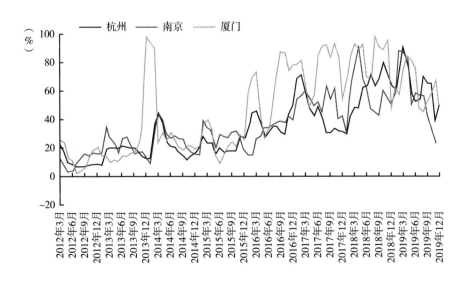

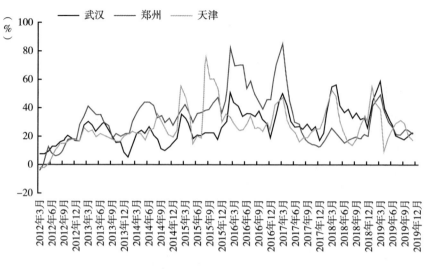

图13 一线和部分二线城市新增住房贷款价值比

（3个月移动平均，2012～2019年）

注：理论上讲，贷款价值比（LTV）不应该超过70%。导致计算结果存在差异的原因是：第一，我们使用贷款月度余额之差表示新增量，两者之间存在差异；第二，由于不能直接得到个贷数据，我们使用总贷款数据或居民中长期贷款数据再乘以某一系数得到个贷数据。但是，我们保持单个城市在时间上的系数一致，以及不同城市在方法上的一致，因此数据依然具有参考意义。该指标出现负值的原因来自第一条。

资料来源：国家金融与发展实验室估算。

（三）债务收入比依然处于较高水平

如果说不良率是对过往风险的描述，贷款价值比是对当下风险的刻画，那么债务收入比（Debt Service-to-Income Ratio）无疑是对未来风险的较好度量。从该指标的分子分母的含义来看，分子为住户部门债务或个人住房贷款，是一个存量指标，是未来现金流的折现；分母为可支配收入，它是一个流量指标，也是住户部门偿还债务的主要资金来源；因此，住户部门债务（或个人住房贷款）与名义可支配收入比可以较好地反映住户部门债务负担水平。

从住户部门债务收入比的数据来看，2008年前其上升速度比较慢，但2008年之后开始快速上升，从2008年底的43.17%快速上升至2019年底的116.12%，上升了72.95个百分点，其中，住房贷款收入比从2008年的

22.54%上升到2019年的66.31%，上升了43.77个百分点（见图14）①。这里特别值得注意的是，虽然新增住房贷款价值比已经回落，但住房贷款收入比却依然呈上升趋势。导致这一现象的原因是：个人住房贷款余额增速尽管已从2016年38.1%的高位下降至2019年的16.7%，然而这一增速依然超过居民可支配收入的增速，2018年和2019年城镇居民人均可支配收入增长率分别为7.84%和7.92%。这说明当前我国居民债务负担依然较重，住户部门杠杆还需进一步稳定。

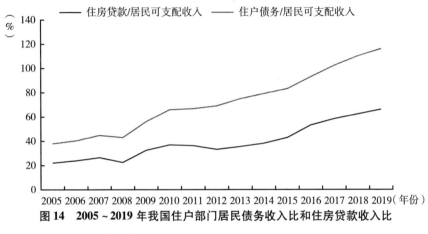

图14　2005~2019年我国住户部门居民债务收入比和住房贷款收入比

资料来源：Wind数据库、CEIC。

四　2020年个人住房贷款市场展望

2020年的个人住房贷款市场行情与整个房地产市场的政策环境密切相

---

① 细心的读者可能注意到，我们2019年的"住户债务收入比"数据比上年报告的2018年的数据还要低（上年报告的2018年数据为121.60%），但图中2019年数据相对于2018年并没有下降。这是因为我们对该指标的分母居民可支配收入的计算方式进行了调整：原有计算方式为城镇居民可支配收入与农村居民人均纯收入简单平均后再乘以人口；但由于2019年我国城镇居民常住人口达到8.48亿人，占比60.6%，城镇居民收入大约是农村居民收入的3倍，采取简单平均的方式计算总的可支配收入有明显偏差，因此采用按人口加权平均的方式计算总的可支配收入。这一计算方式导致住户债务收入比指标整体变小，住房贷款收入比指标也采取同样方式调整。

关。2020年1月暴发的武汉新冠肺炎疫情对经济活动造成较大冲击，房地产市场也深受影响，地方政府因救灾面临更大的财政压力，因而有动力通过松绑甚至刺激楼市的方法应对地方财政压力。一些地方政府在2020年2月出台了一些政策，包括降低首套房首付比例，提高公积金贷款额度甚至允许公积金购买第二套房，其中一些政策先后被叫停。这实际上反映出一个重要信号，即"房住不炒"以及"不将房地产作为短期刺激经济的手段"依然是中央对房地产调控的底线，这也是我们判断2020年个人住房贷款市场形势的准绳。

本文的分析表明：个人住房贷款市场的调控以数量调控为主，价格调控为辅。因而结合中央对房地产调控的定调，我们认为2020年个人住房贷款余额增速依然保持平稳或者略有下降，我们预计全年增幅不超过16.7%。数量调控的结构方面：我们建议各地根据"因城施策"原则适当降低首套房首付比例，因为首套房具有明显的居住属性，应避免金融调控过程中的"误伤"；二套房首付比例则应坚持四成甚至可略有提高，这是为了向市场传递政策依然抑制投资、投机需求的信号。

价格方面（也即利率水平），由于房贷利率完全参考LPR定价并采取基点加成的方式，因此我们首先需要判断LPR的走势。首先，LPR的走势取决于一般利率水平。有三点因素决定了未来一般利率水平的下行：其一，经济形势下行，这内在地要求利率水平给予配合；其二，货币总量和社会融资等指标依然较为宽裕；其三，国外利率水平较低，在开放环境下利率有趋同趋势。其次，LPR是贷款市场利率，它一般高于一般利率水平，然而在中央要求降低实体企业融资成本的大方针下，贷款的风险溢价不会太高。最后，房贷利率挂钩的是5年期LPR，还存在期限溢价，结合仅有的几个远期LPR报价来看，2020年5年期LPR不会大幅下降。我们综合判断2020年5年期LPR下降5个基点至10个基点。具体房贷利率的实际平均水平，我们认为会在首套房房贷利率的带动下超过5年期LPR的下降水平。

风险方面，由于数量调控的作用，我们预计个人住房贷款不良率以及新增LTV不会显著上升，而住房贷款收入比会延续2019年的情况继续小幅上升。

2019年全国房地产投融资分析
与2020年展望

刘琳 任荣荣*

摘　要： 2019年房地产开发投资增速保持高位，对固定资产投资增长的贡献率接近1/3。其中，住宅投资增速保持高位且小幅增加，商业营业用房投资继续负增长；西部地区房地产开发投资增速最快，东部地区投资增速下降；土地购置面积和成交价款均较大幅度下降，房企土地购置意愿处于历史低位。从融资状况来看，2019年房地产企业资金压力进一步加大；房地产企业资金来源增幅小幅增加，自筹资金融资收紧；房地产债券发行量小幅下降，信托融资额较快增加。展望2020年，宏观货币政策环境趋向宽松，房地产企业融资政策边际向好但难以大幅放松，房企仍然处于还债高峰时期，预计2020年房地产开发投资增速将降至4%左右。

关键词： 房地产　投融资　开发投资

一　2019年房地产投资形势

（一）房地产开发投资增速保持高位，对固定资产投资增长的贡献率接近1/3

2019年房地产开发投资增速保持高位，全年房地产开发完成投资13.2

---

* 刘琳，中国宏观经济研究院研究员，研究方向：房地产经济学；任荣荣，中国宏观经济研究院副研究员，研究方向：房地产经济学。

万亿元，同比增长9.9%，增速比上年高0.4个百分点，比同期固定资产投资增速高4.5个百分点（见图1）。2019年以来，房地产开发投资增速处于近五年来的较高水平，且持续高于固定资产投资增速，对固定资产投资增长的贡献率约为33%。

从月度变化来看，房地产开发投资增速在4月份达到最高，5月份以后受融资环境收紧的影响，开发投资增速逐步小幅回落。12月单月房地产开发投资增速降至7.4%。

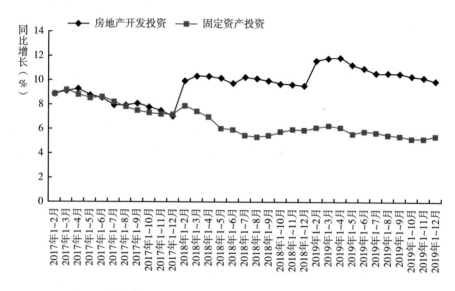

图1 房地产开发投资与固定资产投资增速（2017~2019年）

资料来源：国家统计局。

（二）住宅投资增速保持高位且小幅增加，商业营业用房投资继续负增长

2019年，商品住宅完成投资9.71万亿元，同比增长13.9%，继续保持高位，增速增加0.6个百分点；办公楼开发投资0.62万亿元，同比增加2.8%，增速由负转正，增加14.1个百分点；商业营业用房开发投资1.32万亿元，同比减少6.7%，减速收窄2.6个百分点；其他用房开发投资

1.57万亿元，同比增长5.6%，增速减小16.0个百分点（见图2）。住宅和办公楼投资对房地产开发投资增长的贡献较大，商业营业用房投资继续负增长。

从不同物业类型的投资占比来看，2019年房地产开发投资中，住宅、办公楼、商业营业用房、其他用房投资占比分别为73.6%、4.7%、10.0%、11.9%。住宅投资占比较上年上升2.6个百分点，办公楼、商业营业用房、其他用房投资占比则分别下降0.3个、1.8个、0.5个百分点，商业营业用房投资占比下降较多。

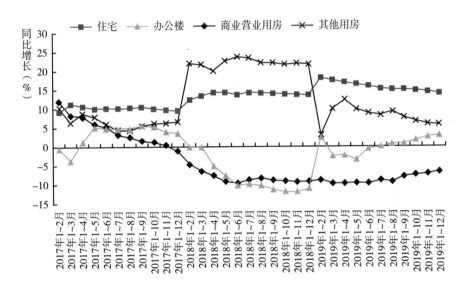

图2 不同物业类型的开发投资增速（2017～2019年）

资料来源：国家统计局。

（三）西部地区房地产开发投资增速最快，东部地区投资增速下降

2019年，东部、中部、西部地区房地产开发投资分别比上年增长7.8%、9.4%、16.1%，增速分别下降3.3个、上升2.8个、上升7.1个百分点。西部地区房地产开发投资增速最快且增长幅度最大（见图3）。

2019年，东部、中部、西部地区房地产开发投资在全国中的占比分别为54.6%、22.6%、22.8%。西部地区投资占比较上年上升1.2个百分点，东部和中部地区投资占比分别比上年下降1.1个和0.1个百分点。

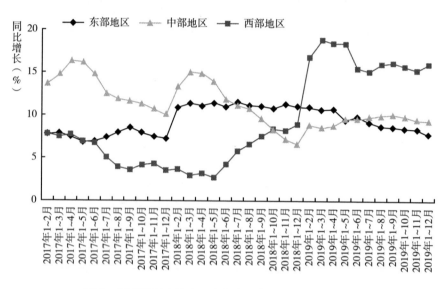

图3　不同地区房地产开发投资增速（2017～2019年）

资料来源：国家统计局。

（四）土地购置面积和成交价款均较大幅度下降，房企土地购置意愿处于历史低位

2019年以来房地产企业土地购置面积持续呈两位数负增长，全年减少11.4%，土地成交价款同比下降8.7%，反映出企业土地购置意愿不高（见图4）。房企土地购置面积和土地成交价款连续两年较快增长后均出现明显下降。与之对应，同期房地产企业房屋新开工面积却保持8.5%的增速，两者的背离也反映出企业加快出货的不乐观情绪。

分地区看，2019年，东部、中部、西部地区房企土地购置面积分别同比下降20.5%、0.3%、5.6%，东部地区土地购置面积降幅最大。

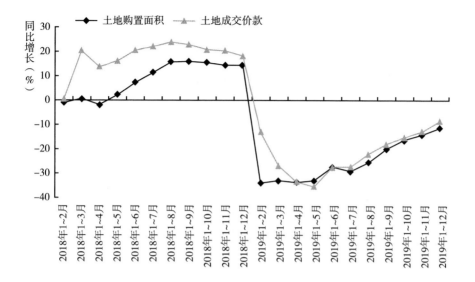

图4 房地产开发企业土地购置情况（2018～2019年）

资料来源：国家统计局。

二 2019年房地产融资状况

（一）房地产企业资金压力进一步加大

以房地产企业"本年资金来源/开发投资完成额"来衡量企业的资金充裕程度，2019年房地产企业"本年资金来源/开发投资完成额"为1.35，比上年减少0.03，连续两年减少，表明企业的资金压力上升。与历史值相比，当前企业的资金充裕程度已低于历史平均水平（见图5）。

（二）房地产企业资金来源增幅小幅增加，自筹资金融资收紧

2019年，房地产开发企业本年资金来源额为17.86万亿元，同比增长7.6%，增幅增加1.2个百分点（见图6）。从月度变化来看，房地产企业资金来源同比增幅在4月份最高，之后有所减小。

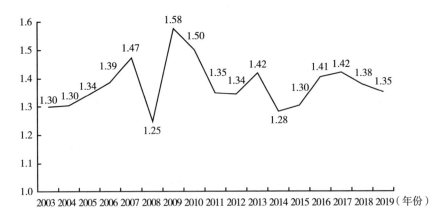

图5 房地产开发企业资金充裕程度（2003～2019年）

资料来源：国家统计局，笔者计算。

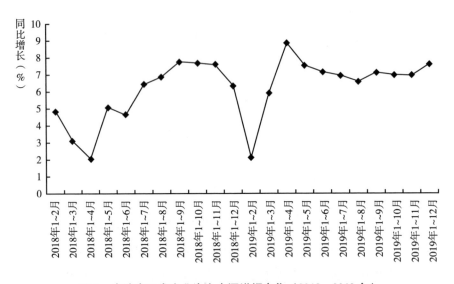

图6 房地产开发企业资金来源增幅变化（2018～2019年）

资料来源：国家统计局。

2019年，在房地产企业资金来源中，国内贷款、利用外资、自筹资金、定金及预收款、个人按揭贷款、其他等各项占比分别为14.1%、0.1%、32.6%、34.4%、15.3%、3.6%，自筹资金和定金及预收款两项占比最高，合计达到67%。与上年相比，定金及预收款、个人按揭贷款两项占比均上升1.0个百分点，国内贷款和自筹资金占比则分别比上年下降0.3个和1.1个百分点。2019年，国内贷款、自筹资金、定金及预收款、个人按揭贷款分别同比增长5.1%、4.2%、10.7%、15.1%；国内贷款、个人按揭贷款增速由负转正，自筹资金、定金及预收款增速则分别比上年减小5.6个、3.1个百分点。受房企融资渠道收紧的影响，自筹资金增幅减小较明显（见图7）。

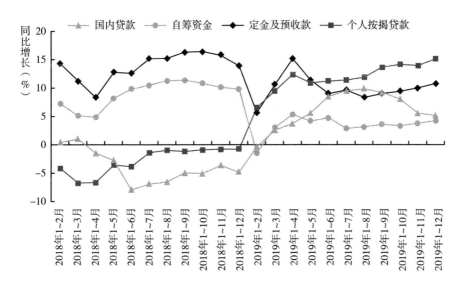

图7　房地产开发企业四项主要资金来源方式的增幅变化（2018～2019年）

资料来源：国家统计局。

（三）房地产债券发行量小幅下降，信托融资额较快增加

在去库存政策作用下，2015～2016年房地产行业债券发行数量出现井喷，累计发行数量接近2万亿元。之后债券发行规模下降。2019年，房地产行业债券总发行量为5243亿元，比上年减少2.8%。其中，上半年房地产行业债券融资规模较快扩大，同比增幅高达32.4%，下半年特别是第四季度房地产企业债券融资规模明显缩小（见图8）。

信托业新增资金投向房地产的金额在2019年第二季度出现井喷，之后快速减少。2019 年前三季度，房地产行业信托融资总额为 8879.6 亿元，同比增长 37.7%。其中，第二季度房地产行业信托融资 3962.6 亿元，单季融资规模创历史最高（见图 9）。

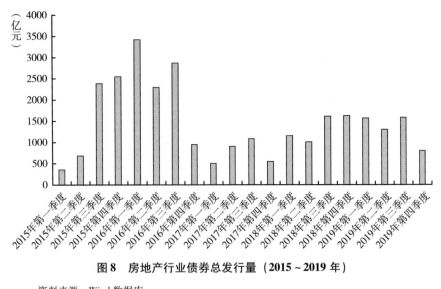

图 8　房地产行业债券总发行量（2015~2019 年）

资料来源：Wind 数据库。

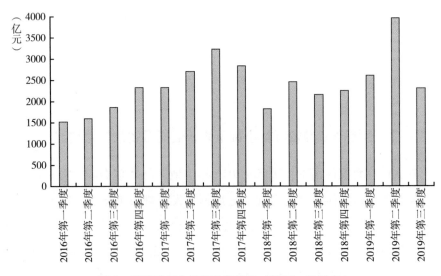

图 9　房地产行业信托融资情况（2016~2019 年）

资料来源：Wind 数据库。

三 2020年房地产投融资形势展望

（一）宏观货币政策环境趋向宽松

2019年12月中央经济工作会议指出，将继续实施积极财政政策和稳健货币政策。积极的财政政策要大力提质增效。稳健的货币政策要灵活适度，保持流动性合理充裕，货币信贷、社会融资规模增长同经济发展相适应，降低社会融资成本。与2018年中央经济工作会议内容相比，继续保持了积极财政政策和稳健货币政策取向，并进一步明确要降低社会融资成本。2019年8月中旬，中国人民银行推行商业银行贷款市场报价利率（LPR）形成机制，旨在以市场化改革办法促进实际利率水平明显降低。11月20日，一年期LPR下调5个基点，报4.15%；5年期以上LPR下调5个基点，报4.8%。在全球央行纷纷启动降息潮的背景下，2020年中国央行将继续致力于完善LPR制度，推动实际利率水平进一步降低。此外，为应对2020年初新冠肺炎疫情对经济造成的冲击，货币政策将加大逆周期调节力度，总体取向趋于宽松。

（二）房地产企业融资政策边际向好但难以大幅放松

出于对房地产金融风险的担忧，2019年5月以来，各类政策密集出台约束房企公开市场融资、境外融资、信托融资、ABS融资等行为，严禁虚假交易，对房企违规融资行为的监管逐步落向实处。其中，5月份银保监会23号文强化地产融资监管，严禁违规向"四证"不全项目融资。7月份银保监会约谈部分信托企业进行窗口指导，实行余额管控，发文规范ABS融资。7月份国家发改委发文约束房企发外债只能用于置换中长期境外债务。银保监会主席郭树清明确指出，要遏制房地产金融化、泡沫化倾向，守住不发生系统性风险的底线。在这些政策的影响下，2019年下半年以来，房企开发贷款、信托贷款等融资渠道明显收紧，新增融资数量持续减少。预计2020年为全力

稳增长，供给端融资政策存在边际放松的可能，但由于当前房地产行业杠杆水平已处于高位，预计房地产融资政策出现大幅度放松的可能性不大。

（三）房企仍然处于还债高峰时期

2019年房地产企业资金压力加大，由房地产企业"本年资金来源/开发投资完成额"衡量的资金充裕度为1.35，已低于2003年以来的历史平均水平。从房企债务融资看，截至2019年末，房地产开发贷款余额高达11.22万亿元，较上年底增长10.1%，除人民币贷款外，2017~2019年房地产债券发行增加了大约1.4万亿元，近两年信托投向房地产行业的资金总量接近2万亿元，约为历史均值的3倍。按照房企债务融资的平均还款期推算，2020年仍是房企还债高峰时期。

（四）预计2020年房地产开发投资增速在4%左右

2019年初以来，房地产开发投资增速的高位运行主要来源于两个方面。一是在建规模的扩大。全年房屋施工面积同比增加8.7%，建安工程投资同比增加7.9%，对投资增速贡献了5.0个百分点。二是土地购置费的增加。受前期地价较快上涨的影响，叠加房屋新开工面积的持续增加，2019年以来土地购置费保持较快增加。全年土地购置费同比增长14.5%，对投资增速贡献了4.4个百分点。

2020年，上述两项带动房地产投资增长的主要拉动力都将减弱。第一，伴随着当前住房库存水平的上升和未来住房需求的高位回归，预计2020年房地产企业房屋新开工面积和商品房销售面积均将出现5%左右幅度的减少，这对房屋在建规模的增长形成负向拉动。此外，房企融资环境的收紧也对开发投资增长形成直接抑制。这意味着2020年的建安工程投资难以高于2019年。第二，土地购置费与领先一年的成交地价变化趋势之间存在较强的相关性（见图10）。2019年以来，成交地价同比增幅总体呈下降趋势，并在5月份和6月份出现负增长，全年同比增幅为3.1%，处于历史较低水平。这意味着明年房地产开发投资中的土地购置费增幅也将下降，从两者的函数关系来估计，2020年土地购置费的增幅将逐步降至个位数。如果叠加房屋新开工面积负增长的影响，则土地购置费很可能会降为0。从工程在建量和房地产开发投资构成两个方面的模型估计结果来看，2020年全年房地产开发投资增速可能降至4%左右，比2019年投资增速下降约6个百分点。

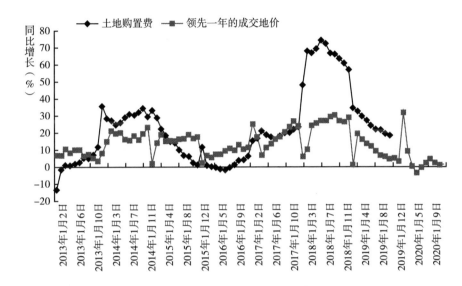

图10　土地购置费增幅与领先一年的成交地价增幅变化之间的关系（2013～2020年）

资料来源：国家统计局。

B.7
2019年全国城市地价动态监测分析报告

中国国土勘测规划院全国城市地价监测组*

摘　要： 2019年，全国主要监测城市商服、住宅、工业地价增速放缓，住宅地价增速回落最为明显。三大重点经济区域中，除环渤海与京津冀地区商服、工业地价增速有所提升外，各区域各用途地价增速均有不同程度回落。各类型城市各用途地价增速以降为主，且一线城市商、住地价增速持续处于低位。年内全国主要监测城市各用途土地供应面积增速均有所下降，一线、二线城市住宅用地出让面积同比增速下降显著，住宅用地市场降温明显。2020年，在国内外挑战和风险上升、突发因素复杂、经济下行压力较大的背景下，财政、货币、就业政策协同发力依然是主要手段，预期宏观经济与地价变化基本趋稳。商服、住宅地价将保持平稳缓行的态势。新兴产业得到良好发展的地区，工业地价将有所提升。

关键词： 城市地价　动态监测　住宅用地

---

* 执笔人：赵松，中国国土勘测规划院地价所所长，研究员，研究方向：土地经济、土地评价评估。

一 2019年全国主要监测城市^①地价状况分析

（一）全国住宅楼面地价相对较高，重点区域商住倒挂范围有所扩大

2019年，全国主要监测城市商服、住宅楼面价水平值分别为5582元/米²、7406元/米²，工业地面价水平值为836元/米²；重点监测城市商服、住宅楼面价水平值分别为7672元/米²、10185元/米²，工业地面价水平值为1209元/米²。

三大重点区域间，粤港澳大湾区商服楼面价分别为长江三角洲地区和环渤海与京津冀地区的2.16和1.69倍；住宅楼面价呈长江三角洲地区、环渤海与京津冀地区、粤港澳大湾区依次降低的格局，但地区之间差异较小；工业地面价则呈粤港澳大湾区最高、长江三角洲地区次之、环渤海与京津冀地区最低的格局。

三大重点区域内，除粤港澳大湾区外，其余区域的住宅楼面地价均高于商服，长江三角州地区、环渤海与京津冀地区分别为商服楼面价的2.22倍和1.62倍（见图1）。

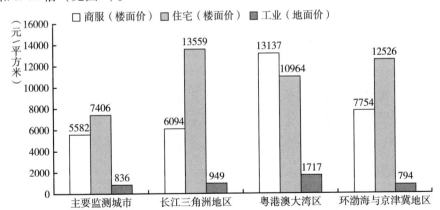

图1 2019年三大重点区域和主要监测城市地价水平值

资料来源：全国城市地价动态监测系统。下同。

---

① 全国主要监测城市指105个城市；重点监测城市指其中的直辖市、省会城市和计划单列市，共36个。

（二）主要监测城市各用途地价增速均有所回落；长江三角洲地区地价增速继续处于重点区域低值

2019 年，全国主要监测城市商服、住宅、工业地价增长率分别为 2.78%、4.97%、2.61%，各用途地价增速较上年均明显放缓。其中，住宅地价增长率回落最为显著，较上年下降 3.58 个百分点，而商服、工业地价增长率较上年分别下降 2.04 个百分点和 0.92 个百分点。住宅、工业地价增长率差值从上年的 5.02 个百分点缩小至 2.36 个百分点，各用途地价增速差异进一步缩小（见图 2）。

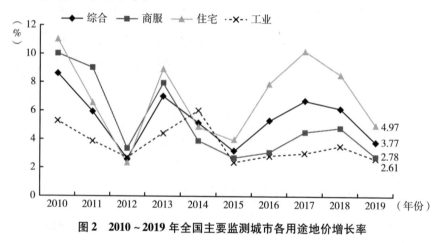

图2　2010~2019 年全国主要监测城市各用途地价增长率

三大重点区域间，长江三角洲地区各用途地价增速均继续处于低值，且低于主要监测城市平均水平。三大重点区域内部，长江三角洲地区、粤港澳大湾区均为住宅地价增速最高，环渤海与京津冀地区则表现为工业地价增速居首（见图 3）。

（三）年度内商服和住宅地价环比增速先升后降，工业地价环比增速总体放缓

2019 年，全国主要监测城市各季度综合、商服和住宅地价环比增长率变化趋势一致，均呈先升后降态势，于第二季度达到最高值，第三季度开始

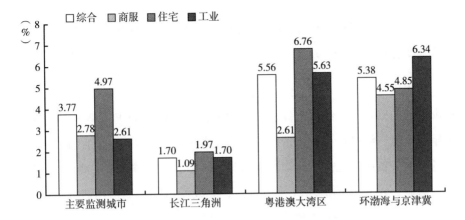

图3　2019年三大重点区域和主要监测城市各用途地价增长率

持续回落，第四季度均降至年内最低值，分别为0.54%，0.48%和0.66%。住宅地价环比增速波动程度最为明显，第四季度较年内峰值下降1.04个百分点；工业地价环比增速总体放缓，从第一季度的0.79%波动变化至第四季度的0.40%，下降0.39个百分点（见图4）。

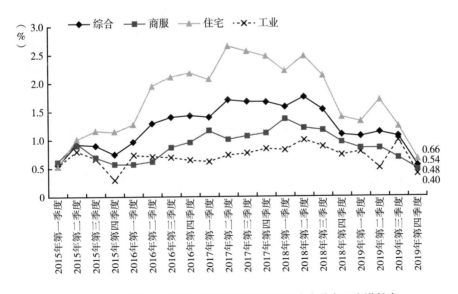

图4　2015～2019年全国主要监测城市各用途地价季度环比增长率

（四）一线城市商服、住宅地价增速持续处于低位；各类型城市各用途地价增速以降为主

2019年，商服、住宅地价增速呈二线城市最高，三线城市其次，一线城市最低的格局。一线城市商服、住宅地价增速继续处于各类城市最低值。本年度，除三线城市工业地价增长率较上年小幅提升0.40个百分点外，其余各类城市各用途地价增速均有所回落，其中，三线城市住宅地价增速放缓最为明显，较上年下降5.19个百分点，一线城市住宅地价增速较上年下降4.32个百分点，放缓幅度略有缩窄（见图5）。

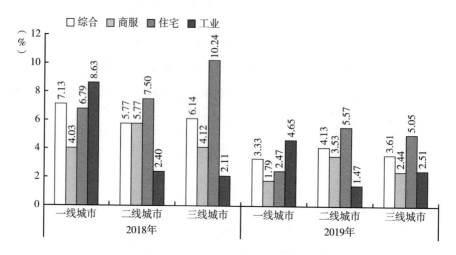

图5　2018～2019年一、二、三线城市各用途地价增长率比较分析

（五）22个重点关注城市中，多数城市下半年住宅地价环比增速回落明显

2019年，全国22个重点关注城市①住宅地价增速均值为3.33%。其中，仅沈阳、济南两市住宅地价增速高于5.0%，分别达到11.74%、7.41%，

---

① 22个重点关注城市指北京、天津、济南、青岛、郑州、沈阳、长春、上海、南京、杭州、宁波、福州、厦门、广州、深圳、合肥、武汉、长沙、重庆、成都、无锡、苏州。

武汉、广州和成都住宅地价增速也相对较高，超过重点监测城市住宅地价增速均值；其余城市中，天津、上海住宅地价出现负增长，福州、杭州住宅地价微幅提升（见图6）。

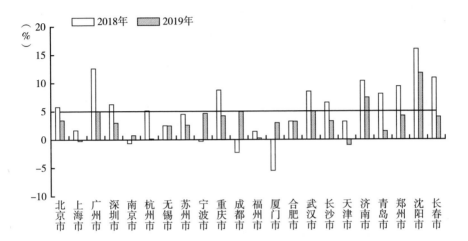

图6　2018～2019年全国22个重点关注城市住宅地价增速变化情况

年内季度环比显示，2019年下半年，住宅地价环比增速下降的城市数量显著增加，第三、第四季度各有17个城市住宅地价环比增速较上一季度放缓，其中，第四季度环比增速下降幅度更为明显，宁波、成都、合肥、广州第四季度住宅地价环比增速较第三季度分别回落7.18、5.82、3.86和2.06个百分点（见表1）。

表1　2019年全国重点关注城市各季度住宅地价环比增速及变动趋势

单位：%

城市	2019年第一季度	2019年第二季度	2019年第三季度	2019年第四季度	2019年各季度变动趋势
北京市	0.63	1.62	0.60	0.54	
上海市	−0.17	0.04	0.20	−0.18	
广州市	2.07	1.79	1.55	−0.51	
深圳市	0.61	0.96	0.82	0.55	
南京市	0.21	0.17	0.23	0.15	

续表

城市	2019 年 第一季度	2019 年 第二季度	2019 年 第三季度	2019 年 第四季度	2019 年各季度 变动趋势
杭州市	0.37	0.25	-0.48	-0.12	
无锡市	0.51	1.42	0.30	0.19	
苏州市	0.81	0.92	0.43	0.39	
宁波市	0.27	4.95	3.37	-3.81	
重庆市	0.82	1.17	1.09	1.05	
成都市	1.97	2.67	3.07	-2.75	
福州市	0.26	0.46	-0.09	0.37	
厦门市	1.13	1.49	0.25	0.06	
合肥市	-0.05	2.82	2.15	-1.71	
武汉市	1.77	2.47	0.31	0.36	
长沙市	1.62	0.57	0.50	0.52	
天津市	0.85	1.03	-0.47	-2.37	
济南市	1.65	3.44	0.93	1.21	
青岛市	0.02	0.60	0.95	-0.11	
郑州市	2.11	0.68	0.73	0.60	
沈阳市	1.79	5.38	2.50	1.63	
长春市	1.43	1.09	0.60	0.79	

二 2019年全国主要监测城市土地供应状况分析

（一）主要监测城市建设用地供应总量增速由正转负，各用途土地供应增长率均有所下降

2019 年，全国主要监测城市建设用地供应总量为 26.19 万公顷，同比下降 4.68%，较上年大幅回落 29.28 个百分点，建设用地供应总量增速由正转负。各用途土地供应量增长率较上年均有所下降，其中保障性住房用地供应增速由上年的 57.44% 下降至 -13.73%，整体回落 71.17 个百分点；工矿仓储用地供应量增速为 10.34%，是各用途土地供应量增速的最高值，较上年下降 5.41 个百分点（见图 7）。

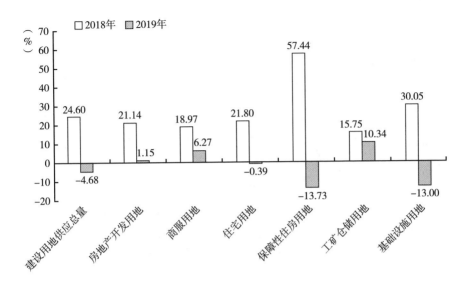

图7　全国主要监测城市各用途土地供应量增长率比较（2018 年、2019 年）

资料来源：各用途土地供应数据来源于土地市场动态监测与监管系统。

（二）全国主要监测城市住宅用地市场量价同比增速齐降，住宅用地出让面积同比降速尤为显著

2019 年，全国主要监测城市住宅用地出让面积同比增速与住宅地价同比增速继续放缓，住宅用地市场呈现"量价齐降"的局面。住宅用地出让面积同比增长率较上年下降 12.09 个百分点，同期住宅地价增速回落 3.58 个百分点。时序分析显示，全国主要监测城市住宅用地出让面积同比增长率与住宅地价同比增长率相关系数为 0.88，变动趋势较为一致（见图8）。

（三）一线城市住宅用地出让面积增速由正转负，二线、三线城市住宅用地出让面积增幅明显收窄

2019 年，不同类型城市住宅用地出让面积增速均有所回落。其中，一线城市住宅用地出让面积增速由正转负，由上年的 2.66% 降至 −6.23%，下降 8.89 个百分点；二线、三线城市住宅用地出让面积增幅均显著收窄，分别较

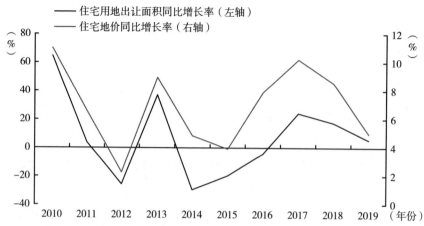

图8　2010～2019年全国主要监测城市住宅用地出让面积同比增长率和住宅地价同比增长率变化情况

上年回落20.83和5.96个百分点，二线城市住宅用地出让面积增速收窄最为显著。一线、二线、三线城市住宅地价增速均有所回落，分别下降4.32个、1.93个和5.19个百分点；一线、三线城市住宅地价增速回落显著，一线、二线、三线城市住宅用地市场均表现为"量价齐降"的态势（见图9）。

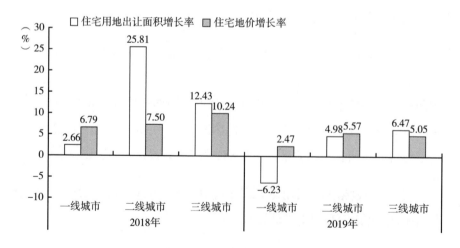

图9　2018～2019年全国主要监测城市中一、二、三线城市住宅用地出让面积与住宅地价增长率

资料来源：住宅用地出让面积数据来源于土地市场动态监测与监管系统。

三 2019年全国城市地价与房地产市场关系分析

（一）全国重点监测城市各区域住宅地价房价比有所上升，住宅物业租价比有所下降；两指标的空间分布格局反向

2019年，重点监测城市整体住宅地价房价比平均值和中位数分别为39.23%、40.02%，较上年分别上升5.35个和7.65个百分点；整体住宅物业租价比平均值、中位数分别为3.79%、3.26%，较上年分别下降0.31个和0.87个百分点。分区域来看，东、中、西部地区住宅地价房价比的算术均值分别为48.54%、34.42%和31.19%，呈现东高、中次、西低的格局；住宅物业租价比的算术平均值分别为3.04%、4.02%和4.56%，与住宅地价房价比的空间分布格局相反。从指标的地区差异来看，东、中部地区与中、西部地区地价房价比差距较上年有所缩小，东、西部地区较上年有所扩大；租价比差距方面，东、中部地区与东、西部地区较上年有所扩大，中、西部地区较上年有所缩小。

（二）房地产开发投资增速小幅提升，房地产投资国内贷款增速由负转正，土地购置面积增长率全年为负，综合地价同比增速持续放缓

2019年，全国房地产开发投资累计增长率平稳波动，各季度较上年同期均略有提升，年末房地产开发投资累计增长率为9.9%，较上年同期小幅上涨0.4个百分点。房地产投资国内贷款累计增长率于第一季度由负转正，持续提升，第三季度达最高值9.1%后降至年末的5.1%，但仍较上年同期高10.0个百分点。房地产土地购置面积累计增速于第一季度呈断裂式下降，较上年末回落47.3个百分点，降至-33.1%，为2016年以来的最低值，随后在第二、第三、第四季度虽有提升，降幅逐季收窄，但仍保持负值。年内各季度综合地价同比增速持续放缓，第四季度末较上年同期下降2.40个百分点（见图10）。

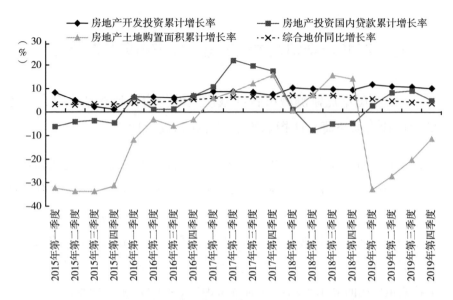

图10　2015～2019年各季度房地产开发投资、土地购置面积和房地产投资国内
贷款累计增长率与全国主要监测城市综合地价季度同比增长率比较

资料来源：房地产开发投资、房地产投资国内贷款和房地产业土地购置面积累计增长率
数据来源于国家统计局。

（三）商品住宅、商业营业用房销售指标持续低于上年同期，住宅、商业投资指标走势有所差异；住宅、商服地价同比增速逐季放缓

2019年，商品住宅销售面积累计增长率在上半年持续回落，保持负增长，下半年逐渐提升，而商品住宅销售额累计增长率在第一季度有所回落后，持续小幅提升，但各季度商品住宅销售指标均低于上年同期。房地产住宅投资累计增长率则在第一季度达近5年最高值后，呈持续下降趋势，但各季度增速均高于上年同期水平。全国主要监测城市住宅地价同比增速自2017年第四季度起持续逐季放缓，年末较上年同期下降3.58个百分点（见图11）。

年内各季度商业营业用房销售面积累计增速、销售额累计增速持续回落，其中，商业营业用房销售面积累计增速连续六个季度保持负值，商业营业用房销售额累计增速连续四个季度保持负值，两者均于2019年第四季度创历史新低。房地产商业营业用房投资累计增速年内小幅提升，但各季度仍

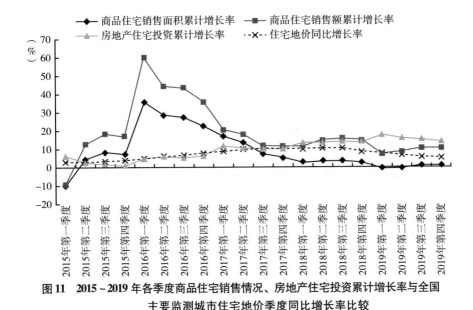

图11 2015～2019年各季度商品住宅销售情况、房地产住宅投资累计增长率与全国主要监测城市住宅地价季度同比增长率比较

资料来源：商品住宅销售面积、商品住宅销售额和房地产住宅投资累计增长率数据来源于国家统计局。

保持负增长。全国主要监测城市商服地价同比增速连续七个季度持续放缓，第四季度较上年同期回落 2.04 个百分点（见图12）。

四 地价变化的宏观背景与影响因素分析

（一）经济发展"大盘"稳定，但整体承压，主要经济指标继续放缓，综合地价微幅上涨，涨幅有所回落

2019 年，在稳中求进的工作总基调下，中央加大逆周期调节力度，出台系列"六稳"政策举措，持续深化供给侧结构性改革，主要宏观指标保持在合理区间①，经济发展"大盘"稳定。经过初步核算，全年国内生产总值 990865 亿元，同比增长 6.1%，增速较上年同期小幅回落 0.5 个百分点，

① 宁吉喆：《逆周期调节发力显效 经济运行总体平稳》，《求是》2019 年第 21 期。

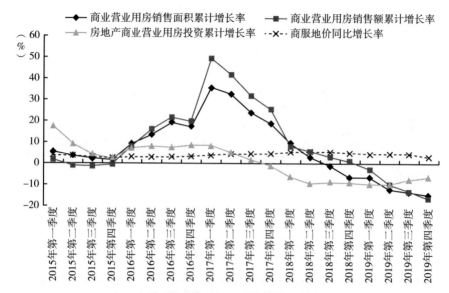

**图 12 2015～2019 年各季度商业营业用房销售情况、房地产商业营业用房投资
累计增长率与全国主要监测城市商服地价季度同比增长率比较**

资料来源：商业营业用房销售面积、商业营业用房销售额和房地产商业营业用房投资累
计增长率数据来源于国家统计局。

但仍在较高基数上保持中高速增长。在国内外环境复杂严峻、宏观经济整体
承压的背景下，主要经济指标增速均在合理区间内有所放缓。投资方面，全
国固定资产投资（不含农户）为 551478 亿元，同比增长 5.4%，增速较上
年同期放缓 0.5 个百分点；消费方面，社会消费品零售总额同比增长
8.0%，较上年同期下降 1.0 个百分点；出口方面，出口总额为 172298 亿
元，同比增长 5.0%，增长率较上年同期下降 2.1 个百分点。在上述经济基
本面的支撑下，全国主要监测城市综合地价平稳、微幅上涨，增速较上年同
期放缓 2.4 个百分点（见图 13）。

（二）"房住不炒"总基调不变，长效机制与新型住房制度加快
推进，住宅地价增速回落明显

2019 年，在经济下行压力加大、国内外风险调整增多的情况下，中央

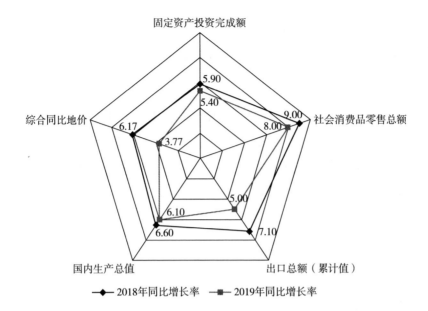

图13 主要宏观经济指标与全国主要监测城市综合地价同比增长率比较（2018年、2019年）

资料来源：固定资产投资完成额、社会消费品零售总额、国内生产总值和出口总额数据来源于国家统计局。

坚持住房居住属性的定力持续，"房住不炒"总基调不变。7月30日，中央政治局会议明确提出要落实房地产长效管理机制，不将房地产作为短期刺激经济的手段；8月14日，住建部表示将加快推动住房保障立法，实现住有所居；11月5日，《中共中央关于坚持和完善中国特色社会主义制度推进国家治理体系和治理能力现代化若干重大问题的决定》中，再次强调要加快建立多主体供给、多渠道保障、租购并举的住房制度。与此同时，在"房住不炒""分类调控"的指导下，各地房地产调控仍然偏紧，重点关注城市的保障性住房用地供应量占住房用地供应总量的份额较上年提升3.66个百分点，因城、因区、因势的房地产政策取得积极效果。房地产市场长效机制的推进，助力了市场趋向稳定，全国主要监测城市和重点监测城市住宅地价增速加快回落。

（三）人民币贷款余额增速相对平稳，房地产金融政策持续收紧，流动性总体处于低位，房地产市场总需求有所抑制，商服、住宅地价增速有所下降

2019 年，财政货币政策保持稳健中性，年末，金融机构人民币贷款余额同比增长 12.3%，增速变化相对平稳，较上年同期下降 1.2 个百分点；狭义货币（M1）供应量同比增长 4.4%，较上年同期小幅提升 2.9 个百分点；M1、M2 供应量同比增速均处于低位运行，且 M1－M2 剪刀差由正转负，去杠杆导向下，市场流动资金缩减（见图 14）。

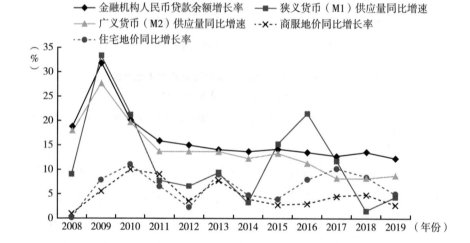

图 14　2008～2019 年全国主要监测城市商服地价、住宅地价、金融机构人民币贷款余额、狭义货币（M1）及广义货币（M2）同比增长率比较

资料来源：金融机构人民币贷款余额和广义货币（M2）增长率数据来源于中国人民银行。

房地产金融方面，中央聚焦房地产金融风险，房地产行业资金定向监管全年保持从紧态势。2 月，国新办举行坚决打好防范金融风险攻坚战新闻发布会，强调紧盯房地产金融风险，促进房地产金融、房地产市场的平稳健康发展。央行、银保监会等监管机构先后提出要加强房地产金融审慎管理、严查房地产违规融资等行为。年末，多项房地产投资资金情况指标较上年同期仅小幅提升，且房地产投资中，本年资金占比72.67%，较上年进一步缩小。金融环境整体趋紧的背景下，房企资金压力不减，土地投资趋于理性，助力市场总体降温（见图15）。

在财政货币政策保持稳健中性及房地产金融整体从严的影响下，全国主要监测城市商服地价增速近五年来首次回落，住宅地价增速则继续回落，分别较上年下降2.04个、3.58个百分点。

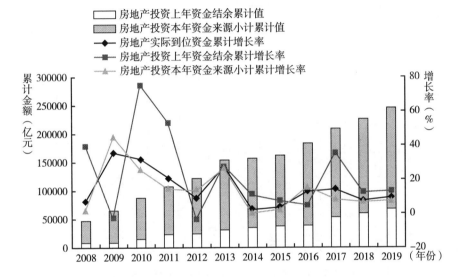

图15 2008～2019年房地产实际到位置金、本年资金来源小计及上年资金结余情况

资料来源：国家统计局。

（四）工业生产缓中趋稳，投资活力仍显不足，实体经济困难增多，工业地价增速平稳回落

2019年，工业生产总体缓中趋稳，全年工业增加值同比增速为5.7%，较上年同期下降0.5个百分点。中国制造业采购经理指数（PMI）仅3月、4月、11月、12月在荣枯线以上，全年均值处于荣枯线以下。在贸易摩擦和市场疲软的综合影响下，年末工业固定资产投资同比增长4.3%，较上年同期放缓2.2个百分点，工业投资总体呈现"下滑调整"态势，投资活力

不足。全年工业出口交货值累计增速保持在 5% 以下，工业出口向下承压。除此之外，随着国内要素价格上涨、环保成本提高以及制造环节内外竞争强化，全球需求减弱，全年工业企业利润率始终保持负增长，企业效益改善趋势放缓。工业企业在生产、投资、出口和效益方面下行压力较大，实体经济困难增多，在此影响下，工业地价增速较上年回落 0.92 个百分点（见图 16）。

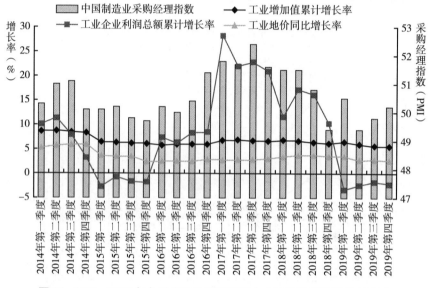

图 16　2014~2019 年各季度工业增加值和企业利润总额累计增长率及制造业采购经理指数比较

资料来源：中国制造业采购经理指数、工业增加值和工业企业利润总额累计增长率数据来源于国家统计局。

五　2020年城市地价变化趋势分析

（一）持续性压力与突发疫情影响叠加，"六稳"措施趋向强化，地价总体水平高位上涨的支撑乏力，季度间变化基本平稳

当前中国正处在转变发展方式、优化经济结构、转换增长动力的攻关期，结构性、体制性、周期性问题相互交织，"三期叠加"影响依然存在，

国内外环境面临更多挑战与风险，经济下行压力持续。2020 年初新冠肺炎疫情的暴发，对消费、投资、出口"三驾马车"的冲击，进一步加大了宏观经济"稳增长"的难度，并对不动产市场的预期和各类市场主体的行为决策产生影响。在 2019 年底中央经济工作会议确立"稳"字当头的主基调基础上，积极的财政政策将大力提质增效，更加注重结构调整，货币政策"灵活适度"，流动性保持合理充裕，社会融资成本降低。2020 年，财政货币政策协同发力的预期作用目标，不仅要引导资金投向供需共同受益、具有乘数效应的领域，也需关注于突发疫情对经济损失的修复，以及对一些中小企业的救助。初步预计，2020 年政策的短期与长期协同难度增加，"六稳"举措趋于强化，宏观经济发展总体平稳，但阶段性进一步降速的风险增强。上述背景下，全国土地市场的不确定性因素增加，全国地价总体水平继续高位上涨的支撑乏力，季度间或将出现波动性变化，但幅度基本趋稳。

（二）以基本供求关系改善和"房住不炒"措施为本质特征，综合因素助力房地产市场理性调整，商服、住宅地价大平稳、小分化的态势持续

当前，我国城镇套户比已超过 1.0，与国际水平基本持平[①]，城镇人均住宅建筑面积从 1978 年的 6.7 平方米，增加到 2018 年的 39 平方米[②]，表明我国房地产市场总量不足的问题已基本得到解决。近年来，住房租赁市场的发展，一定程度上缓解了房地产市场的供求结构问题，与此同时，调控政策和融资环境总体从严的市场风向下，住房投资性需求受到一定遏制，房地产市场供求关系改善且进入阶段性稳定状态。2020 年，"稳地价、稳房价、稳预期"仍是房地产市场发展的核心目标，突发新冠肺炎疫情的影响不会从

---

① 任泽平、熊柴、白学松：《中国住房存量过剩还是短缺》，《中国房地产金融》2018 年第 12 期。

② 《建筑业持续快速发展　城乡面貌显著改善——新中国成立 70 周年经济社会发展成就系列报告之十》，《安装》2019 年第 9 期。

根本上改变中央政府继续坚持"不将房地产作为短期刺激经济的手段"的决心,"房住不炒"贯彻始终,长效管理机制将逐步完善。此外,"因城施策"的基本原则有利于各地调控措施的优化灵活,而疫情对不同地区房地产市场影响深度的差异或将在地方政府的调控"自选动作"中得到有效回应。在此背景下,房地产市场整体趋于理性的调整进程持续,商服、住宅地价将保持平稳缓行的态势,城市间的分化亦将阶段性显著。

(三)实体经济转型步伐影响产业用地供求关系,并驱动地价变化,新兴产业发展良好地区的工业地价将有所提升

随着我国经济逐步迈向高质量发展阶段,实体经济转型升级步伐的加速推进将影响产业用地的供求关系。需求方面,2019年以来,创新驱动下的产业发展以及《国家发展改革委关于培育发展现代化都市圈的指导意见》《粤港澳大湾区发展规划纲要》《长江三角洲区域一体化发展规划纲要》《交通强国建设纲要》《国家物流枢纽布局和建设规划》等利好政策频出,为区域产业发展迎来良机,也对区域产业用地资源配置、产业用地布局提出新要求。供给方面,自然资源部发布的《产业用地政策实施工作指引(2019年版)》提出,"各地要根据国家产业政策、国土空间规划和当地产业发展,统筹使用新增和存量建设用地,合理安排用地计划指标,有限支持符合产业政策的项目用地",该指引的出台更好地指导了地方产业用地管理和控制,保障了区域新产业新业态以及创新创业企业用地需求。区域产业发展规划和区域产业用地政策的共同引导,影响着地区产业用地配置,进一步作用于区域地价变化。对于经济发展活跃,开放程度、创新能力较高,人口、资本和企业相对集中的区域,产业发展的基础更为坚实,新兴产业将得到更加良好的发展,工业地价将有所提升。

服务篇

Service Reports

B.8

关于住房租赁市场发展与规范兼顾的思考

柴 强 罗忆宁*

摘　要：　近年来，我国住房租赁市场快速发展，专业化、规模化住房
　　　　　租赁企业数量大幅增加及规模迅速扩张，并出现了包租、自
　　　　　营和代管三种经营模式，其中包租模式是主流，自营模式蓄
　　　　　势待发，代管模式开始起步。与此同时，住房租赁市场出现
　　　　　了经营主体鱼龙混杂、秩序混乱、风险较高等问题。从未来
　　　　　政策导向看，对住房租赁市场既要大力发展又要加强规范，
　　　　　但发展依然是主旋律；从未来市场发展看，短期内可能有坎
　　　　　坷，但中长期住房租赁需求大、前景广阔，而分散式包租模
　　　　　式的住房租赁企业可能面临市场和政策的双重考验，经营观

---

* 柴强，中国房地产估价师与房地产经纪人学会副会长兼秘书长，经济学博士，研究员，研究
方向：房地产经济；罗忆宁，中国房地产估价师与房地产经纪人学会研究人员，研究方向：
房地产经济。

念甚至经营模式有必要转变。

关键词： 住房租赁市场 租购并举 租赁住房 长租公寓 市场监管

2019 年，在较为平稳的住房租赁市场环境中以及中央财政支持住房租赁市场发展试点等政策措施引导下，专业化、规模化住房租赁企业迅速扩张，住房租赁行业保持了较快增长。与此同时，住房租赁市场在发展过程中也暴露出了一些问题，存在诸如发布虚假房源信息、恶意克扣押金、违规使用住房租金贷款、强制驱逐承租人等乱象，还有某些住房租赁企业因盲目扩张、经营管理不善而倒闭。在此背景下，需对住房租赁市场从偏重于大力发展，转向既要大力发展又要加强规范。

一 当前住房租赁市场及企业发展状况

（一）住房市场租金较小幅波动

贝壳研究院对北京、上海、深圳等 18 个重点城市的监测数据显示，从年度变化趋势看，2019 年全年平均住房租金与 2018 年相比有所下降，降幅为 13.21%。而根据上海易居房地产研究院中国房地产测评中心监测的 35 个重点城市的数据（见图 1），从年内变化趋势看，2019 年各月住房租金水平呈稳步缓慢上升态势，其中 12 月的住房租赁价格指数为 1043.7 点，同比上涨 0.63%。

总体而言，相对于 2018 年住房市场租金经历了从大幅上涨到较快下降的过程，2019 年的住房租赁供需矛盾得到有效缓解，住房市场租金水平较为平稳。

（二）市场供给格局无明显变化

目前，个人通过经纪服务或直接出租的住房仍然是住房租赁市场供给的

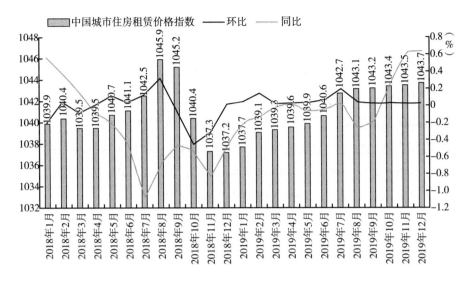

图 1　2018～2019 年中国城市住房租赁价格指数

资料来源：上海易居房地产研究院中国房地产测评中心。

主要来源，约占租赁住房总量的95%。2016 年以来，虽然住房租赁企业发展较快，机构化供给逐年增多，但主要集中在大中城市，总体市场占比仍然较低。据有关行业数据综合估计，目前全国共有专业化、规模化住房租赁企业约1500 家，管理的房间数约300 万间（约100 万套），约占租赁住房供给总量的5%。在住房租赁企业集中进驻的一线城市和二线热点城市，机构化供给占比远高于全国平均水平，如北京的机构化供给占比超过20%。

（三）企业经营模式逐渐多样化

2019 年，住房租赁企业经营模式多样化趋势开始显现，从过去的单一包租模式，逐渐形成包租、自营和代管三种模式并存的局面。

包租模式是住房租赁企业先与房东签订较长期（一般为3～5 年）的租赁合同，通常进行装饰装修和配置家具家电，然后转租给其他租客，并提供运营服务。包租模式的企业中，既有分散式包租模式，代表企业有自如、蛋壳、青客；也有集中式包租模式，代表企业有魔方公寓。集中式包租模式的头部企业发展较快，据贝壳研究院监测的15 家头部企业数据，2018 年门店

数共计 836 家，2019 年新开 475 家门店（不含加盟和收购），新开店率达 57%。分散式包租模式的企业基本延续了快速增长态势，自如、蛋壳、青客所管理的房间数分别增加到 100 万间、50 万间、10 万间。

自营模式是住房租赁企业作为房东，将自己持有的住房直接出租给租客，并提供运营服务。目前，自营模式的住房来源主要有土地出让中自持租赁住房和集体土地建设租赁住房项目两种。2017～2018 年是这两种租赁住房项目取得土地的高峰期，2019 年大量进入开工建设阶段，部分项目即将完工，2020 年将迎来这两种租赁住房的大规模入市。

代管模式是房东和租客在签订租赁合同的同时，双方与住房租赁企业签订委托管理合同，由住房租赁企业负责日常管理、维修、代收租金等事务。目前，已出现了乐乎公寓、优望公寓等从事集中式租赁住房代管业务的专业机构，代管的房间数均超过 2 万间。此外，优客逸家等分散式包租模式的住房租赁企业开始涉足分散式租赁住房的代管业务。

从上述三种模式目前的发展速度和市场占比看，包租模式的发展速度有所放缓，但仍是主流，占 95% 以上；自营模式发展较快，约占 5%，且土地出让中自持租赁住房和集体土地建设租赁住房项目大部分已进入开工建设高峰；代管模式则刚刚起步，处于萌发阶段，目前管理的房间总量相对较少。

（四）企业融资渠道开始多元化

因受相关金融政策等约束，目前住房租赁企业的融资渠道依然以股权融资为主，债权融资为辅，资产证券化发展较慢。

在股权融资方面，据贝壳研究院统计（见图 2），2019 年住房租赁行业发生了 9 起股权融资，总金额约达 116.28 亿元。尽管融资轮数较 2018 年有所下降，但融资规模却超过了 2017 年和 2018 年之和。境外上市融资渠道首次启动，青客和蛋壳均向美国证券监管委员会递交了招股书，并分别于 2019 年 11 月 5 日和 2020 年 1 月 17 日成功在美国上市。

在债权融资方面，主要包括商业银行贷款和发行住房租赁专项债。在强大的股东背景支持下，2019 年部分住房租赁企业主体信用评级提升，获得

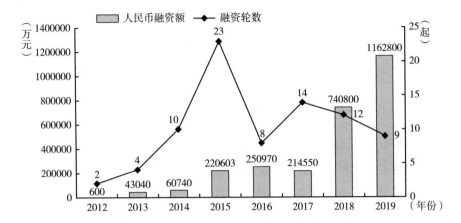

图2 2012～2019年住房租赁企业公开股权融资数量和金额变化趋势

资料来源：贝壳研究院整理，2012～2019年公开新闻和官方网站。

了大规模、低成本的授信和发债额度。中国建设银行、中国银行、中国工商银行等大型银行均向住房租赁企业发放了贷款，特别是以"住房租赁"作为战略的中国建设银行，2019年发放了上百亿元的住房租赁相关贷款。上交所、深交所的公开资料显示，2019年已完成公开发行的住房租赁专项公司债券共有6只，规模达80亿元，发行主体均为大型房地产开发企业。

在资产证券化方面，目前住房租赁企业的资产证券化主要有类REITs、CMBS/CMBN、租金收入资产证券化三种方式。据公开资料统计，2017年1月1日至2019年12月31日，市场上已发行27单住房租赁资产证券化产品，发行规模合计291.15亿元，多数底层物业位于一线城市，且多为集中式公寓。其中，类REITs发行14单，规模合计167.38亿元；CMBS/CMBN发行3单，规模合计30.70亿元；租金收入资产证券化发行10单，规模合计93.07亿元。

二 发展住房租赁市场的相关政策措施

虽然近年来住房租赁市场在发展过程中出现了租金过快上涨、某些租赁企业倒闭、违规开展租金贷款等问题，但2019年大力发展住房租赁市场的

政策基调及行业政策没有改变。除了 2017 年住房租赁试点、利用集体建设用地建设租赁住房试点继续开展之外，2019 年又推出了中央财政支持住房租赁市场发展试点，体现了国家支持住房租赁市场发展的政策导向。

（一）大力发展住房租赁市场的政策基调未变

2019 年，国家出台了一些相关文件并在全国性会议等重要场合多次强调，要继续大力发展租赁住房和住房租赁市场，主要有：

2019 年 1 月，国家发展改革委、住房和城乡建设部等 10 部门共同研究制定并印发了《进一步优化供给推动消费平稳增长促进形成强大国内市场的实施方案（2019 年）》，提出："加快发展住房租赁市场，发挥国有租赁企业对市场的引领、规范、激活和调控作用，支持专业化、机构化住房租赁企业发展""支持部分人口净流入、房价高、租赁需求缺口大的大中城市多渠道筹集公租房和市场租赁住房房源，将集体土地建设租赁住房作为重点支持内容。"

2019 年 12 月 10 日至 12 日召开的中央经济工作会议指出："明年要加大城市困难群众住房保障工作，加强城市更新和存量住房改造提升，做好城镇老旧小区改造，大力发展租赁住房。"

2019 年 12 月 17 日，韩正副总理在住房和城乡建设部召开座谈会时强调，要"大力发展和规范住房租赁市场，着力解决新市民、年轻群体的住房困难"。

2019 年 12 月 23 日，全国住房和城乡建设工作会议提出："着力培育和发展租赁住房，促进解决新市民等群体的住房问题。进一步培育机构化、规模化租赁企业，加快建立和完善政府主导的住房租赁管理服务平台。重点发展政策性租赁住房，探索政策性租赁住房的规范标准和运行机制。"

（二）开展发展租赁住房及租赁市场的三项试点

2019 年，国家层面共有三大项住房租赁相关试点工作同时进行，取得了一定成效，提振了住房租赁企业的信心。

一是住房租赁试点。2017 年 7 月，住房和城乡建设部选取广州、深圳等 12 个人口净流入、租赁需求旺盛的大中城市，在培育机构化规模化住房租赁企业、建设住房租赁管理服务平台、增加租赁住房有效供应、创新住房租赁管理和服务体制等方面开展试点，支持专业化、规模化住房租赁企业发展，带动住房租赁上下游家电、家具、建材等居住类商品消费。这项试点在 2019 年进入收官阶段，各个试点城市密集出台地方性支持政策和规范性文件，预计该项试点于 2020 年完成。

二是利用集体建设用地建设租赁住房试点。住房和城乡建设部会同自然资源部，推进利用集体建设用地建设租赁住房试点工作，拓展集体土地用途，拓宽集体经济组织和农民增收渠道。2017 年 8 月，在北京、上海等 13 个城市开展利用集体建设用地建设租赁住房试点。2019 年 1 月，进一步扩大试点范围，在福州、南昌等 5 个城市继续开展试点。该试点已进入中期评估阶段，总结试点工作进展和成效。

三是中央财政支持住房租赁市场发展试点。2019 年 1 月，住房和城乡建设部会同财政部启动中央财政支持住房租赁市场发展试点工作，计划用三年时间，中央财政分批支持部分人口净流入、住房租赁需求缺口大的大中城市发展住房租赁市场。2019 年 7 月，通过中央财政支持住房租赁市场发展试点竞争性评审工作，确定北京、长春、上海、南京等 16 个城市进入 2019 年中央财政支持住房租赁市场发展试点范围，3 年试点期间，中央财政每年将向 16 个试点城市分别下达 8 亿 ~ 10 亿元、一年共 134 亿元的中央财政专项资金。

三　住房租赁市场及企业存在的主要问题

（一）住房租赁市场秩序较混乱

近年来，在住房租赁市场快速发展的同时，一些房地产经纪机构、住房租赁企业、网络信息平台及其从业人员等单位和个人趁机一哄而上，出现了

住房租赁经营主体鱼龙混杂等乱象，特别是某些住房租赁企业盲目过快扩张、经营行为不规范甚至违法违规，采用"高收低租"（也称高收低出，即支付住房权利人的租金高于收取承租人的租金）、"长收短付"（即收取承租人租金周期长于给付住房权利人租金周期）、违规开展和使用住房租金贷款等手段，形成资金池，甚至卷款跑路，严重侵害了承租人合法权益，导致了住房租赁市场劣币驱逐良币，破坏了住房租赁行业生态。

（二）住房租赁法规建设较滞后

现有的住房租赁专门法规层次较低，仅有住房和城乡建设部于 2010 年印发的部门规章《商品房屋租赁管理办法》，其约束力较弱，难以有效规范住房租赁相关主体行为，也难以应对近年来住房租赁市场快速发展过程中出现的新情况、新问题。

（三）包租模式抗风险能力较弱

包租模式是我国住房租赁企业目前最主要的经营模式，这类企业近年来发展较快，在快速扩张期对资金需求大，同时存在抗风险能力弱的问题，主要体现在下列三个方面。

一是在扩张期资产负债率过高。包租模式的企业需要大量资金收集租赁房源，并需对其进行装修改造、配置家具家电，在扩张期易形成高额负债和亏损。如青客公寓的公开招股书显示，截至 2018 年 12 月 31 日，其运营覆盖 6 个城市，复合年增长率达 114.4%，截至 2019 年 6 月底，总资产为 20.3 亿元，总负债为 27 亿元，资产负债率高达 133%。青客公寓 2017 年、2018 年、2019 年前 6 个月的净亏损分别为 2.45 亿元、4.99 亿元、3.73 亿元。

二是普遍采取"长收短付"租金、推广住房租金贷款的方式经营，杠杆率过高。分散式包租模式的企业"重规模"问题仍然较严重，在资本压力下设法扩大规模，一方面采取向租客按季、半年或年收取租金，而向房东按月支付租金的"长收短付"方式形成资金池，通过房东端加杠杆，另一方面鼓励租客采用住房租金贷款以加快资金回收，利用租客端加杠杆。在这种高杠杆的情况下，一旦住房出租率明显下降或企业经营管理不善，就容易出现资金链断裂，并转嫁给房东和租客。据贝壳研究院统计，2019年媒体公开的陷入资金链断裂、跑路、倒闭等的住房租赁企业有52家。

三是缺乏正规的低成本融资渠道。包租模式的企业缺乏可抵押的房地产等资产，主体信用评级又不够高，难以申请到低成本的银行长期贷款。因此，近年来魔方、自如等不少包租模式的企业希望通过资产支持证券（ABS）拓宽融资渠道。但由于住房租金收益权不能作为资产证券化的基础资产，租金收入资产证券化通常采用双SPV的交易结构，借款人将住房租金收益权出质获得贷款，原始权益人以信托受益权作为基础资产发行资产支持证券。但在双SPV的交易结构下，信托受益权的实现依托于发行主体信用，不能体现资产支持证券完全依托资产信用的本义，存在一定的金融风险。

（四）自营模式资产证券化较难

无论是通过土地招拍挂出让方式取得的自持租赁住房项目，还是利用集体建设用地建设租赁住房项目，目前均缺乏资产证券化渠道，不得不借助股东信用背书向金融市场获取支持。以北京市朝阳区西直河村集体土地建设租赁住房项目为例，该项目总占地面积达11.8万平方米，总建筑面积近40万平方米，建成后可提供5700套租赁住房，是我国目前规模最大的集体土地建设租赁住房项目。2019年12月27日，首创置业股份有限公司发布公告称，计划通过银团贷款和项目收益专项债权的方式募集53亿元，首创置业股份有限公司同意就项目公司于融资文件下所承担的全部还款责任提供保证担保。

而在当前2%~3%的低租金回报率下，自持住房租赁项目需要大量的资金沉淀，且缺乏退出机制，大额长期负债容易成为企业难以承受之"重"。如果引进REITs，房地产开发企业在项目运营成熟之后，则可以通过出售资产份额一次性回笼资金，或通过持有部分REITs份额持续享受分红和项目增值收益。

（五）代管模式发展有待政策支持

个人出租住房市场长期以来存在大量黑中介、黑二房东，且难以清除。其原因主要是个人房东如果直接与承租人打交道，其维修、收租等事务繁琐、管理成本过高，出于免除出租琐事及获得较高租金的考虑，往往将住房出租给个人二房东，其中许多二房东是不规范、不合法的。而如果能通过相关政策支持代管模式的发展，个人房东将更愿意把其住房委托给规范、专业的代管模式企业，从而对黑中介、黑二房东形成挤出效应，也有利于住房租赁市场监管。为了促进代管模式的发展，特别是面向个人房东的代管模式企业的发展，需要出台相关政策予以支持。

四 住房租赁市场规范的方向及手段

（一）加强住房租赁市场秩序整治

针对近年来住房租赁市场秩序混乱状况，按照党中央对"不忘初心、牢记使命"主题教育的总体要求、中央纪委国家监委关于专项整治漠视侵害群众利益问题的统一部署，住房和城乡建设部等部门从2019年6月以来，在全国范围内开展了整治住房租赁中介机构乱象工作，严厉打击侵害住房租赁当事人合法权益的行为，纠正和查处住房租赁中介机构违法违规行为，坚决取缔一批"黑中介"，有效遏制住房租赁中介行业乱象，不断优化住房租赁市场环境，让群众租房更安心。专项整治期间，全国共排查住房租赁中介机构107618家，通报曝光违法违规典型案例12249起，取得了初步成效。

2019年12月，为巩固上述专项整治成果，将整治工作制度化、常态化，住房和城乡建设部、国家发展改革委、公安部、市场监管总局、银保监会、国家网信办等6部门联合印发《关于整顿规范住房租赁市场秩序的意见》，从严格登记备案管理、真实发布房源信息、落实网络平台责任、动态监管房源发布、规范住房租赁合同、规范租赁服务收费、保障租赁房屋安全、管控租赁金融业务、加强租赁企业监管、建设租赁服务平台、建立纠纷调处机制、加强部门协同联动、强化行业自律管理、发挥舆论引导作用等14个方面，整顿规范住房租赁市场秩序，规范住房租赁市场主体经营行为，有助于营造遵纪守法、诚信经营的良好住房租赁市场环境，保障住房租赁各方特别是承租人的合法权益。

与此同时，各地加强住房租赁企业和中介机构等的备案管理，完善住房租赁企业、中介机构及其从业人员信用管理制度，建设住房租赁管理服务平台，强化提供房源信息发布、合同网签和登记备案等服务，建立相关市场主体信用记录，对严重失信主体实施联合惩戒，有效促进了住房租赁市场主体依法诚信经营。

（二）继续努力推进住房租赁立法

住房租赁立法对于规范住房租赁活动，促进住房租赁市场有序健康发展，具有十分重要的意义。在国家层面，《住房租赁条例》已于2018年、2019年连续两年被列入国务院立法工作计划。未来，还需继续推进住房租赁立法工作，适时出台《住房租赁条例》，明确住房租赁市场的基本规则，维护住房租赁当事人合法权益，厘清租赁当事人权利义务，构建稳定的住房租赁关系，并为解决住房租赁市场中的突出问题提供法律依据。在地方层面，不少地方在2019年出台了多部地方性法规规章，如河北省出台了《河北省租赁房屋治安管理条例》，江苏省颁布了《江苏省租赁住房治安管理规定》，安徽省颁布了《安徽省城市房屋租赁管理办法（2019年修订）》。

（三）有效发挥行业自律管理作用

住房租赁行业已成为一个涉及1500家专业化、规模化住房租赁企业、6万~8万从业人员的民生行业。强化行业自律管理意识，加强行业自律管理，对于规范住房租赁经营行为、维护行业合法权益、营造良好行业生态、促进行业健康发展至关重要。

2019年，各级住房租赁行业协会在行业自律管理中积极发挥作用。

175

2019 年 10 月，为贯彻落实住房和城乡建设部等 6 部门开展的在"不忘初心、牢记使命"主题教育中专项整治住房租赁中介机构乱象的工作部署，作为依法设立的唯一全国性房地产评估、经纪和住房租赁行业自律管理组织，中国房地产估价师与房地产经纪人学会联合 27 个城市房地产中介行业协会在北京举办了"全国住房租赁中介机构'守法经营、诚信服务'公开承诺活动"。针对当前住房租赁中群众反映强烈的突出问题，100 家有影响的住房租赁中介机构向社会郑重作出不发布虚假房源信息、不隐瞒房屋瑕疵、不违规收费及恶意克扣押金、不强迫提供服务、不暴力驱逐租客、不赚取租金差价、不捏造散布涨租信息、不违规开展租金消费贷款业务、不为"黑中介"发布信息等 9 项承诺，并号召全行业守法经营、诚信服务。

五 未来住房租赁市场及企业发展展望

从现有政策走向看，未来大力发展租赁住房及住房租赁市场的政策基调仍然不会改变，特别是对于自持租赁住房的自营模式有可能加大支持力度，而对于分散式包租模式则还需要实践检验和深入研讨。在市场层面，住房租赁企业特别是分散式包租模式的企业，受新冠肺炎疫情的冲击很大，如能通过这次大考存活下来，并转变经营观念及经营模式，将会迎来更好的发展机遇。

（一）短期受新冠肺炎疫情影响很大

住房租赁企业面临较大的现金流压力，存在资金链断裂风险。受新冠肺炎疫情及其防控的影响，各地限制人员流动、延迟复工等让原本就难以盈利的住房租赁行业的住房出租率和租金收入大幅下降，短期面临现金流不足的严峻考验。特别是包租模式的企业"一手托两家"，面临租客需求减少、收房成本刚性的"两头难"。部分住房租赁企业反映，2020 年 1 ~ 2 月新签租房量下降到上年同期的 15% ~ 20%，住房出租率从以往普遍 90% 以上降至70% 以下。包租模式的住房租赁企业短期内现金流将承受很大的压力，可能导致一部分现金流状况不佳、抗风险能力弱、规模较小的住房租赁企业资金链断裂。而自营模式、代管模式的住房租赁企业相对而言受疫情的影响较小，在疫情结束后有望较快进入恢复和扩张阶段。

疫情防控的相关措施还考验租购同权落地效果，对未来居民的住房租购选择有一定影响。在新冠肺炎疫情防控中，一些城市或社区不允许租客进入小区，或硬性要求住房租赁企业、房东劝返租客，租客的基本居住权难以得到保障，矛盾纠纷突出，可能对居民的长期租赁意愿产生不利影响。

（二）包租模式值得反思与转型发展

近年来，不少包租模式的住房租赁企业为迎合资本的要求，签订对赌协议，"跑马圈地"抢占市场。但管理租赁住房套数或间数等经营规模扩大，并没有摆脱盈利难的困境。在资本驱动、"烧钱模式"下快速发展的住房租赁企业尚未形成"自我造血"功能，甚至头部企业也持续高额负债经营，抵抗外部风险的能力较弱。特别是在新冠肺炎疫情这样的"黑天鹅"事件影响下，包租模式的住房租赁企业压力极大，不得不向房东要求免租期、降租金，甚至单方面解除租赁合同。

住房租赁经营具有资金回收周期长、利润薄、精细化管理等特点，规模效益并不十分显著，分散式包租模式的住房租赁企业有必要转变经营观念甚至经营模式，不应一味地追求经营规模、市场占有率而盲目扩张，应在优质管理、优质服务及防范风险上下功夫，为市场提供更为优质的住房租赁产品。

（三）代管模式前景可观且发展可期

代管模式的住房租赁企业发展前景可观。住房产权主体和运营主体的分离是住房租赁经营精细化分工的大势所趋，代管业务有望成为住房租赁行业未来新的增长点。代管模式主要面向持有闲置住房的个人和持有闲置房屋资产的企事业单位，以及需要专业运营管理的公租房项目。预计面向企事业单位的代管业务会首先得到快速发展，并会对面向个人的代管业务产生积极影响，促进其逐步开展。在代管模式下，市场波动、房源空置、合同违约等风

险将主要由房东承担，降低了住房租赁企业的经营风险，也可解决因赚取租金差价疑问导致房东和住房租赁企业的不信任，可使住房租赁企业专注于住房租赁经营管理服务。从日本、英国等发达国家的经验来看，面向个人的代管业务前景很可观。

（四）公募 REITs 亟须推动并尽快落地

2020 年 1 月 17 日，北京金融资产交易所推出住房租赁企业股权交易服务，并发布实施相关配套制度。其中的《北京金融资产交易所住房租赁企业股权交易服务指引（试行）》，参照国际通行的标准，推出了权益型 REITs 方案。北京金融资产交易所严格遵循企业持有物业"只租不售"原则，选取位于北京、上海、苏州、无锡等四个城市的优质住房租赁企业作为首批服务对象，涵盖集体建设用地、国有商业性住宅用地、商服用地及专门的租赁住房用地等可用于租赁住房的土地类型，涉及成熟运营项目及待建、在建项目，具有典型性和代表性。该指引虽然是私募 REITs 方案，但普遍被认为是在金融服务住房租赁领域做出的有益探索，有望推动住房租赁领域公募REITs 的尽快出台，有效改善自营模式住房租赁项目的融资困境，为更多的住房租赁类不动产打通"投融管退"的行业闭环。

（五）发展住房租赁市场需因城施策

目前我国城镇居民人均住房建筑面积达到 40 平方米，户均住房超过 1 套，住房总量短缺问题基本解决。城市政府需要综合考虑当地人口流入、存量住房供求等实际情况，避免盲目大量新建租赁住房，而应因地制宜发展租赁住房和住房租赁市场，处理好商品租赁住房、政策性租赁住房和公租房的供应对象、数量、比例等关系。人口净流入量大、房价较高、租赁需求旺盛的大中城市，可通过新建、改建、盘活等多种方式，有效增加租赁住房供应，改善租赁住房供求关系，促进住房市场租金平稳。而其他城市，则无须大量新建租赁住房，应主要通过盘活存量住房的方式，改进租赁住房的居住品质，特别是住房市场租金较低的城市，可鼓励发展代管模式，有效提高机构化供给占比。

（六）行业自律管理还须重视与加强

充分发挥依法设立的全国性和地方住房租赁行业协会的积极作用，制定相关执业规范、职业道德准则和争议处理规则，定期开展职业培训和继续教育，加强风险提示。住房租赁企业及其从业人员要主动加入住房租赁行业协会，自觉接受行业自律管理，共同营造良好的行业氛围。

有序推进住房租赁行业标准建设。在住房租赁行业协会的牵头组织下，有序推进住房租赁行业相关专业术语以及租赁住房建设、改造、管理和服务等系列标准的编制，使住房租赁行业的服务内容变得条理化、规范化、可视化、可评价，促进住房租赁企业、行业和市场持续平稳健康发展。

参考文献

贝壳研究院：《2019—2020 年住房租赁报告》，https：//tech. sina. com. cn/roll/2020 - 01 - 10/doc - iihnzhha1514940. shtml，最后检索时间：2020 年 1 月 10 日。

曲涛：《12 月中国城市住房租赁价格指数报告发布：杭州、重庆涨幅领跑》，http：//www. fangchan. com/news/1/2020 - 01 - 09/6620859143035359826. html，最后检索时间：2020 年 1 月 9 日。

李倩倩：《疫情下长租公寓行业对发展模式的反思》，https：//xw. qq. com/cmsid/20200214A0G9M200？f = newdc，最后检索时间：2020 年 2 月 14 日。

《六部门关于整顿规范住房租赁市场秩序的意见》（建房规〔2019〕10 号），http：//www. gov. cn/xinwen/2019 - 12/25/content_ 5463899. htm，最后检索时间：2019 年 12 月 13 日。

周丽：《规范住房租赁市场主体经营行为　维护住房租赁承租人合法权益——解读〈关于整顿规范住房租赁市场秩序的意见〉》，http：//www. mohurd. gov. cn/zxydt/202001/t20200121_ 243682. html，最后检索时间：2020 年 1 月 21 日。

中国房地产估价师与房地产经纪人学会：《我会举办全国住房租赁中介机构"守法经营、诚信服务"公开承诺活动》，http：//www. agents. org. cn/article/info - 1603. html，最后检索时间：2019 年 10 月 12 日。

B.9
房地产中介行业发展现状及展望

王霞 王欢 程敏敏*

摘　要： 2019年，房地产经纪行业规模增速继续放缓；二手房经纪业务成交量回调，新房经纪业务增多，业绩整体平稳；线上线下合作深化、一二手联动推进、信息化水平进一步提高。房地产估价行业规模继续壮大，集中度持续提升，服务领域不断拓展，信息技术应用能力不断增强。2020年，受新冠肺炎疫情及其防控的影响，预计房地产经纪行业规模收缩、信息化进一步发展、一二手联动进一步深化；房地产估价行业的业务规模和业绩将有所缩减，行业监管政策会适当宽松，新兴业务领域进一步拓展。

关键词： 房地产经纪　房地产估价　房地产中介

房地产中介行业包括房地产经纪、估价和咨询，目前房地产咨询还没有形成单独的行业，主要由房地产估价和经纪行业从事相关咨询业务，因此本文主要介绍房地产经纪和估价行业。我国现代房地产中介行业自20世纪80年代起随着房地产市场的发展而不断壮大，经过30多年的快速发展，日趋成熟，特别是在服务房地产交易、房地产司法、房地产征收等方面发挥着不可或缺的重要作用。

---

* 王霞，中国房地产估价师与房地产经纪人学会副秘书长，副研究员，研究方向：房地产经济；王欢，中国房地产估价师与房地产经纪人学会研究中心主任，副研究员，研究方向：房地产经济；程敏敏，中国房地产估价师与房地产经纪人学会研究中心业务主管，副研究员，研究方向：房地产法。

一 2019年房地产经纪行业发展状况

2019 年房地产经纪行业规模稳步增长、增速继续放缓；人员职业化稳步推进；二手房经纪业务量继续回调，新房经纪业务增多；线上线下合作深化、一二手联动推进、信息化水平进一步提高。

（一）行业基本情况

1. 房地产经纪机构情况

（1）新增房地产经纪机构数继续下降

据中国房地产估价师与房地产经纪人学会房地产中介机构档案库数据，截至 2019 年 12 月底，全国工商登记的房地产经纪机构共 26.7 万家，分支机构（门店）9.2 万家。其中，2019 年新设立房地产经纪机构 5.42 万家，较上年有所下降（见图1）。新增房地产经纪机构的地区以东北和西南地区的省份居多，主要是云南、吉林、江西、内蒙古、山西、黑龙江、重庆、贵州等，反映出这些省份的二手房市场正在进入快速发展阶段。

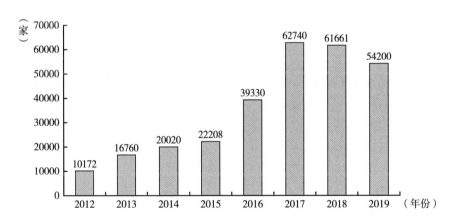

图1　2012~2019 年全国每年新增房地产经纪机构数量

资料来源：中国房地产估价师与房地产经纪人学会房地产中介机构档案库。

（2）注册资本略有增长

据中国房地产估价师与房地产经纪人学会房地产中介机构档案库数据，2019 年全国房地产经纪机构新增注册资本总额为 769.43 亿元，较 2018 年增长 0.14%。注册资本仍以 100 万元以下为主，截至 2019 年底，注册资本在 100 万元以下的房地产经纪机构占全部机构的 81.25%，注册资本在 500 万元以上的占 3.89%，较 2018 年略有下降（见图 2、图 3）。

图 2 2012～2019 年全国新增房地产经纪机构注册资本总额及增长率

资料来源：中国房地产估价师与房地产经纪人学会房地产中介机构档案库。

（3）小机构数占比最高

据中国房地产估价师与房地产经纪人学会房地产中介机构档案库数据，2019 年新增房地产经纪机构以单门店的小机构居多，占全部新增机构数的 71.79%，2～10 家门店的占 27.42%。截至 2019 年底，全国房地产经纪机构中有 1 家门店的机构占 52.92%，2～10 家门店的占 41.55%，绝大多数为小机构。拥有 100 家门店以上的机构有 71 家，与去年持平，占全部机构数的 0.30%；拥有 51～100 家门店的机构数为 103 家，比 2018 年增加 2 家，占全部机构数的 0.46%（见图 4）。

（4）成熟机构占比略有增长

据中国房地产估价师与房地产经纪人学会房地产中介机构档案库数据，

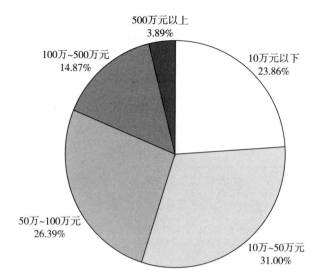

图3 2019 年底全国房地产经纪机构注册资本分布

资料来源：中国房地产估价师与房地产经纪人学会房地产中介机构档案库。

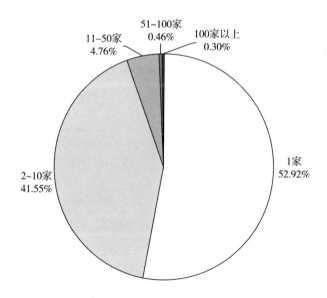

图4 2019 年底全国房地产经纪机构门店数量分布

资料来源：中国房地产估价师与房地产经纪人学会房地产中介机构档案库。

从全国房地产经纪机构数量看，以经营 5 年以下的年轻机构为主。截至 2020 年 2 月底，经营年限大于 5 年的经纪机构占机构总数的 34.73%，比去年同期增长 0.77 个百分点；经营 10 年以上的经纪机构数占全部机构数的 14.19%，比去年同期增长 1.56 个百分点（见图 5）。

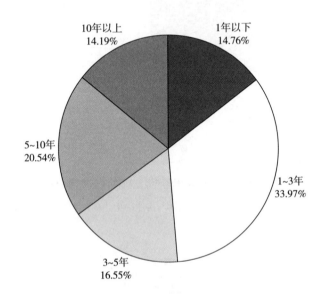

图 5　全国房地产经纪机构经营年限分布（截至 2020 年 2 月底）

资料来源：中国房地产估价师与房地产经纪人学会房地产中介机构档案库。

2. 从业人员情况

（1）从业人员年龄偏低且流动性大

据中国房地产估价师与房地产经纪人学会 2019 年 12 月开展的行业问卷调查，我国房地产经纪从业人员中 72.46% 为男性，30 岁以下的从业人员占全部从业人员的 53.09%，41 岁以上的仅占 8.64%（见图 6）。房地产经纪人员流动性偏大，六成以上从业年限不足 3 年；在一个公司工作 3 年以上的仅占 38.77%，10 年以上的不足 5%（见图 7）。

（2）职业资格报考人数相对平稳

全国房地产经纪专业人员职业资格考试分为房地产经纪人和房地产经纪

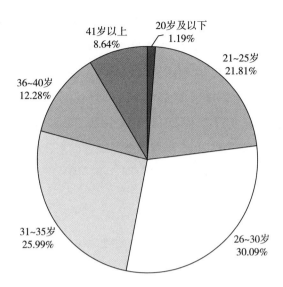

图6 全国房地产经纪人员年龄分布（2019年12月）

资料来源：中国房地产估价师与房地产经纪人学会问卷调查。

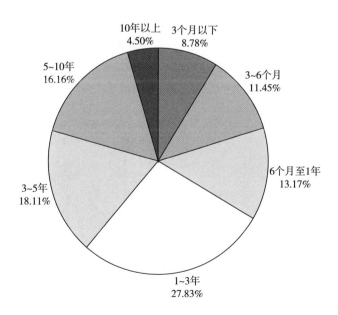

图7 全国房地产经纪人员在本机构工作年限分布（2019年12月）

资料来源：中国房地产估价师与房地产经纪人学会问卷调查。

人协理两类。2019 年在北京、天津、上海、重庆、大连、深圳、武汉、广州、成都、杭州、长沙和石家庄 12 个城市举行一年两考，考试报名人数及合格人数相对平稳。其中，房地产经纪人报名人数为 6.93 万人，比 2018 年增长 8.5%；合格人数 2.07 万人，比 2018 年增长 11.6%。房地产经纪人协理考试报名人数 7.63 万人，比 2018 年减少 16.2%；合格人数 3.86 万人，比 2018 年减少 21.9%。自 2016 年实行全国统考以来，经过前两年的快速增长，2019 年报考人数进入相对平稳期（见图 8、图 9）。

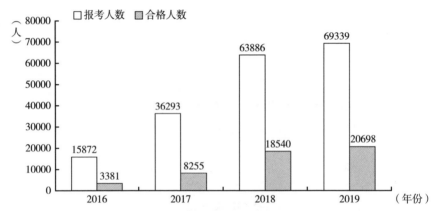

图 8 2016～2019 年全国房地产经纪人考试报名人数及合格人数

资料来源：中国房地产估价师与房地产经纪人学会房地产经纪专业人员考试系统。

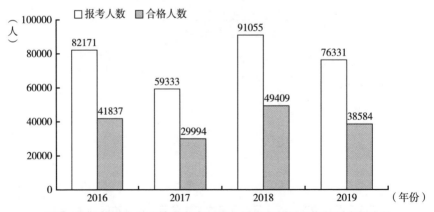

图 9 2016～2019 年全国房地产经纪人协理考试报名人数及合格人数

资料来源：中国房地产估价师与房地产经纪人学会房地产经纪专业人员考试系统。

3. 业绩情况

（1）新房经纪业务占比提高

随着房地产市场调控不断深化，新房销售进入买方市场，销售难度加大，经纪机构成为房地产开发企业越来越重视的销售渠道，房地产经纪机构新房经纪业务比重明显提高。据中国房地产估价师与房地产经纪人学会问卷调查，目前新房买卖业务占全部业务的比重已接近 30%（见图 10）。虽然越来越多的城市逐渐以存量房市场为主，但因新房销售越来越依赖经纪机构门店提供的线下渠道，新房经纪业务正在异军突起，未来很可能成为经纪机构的一大收入来源。据国家统计局数据，2019 年全国新建商品房销售额达 15.97 万亿元，同比增长 6.5%，随着房地产经纪机构在新房销售市场占有率提高，经纪机构新房销售代理收入较为可观。

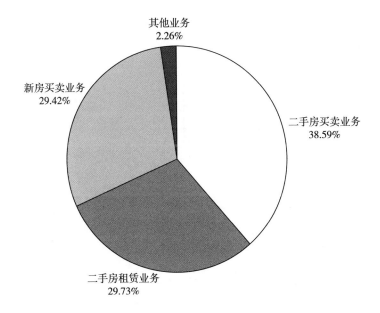

图 10　2019 年房地产经纪机构主营业务分布

资料来源：中国房地产估价师与房地产经纪人学会问卷调查。

（2）二手房经纪业务量仍处低位

据贝壳找房科技有限公司旗下的贝壳研究院（以下简称贝壳研究院）

统计，2019 年全国二手房成交量为 426 万套，成交量创 5 年来新低，成交面积同比下降 2%；二手房交易额 6.76 万亿元，同比增长 2.8%，增速比 2018 年收窄 7.7 个百分点。从城市看，除上海、天津、济南、武汉、南京等少数城市二手房成交量有所反弹外，多数城市二手房市场仍在低位徘徊。在这一市场环境下，二手房经纪业绩仍处低位。以北京为例，2019 年北京市二手房成交 15.5 万套，比 2018 年减少 5%，其中通过经纪机构成交的二手房共 12.7 万套，比 2018 年下降 5.6%。

（3）房地产经纪从业人员收入偏低

据中国房地产估价师与房地产经纪人学会问卷调查，2019 年 58.67% 的房地产经纪人员收入在 9 万元以下，40.89% 的经纪人员收入在 6 万元以下，侧面反映了市场业绩不尽如人意（见图 11）。

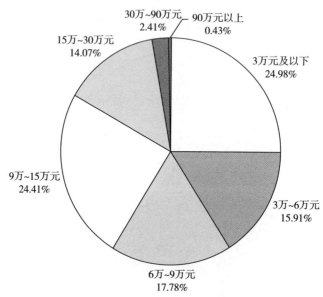

图 11　2019 年房地产经纪人员收入分布

资料来源：中国房地产估价师与房地产经纪人学会问卷调查。

（二）代表性经纪机构及网络平台发展情况

2019 年房地产经纪机构加盟模式延续 2018 年的扩张势头。北京埃菲特国际特许经营咨询服务有限公司（品牌名为"21世纪中国不动产"）2019年进入城市数增加近30个，成为进入城市数量最多的经纪机构。短短几年时间，"链家系"的加盟品牌"德佑"已进入100个城市，成为门店数量最多的经纪机构品牌。我爱我家控股集团股份有限公司（品牌名为"我爱我家"）、中原（中国）房地产代理有限公司（品牌名为"中原地产"）等直营型房地产经纪机构也探索尝试加盟模式。截至2019年底，直营模式规模最大的房地产经纪机构品牌仍是"链家"，其在全国拥有8000家门店、15万名房地产经纪人员（见表1）。

表1 2019年底代表性房地产经纪机构人员、门店及进入城市数情况

单位：万名，家，个

序号	房地产经纪品牌	人员数	门店数	进入城市数
1	链家	15	8000	32
2	德佑	10	15000	100
3	21世纪中国不动产	6.4	8877	151
4	我爱我家	5.5	3414	19
5	中原地产	6	2317	37
6	麦田房产	1.2	704	3

资料来源：实际调研及互联网。

网络平台方面，2019年贝壳找房科技有限公司开发的交易类平台"贝壳找房"市场份额急剧扩大，截至2019年底，已进入98个城市，连接2.3万家经纪门店，除旗下的链家和德佑品牌外，有185个房地产经纪品牌放弃自己的交易系统使用贝壳找房平台。北京五八信息技术有限公司网站58同城和北京搜房科技发展有限公司（品牌名为"房天下"）的网站Fang. com仍然坚持广告平台的经营模式，两家公司都在尝试与房地产经纪机构进行房源系统对接，达到真实房源实时更新展示的目的，房天下、58同城均已与超过200家经纪机构实现系统对接。此外，"淘宝""京东""苏宁易购"等电商品牌也以线上购房节等形式涉足这一领域。

（三）行业政策及重要事件

2019 年，国家层面没有单独出台针对房地产经纪行业的政策法规，以开展行业检查、整治、整顿为主旋律。

1. 行业政策

8 月 1 日，住房和城乡建设部发布《关于印发房屋交易合同网签备案业务规范（试行）的通知》（建房规〔2019〕5 号），对房屋网签备案适用范围、备案条件及备案基本流程等内容进行了明确规定。

11 月，住房和城乡建设部、国家发展改革委、公安部、市场监管总局、银保监会、中央网信办 6 部门先后通报了两批共 13 起各地在整治住房租赁中介机构乱象中查处的违法违规典型案例。通报的案例有一半以上为房地产经纪机构违法提供租赁经纪服务，违法违规行为有违规开展租赁消费贷款业务、隐瞒租赁信息，侵吞或骗取租金、恶意克扣承租人押金或租金，违法发布信息、暴力驱逐承租人等。

12 月 13 日，住房和城乡建设部、国家发展改革委、公安部、市场监管总局、银保监会、国家网信办联合发布《关于整顿规范住房租赁市场秩序的意见》（建房规〔2019〕10 号），对住房租赁中介机构提出明确要求。其中，涉及房地产经纪机构的要求有：从事住房租赁活动的房地产经纪机构应当依法办理市场主体登记，真实发布房源信息，住房租赁合同即时办理网签备案，实行明码标价等。

2. 重大事件

2019 年头部企业动作频频，主要围绕线上线下合作、新房经纪业务市场份额争夺展开。

线上线下深度合作。4 月 16 日，"贝壳找房"与"21 世纪中国不动产"宣布达成业务合作，双方将在试点城市进行数据和资源共享。"房天下"4 月、7 月分别与"21 世纪中国不动产""中原地产"达成合作。其中，"房天下"与"21 世纪中国不动产"在系统级直链流量方面进行合作，与"中原地产"在品牌、数据、流量、金融业务方面进行合作。平台与经纪机构间的合作加强，体现了双方对立正逐渐消融。

"我爱我家"多次收购。6月，我爱我家控股集团股份有限公司发布公告称，其子公司我爱我家房地产经纪有限公司以支付现金的方式购买湖南蓝海购企业策划有限公司 100% 股权，7月收购美住网 51% 的股权。据了解，湖南蓝海购企业策划有限公司为一家社区商业及商业公寓销售运营专业服务商，而美住网则是一家互联网精装平台。业内人士认为，"我爱我家"通过收购、战略合作等方式逐步扩展业务领域。

"58同城"等拟搭建新房联卖平台。8月 21 日，58 同城、深圳世联行集团股份有限公司（品牌名为"世联行"）、同策房产咨询股份有限公司（品牌名为"同策咨询"）举办"58 爱房品牌发布会暨中国 PMLS 平台共建战略启动仪式"，搭建新房联卖平台。会上，58 同城、世联行、同策咨询、中原地产、我爱我家等启动了中国新房多方销售服务平台（PMLS）共建战略，一二手联动服务得以进一步深化。

"房地产新经纪品牌联盟"成立。8月 21 日，贝壳找房与 21 世纪中国不动产、链家等 100 多家房地产经纪机构在京成立"房地产新经纪品牌联盟"，机构间的合作体现了新形势下房地产经纪行业逐渐由竞争、对立关系向新型竞合关系转变。

世联行收购同策咨询。12月 13 日，深圳世联行公告收购同策咨询剥离不良资产后 81.02% 股权的交易预案。业内认为，世联行收购同策咨询是为应对贝壳找房进入新房销售市场带来的竞争。

（四）行业进步及存在问题

1. 行业进步

（1）由竞争向竞合转变

房地产经纪行业自诞生以来，一直是竞争非常激烈的行业，机构之间争夺房源、客源、抢夺门店，甚至"撬单"盛行。随着房地产市场转型，成交量降低，市场格局悄然发生变化，逐渐从卖方市场向买方市场转变，房源不再是最稀缺的资源，经纪人员、经纪机构之间通过合作才能快速把

房源成功出售，越来越多的机构特别是中小机构看到了这一点，这也是近两年加盟模式崛起的主要原因。通过加盟一个大的品牌，加盟机构之间可以实现房源共享、联合销售，从而提升作业效率。为了推动经纪机构之间房源共享、联合销售，2019年，在中国房地产估价师与房地产经纪人学会的指导下，武汉、深圳、厦门等城市尝试由城市房地产中介协会建立联卖平台，推动经纪机构之间的合作。除此之外，线上线下的合作也逐渐展开，58同城、房天下通过与房地产经纪机构系统对接，为未来在有意愿的机构之间共享房源奠定基础。房地产经纪机构之间正从单纯的竞争关系向竞争中开展合作的竞合关系转变，这对提升效率、改善行业秩序都有积极的促进作用。

（2）"一二手联动"进一步推进

"一二手联动"是指经纪机构利用二手房销售积累的客户及线下门店优势促进一手房销售。过去一些大的经纪机构比较重视"一二手联动"，因为他们更容易得到开发企业的新房销售代理权，中小机构则很难得到。随着房地产市场格局变化，一手房去化困难，加盟模式崛起、交易平台出现，中小企业也可以借助加盟品牌或交易平台形成规模优势，从而取得新房销售代理权，2019年房地产开发企业在去化压力下，不断尝试与经纪机构合作，甚至有的城市一手房代理佣金提高到8%。"一二手联动"深化，对于拓宽房地产经纪机构业务渠道，提高行业的抗风险能力具有积极作用。

（3）新技术应用进一步深化

继VR看房后，直播看房、网上售房等新的看房购房模式不断涌现，并逐渐为客户所接受。房天下、58同城等都推出了直播看房平台，房天下在线直播日均独立访问用户突破500万，成为头部房产直播平台。直播看房模式迎合了当今社会的潮流趋势，高效便捷的看房方式改变了时间和空间的限制，让看房变得更有趣和更高效，对提高线下转化率有很大促进作用。2019年11月11日，"淘宝"、"京东"和"苏宁易购"三家电商平台举办"网上售房节"，首次与房地产开发企业合作进行新房项目宣传。网上售房是电商平台对房产销售领域的一次试水。这种新模式出现的原因一是网络购物已经成为一种主流消费习惯，二是房地产开发企业迫切需要开拓新的销售渠道，三是房地产交易对消费品带动作用大，电商平台将购房作为一个入口引入消费需求。直播看房、网上售房新模式可能引领行业再次转型升级。

2. 行业存在的问题

在行业取得进步的同时，也存在一些值得关注的问题：一要关注新冠肺炎疫情对房地产经纪机构产生的冲击和影响。要密切监测经纪机构的发展状况，防范其关店、裁员对员工和消费者产生的不利影响，避免不规范机构卷款逃跑。二要关注交易平台的定位及使用平台的经纪机构违规责任认定问题。目前交易平台、加盟品牌、加盟店东之间的责任不明确，对这类互联网平台及品牌加盟模式的监管部门也不明确，一旦发生重大投诉，可能出现无法追责的情形，消费者合法权益难以保障。三要防止形成行业寡头垄断。目前头部企业借助资本和平台的优势在房地产领域快速扩张，如形成垄断，不利于行业良性竞争格局形成。

二 2019年房地产估价行业基本情况

2019年，房地产估价行业规模继续壮大，集中度持续提升，服务领域不断拓展，信息技术应用能力不断增强。

（一）行业基本情况

1. 房地产估价机构情况

截至2019年底，全国共有房地产估价机构5484家，其中一级机构709家，二级机构2536家，三级机构1281家，一级分支机构958家。与2018年底相比，一级机构增加83家，二级机构增加638家，保持平稳增长势头（见图12、图13）。

2. 人员情况

2019年，共22313万人报名全国房地产估价师资格考试，17528人参加

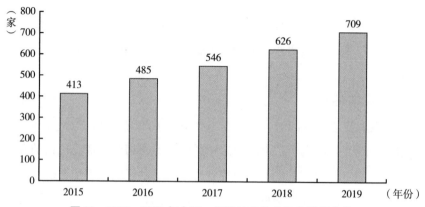

图 12 2015~2019 年全国一级房地产估价机构数量变化

资料来源：房地产估价信用档案系统（http：//www. gjxydaxt. cirea. org. cn）。

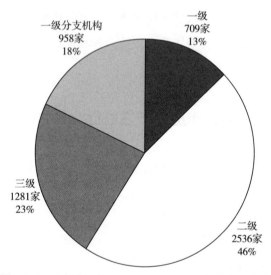

图 13 2019 年全国各等级房地产估价机构数量及分布

资料来源：房地产估价信用档案系统（http：//www. gjxydaxt. cirea. org. cn）。

考试，其中 4034 人考试合格取得房地产估价师资格证书。截至 2019 年底，
自 1995 年以来共举办了 23 次全国房地产估价师资格考试，取得房地产估价
师资格证书的人数已达 6. 69 万人，其中 6. 08 万人注册执业，行业从业人员
约 30 万人（见图 14、图 15）。

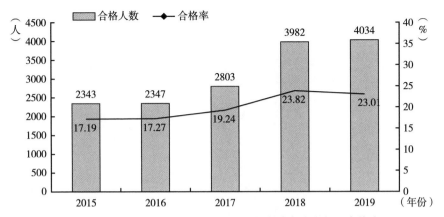

图 14　2015～2019 年全国房地产估价师考试合格人数和合格率

资料来源：中国房地产估价师与房地产经纪人学会统计数据。

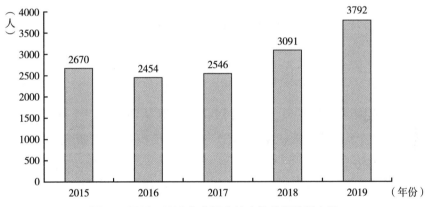

图 15　2015～2019 年全国房地产估价师注册人数

资料来源：中国房地产估价师与房地产经纪人学会统计数据。

3. 业绩情况

2019 年一级机构累积完成估价项目 157 万个，评估总价值约 24 万亿元，评估总建筑面积约 23 亿平方米，评估总土地面积约 34 亿平方米。从业务类型看，抵押估价类业务占比仍然最高，该类业务评估价值占总评估价值的比重为 55.99%，其次为除传统估价业务外的其他估价业务，占比为 22.11%，再次为咨询顾问类业务，占 12.88%，土地出让、转让估价、征收评估、司法鉴定等估价业务占比较小（见图 16）。

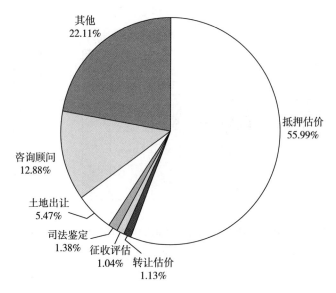

图 16　2019 年一级房地产估价机构各类估价业务评估价值占比

资料来源：房地产估价信用档案系统（gjxydaxt. cirea. org. cn）。

2019 年全国一级机构平均营业收入为 2037.2 万元，与 2018 年基本持平。营业收入排名前 10 位的机构收入总额从 2018 年的 18.7 亿元增长为 19.4 亿元；营业收入排名前 100 位的机构收入总额从 2018 年的6577 万元增长为 7118.25 万元（见图 17、图 18）；2014～2019 年，营业收入排名前 100 位的机构，营业收入年均增幅 16.49%，持续保持较快增长势头。根据各等级机构上报的 2019 年度营业收入情况估算，2019 年全国房地产估价机构营业收入近 300 亿元。

（二）行业政策及重要事件

2019 年，房地产估价行业相关政策主要围绕简政放权、简化办事流程、房地产司法评估改革深化等方面。

住房和城乡建设部在六省市开展房地产估价师注册下放试点工作。为贯彻落实国务院"放管服"改革精神，进一步深化房地产行业行政审批制度改革，5 月 8 日，住房和城乡建设部下发《住房和城乡建设部关于开展房地

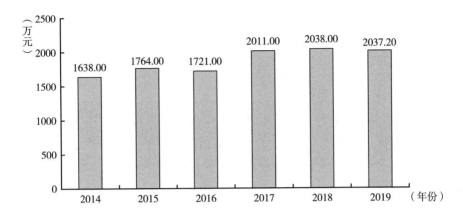

图 17　2014～2019 年一级房地产估价机构年均营业收入

资料来源：房地产估价信用档案系统（gjxydaxt. cirea. org. cn）。

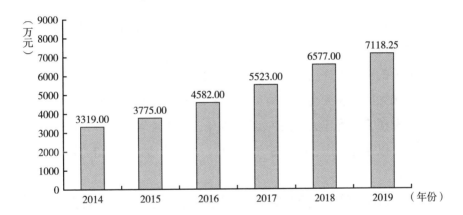

图 18　2014～2019 年排名前 100 的一级房地产估价机构年均营业收入总额

资料来源：房地产估价信用档案系统（gjxydaxt. cirea. org. cn）。

产估价师注册下放试点工作的通知》（建房函〔2019〕91 号），决定在北京等 4 个直辖市和江苏、广东两省开展房地产估价师注册下放试点工作。自 2019 年 6 月 1 日至 12 月 31 日，试点地区的房地产估价师注册审批工作由住房和城乡建设部下放至试点地区省级住房和城乡建设（房地产）主管部门。

773 家房地产估价机构入选人民法院司法评估机构名单库房地产分库。2 月 3 日，最高人民法院通过中国执行信息公开网公布人民法院司法评估机

构名单库。根据中国房地产估价师与房地产经纪人学会的推荐，共773家房地产估价机构入选人民法院司法评估机构名单库房地产分库，覆盖全国31个省、自治区、直辖市。人民法院司法评估机构名单库房地产分库共设立31个省级子库、55个市级子库。

《人民法院委托评估专业技术评审工作规范》出台。11月22日，为全面落实《最高人民法院关于人民法院确定财产处置参考价若干问题的规定》（法释〔2018〕15号），依法规范人民法院委托评估专业技术评审工作，确保专业技术评审公开、公平、公正、高效，维护当事人、利害关系人的合法权益，最高人民法院与中国房地产估价师与房地产经纪人学会等5家全国评估行业学（协）会联合发布《人民法院委托评估专业技术评审工作规范》。规范明确了人民法院委托评估专业技术评审人员名单库建立主体，专业技术评审人员不得入库及除名情形，并对专业技术评审工作流程及要求等内容进行了具体规定。

新修改的土地管理法明确集体经营性建设用地可入市。8月26日，第十三届全国人民代表大会常务委员会第十二次会议通过了《关于修改〈中华人民共和国土地管理法〉的决定》。新修改的土地管理法明确集体经营性建设用地可以通过出让、出租等方式入市，这将为房地产估价行业带来新的发展机遇。

房地产估价取消4项证明事项。为贯彻落实党中央、国务院关于减证便民、优化服务的部署要求，9月16日，住房和城乡建设部发布《关于取消部分部门规章和规范性文件设定的证明事项的决定》（建法规〔2019〕6号），决定取消部分证明事项。其中，房地产估价取消了房地产估价机构备案时提交的"固定经营服务场所证明""专职注册房地产估价师证明"，注册房地产估价师注册证书遗失补办时的"公众媒体上发布的遗失声明"，以及办理二手房住房公积金贷款时提交的"二手房估价报告"。

（三）行业进步及存在的问题

2019年房地产估价行业继续保持稳中有升的发展态势，主要表现在：

一是行业规模继续壮大，估价机构总量保持平稳的同时，行业结构进一步优化，二级以上机构占比明显增加，行业集中度持续提升。注册房地产估价师人数超过 6 万人。二是服务领域不断拓展，在城市更新、住房租赁市场发展、粤港澳大湾区建设等国家重大战略、重要工作领域中发挥了积极作用。三是信息技术加快应用，互联网、大数据、云计算、人工智能等现代信息技术对行业的影响日益深入，估价机构和估价师认识新技术、运用新技术的能力不断增强。四是制度建设不断加强，房地产司法评估领域改革持续推进，评估机构名单库管理、专业技术评审等制度建立健全。

与此同时，房地产估价行业发展中还存在一些问题，有些问题长期制约着行业发展。一是低价恶性竞争问题仍然较为突出，特别是在房地产抵押估价等传统评估业务领域，导致估价报告质量不高等问题较普遍存在。二是执业风险日益增加，随着资产评估法的贯彻落实，以及近年来房地产市场的调整变化，过去被高速增长所掩盖的问题逐渐暴露出来，估价机构和估价人员因执业行为被追究法律责任，甚至被判处刑罚的案例时有发生。三是行业人才队伍建设亟待加强，行业对优秀人才吸引力不够，内部培养机制还不健全，人才队伍处于新老交替阶段，培养青年估价师人才迫在眉睫。

三 2020年房地产经纪和估价行业发展展望

2020 年，受新冠肺炎疫情及其防控的影响，房地产市场可能继续低迷，房地产中介行业不可避免受到冲击，预计行业规模和业绩会有所回调，同时在作业手段、新业务领域可能会有所突破。

（一）房地产经纪行业发展展望

1. 行业规模收缩

2020 年新冠肺炎疫情期间，房地产经纪机构的经营收入大幅下降，而门店租金、人工成本、平台端口费等运营成本开支却未缩减，多数经纪机构亏损，现金流紧缺。即使疫情结束后，消费者信心恢复也需要一段时间，房

地产开发企业因资金压力也会延缓支付上年的佣金。据2020年2月贝壳找房开展的调查，超过80%的中小房地产经纪机构认为经营困难，超过70%表示现有现金流可以维持经营时间不超过6个月，不少机构最多只能维持3个月。中原地产估计其内地业务2月份将亏损2.5亿～3亿元人民币。受疫情影响，2月已有许多小型房地产经纪机构有意转行、裁员、减薪等，经纪门店数量预计会缩减。同时，经纪人员群体收入也将受到较大影响，如果房地产市场持续低迷，经纪人员可能会出现大量流失，行业规模可能有所萎缩。

2. 信息化进一步发展

新冠肺炎疫情期间，许多房地产经纪机构利用互联网、VR技术、网上售房等信息化手段为客户提供经纪服务，助力业务开展，在一定程度上培养了消费者新的消费行为习惯。许多地方也在探索推动房地产交易资金监管、过户、信息披露、权属查阅等房地产交易流程线上化，简化交易手续，缩短交易时间，促进市场流通。房地产经纪行业的信息化、网络化发展会进一步推进，线上线下进一步融合，不排除出现新的组织模式。

3. 一二手联动进一步深化

受新冠肺炎疫情影响，全球经济不确定性增强、流动性紧缺，2020年房地产市场可能有短暂反弹，但预计全年与2019年相比继续回调的可能性大。新房销售难度进一步增加，客源开发可能更需要依赖线下渠道。特别是房地产经纪机构积累的二手房刚需客户很可能转化为郊区小户型新房客户，二手房改善型客户很可能转换成郊区大户型新房客户，一二手联动可能成为房地产开发企业加速去化、快速回笼资金的不二选择。预计2020年房地产经纪行业在新房销售领域的份额会继续增长。

（二）房地产估价行业发展展望

1. 业务规模和业绩将有所缩减

受新冠肺炎疫情影响，房地产交易暂时停滞，房地产抵押评估业务减少，房屋征收项目暂停，有些估价项目因为无法实地查勘而不得不延期，整体而言，估价作业周期拉长，回款速度放缓，预计全年业绩会受到一定影响。因受经营状况影响，预计许多房地产估价机构会取消全年人员招聘计划或缩减用人规模，行业规模增长速度可能放缓。

2. 行业监管政策会适当宽松

根据资产评估法，房地产估价行业现有的监管规章需要修订，目前住房和城乡建设部正在《房地产估价机构管理办法》《注册房地产估价师管理办法》的基础上制定房地产估价机构和从业人员监督管理办法。根据国家"放管服"要求，预计行业监管主体会继续向省级下沉，同时对机构设立条件、法人出资限制、分支机构设立、估价师注册审批等会根据资产评估法规定进行相应调整，估价机构和估价师的执业环境会相对宽松，有利于提升行业活力及促进行业转型升级。

3. 新兴业务领域进一步拓展

近年来，国家围绕扩内需、促消费、增加有效投资，出台了许多改革和支持政策，如城市更新、城镇老旧小区改造、集体建设用地入市、林业产权制度改革、中西部承接产业转移、区域协调发展、新型城镇化建设、基本公共服务设施建设、"一带一路"倡议、粤港澳大湾区建设等，房地产估价机构结合这些国家重大战略可以提供多层次、多样化估价和咨询服务，进一步拓展服务领域。

总之，2020年是全球经济不确定性增强的一年，各行各业都可能受到较大冲击和挑战，房地产中介行业如何在逆境中突围，值得期待。

B.10
物业管理行业发展报告

刘寅坤*

摘　要： 2019 年 10 月，国家发展改革委修订发布了《产业结构调整指导目录（2019 年本）》，物业服务作为其他服务业被列入鼓励类项目新增加的 60 条，为行业发展提供新的机遇。尤其是在新冠肺炎疫情期间，全国 700 多万物业服务人员为住宅小区提供了不间断的日常服务，在社区党组织统一领导下，积极参与社区联防联控，牢牢守住疫情防控的第一道防线，得到了居民的理解和肯定，行业价值得到重新定义。2020 年，行业将以基层社会治理为契机，以共享理念加快资源整合，以协同精神汇聚行业智慧，充分分享数字化时代科技红利，提高科技含量和人员素质，推动企业做大做强做优，不断提升产业集中度，促进行业扩容提质，加快行业向现代服务业转型升级。

关键词： 物业管理　社区联防联控　基层社会治理　扩容提质　转型升级

一　物业管理行业在变革发展中迎来了新的机遇

当前，新一轮科技革命驱动产业变革持续深化，市场发展的内外部环境

---

* 刘寅坤，中国物业管理协会副秘书长，物业管理师，研究方向：物业管理行业和企业研究。

发生了深刻变化。随着我国经济由高速增长阶段转向高质量发展阶段，提高现代服务业效率和品质，推动公共服务领域补短板，加快发展现代服务业，推动形成强大国内服务市场，将成为产业发展的重要方向。2019 年 10 月，国家发展改革委修订发布了《产业结构调整指导目录（2019 年本）》。与 2013 年版相比，物业服务作为其他服务业首次被列入鼓励类项目新增加的 60 条，可见物业服务行业的发展已经得到国家的重视，并被寄予了新的期望，赋予了新的责任使命。

2019 年物业管理行业深入开展"不忘初心、牢记使命"主题教育，把人民群众对美好生活的向往化作锐意进取的生动实践和脚踏实地的务实行动；行业标准建设工作取得长足发展，标准化体系架构初步显现；品牌企业争相上市，资本风潮涌动不息，赋予行业无尽的新机遇；物业管理行业的数字化转型，正在突破时空局限与产业局限，颠覆传统商业模式和资源利用方式，衍生出行业服务的新模式；物业服务企业在各地政府的指导和组织下，在社会基层治理探索中扮演好服务者、参与者的新角色。行业开展了"社区的力量"消费扶贫攻坚战专项行动，行业先行者已经将企业视野延伸到城乡良性治理的新领域，承担起更多的社会责任。物业管理服务多元化、专业化趋势正彰显行业发展的价值。

二 过去十年物业管理行业发展取得的成绩

2019 年 11 月，国家统计局、国务院第四次全国经济普查领导小组办公室发布《第四次全国经济普查公报（第四号）》（以下简称《公报》）①，为全面把握我国物业管理行业的发展现状，提供了较为全面和真实准确的基础数据。据《公报》显示，2018 年末全国共有物业服务企业 23.4 万个，从业人员 636.9 万人，企业资产总额为 30666.7 亿元，企业负债合计 21627.7 亿

---

① 《第四次全国经济普查公报（第四号）》于 2019 年 11 月发布，为物业管理行业提供了较为全面和真实准确的基础数据。中国物业管理协会依此对物业服务企业数量、从业人员数量、营业收入等数据进行修正。

元，营业收入 9066.1 亿元。从 2008 年的第二次全国经济普查到 2018 年第四次全国经济普查，物业管理行业经历了高速发展的十年。

（一）全国物业管理行业营业收入近万亿元

全国物业管理行业营业收入由 2008 年的 2076.7 亿元增长到 2018 年的 9066.1 亿元（见图 1），年复合增长率达到 15.88%，远远高于第三产业 7.6% 的增长速度。2018 年行业产值已经占第三产业增加值 469575 亿元的 1.93%。以 2013 年第三次全国经济普查数据营业收入 4091.7 亿元做个划分看，2018 年营业收入增加值为 4974.4 亿元，实现了产值的翻倍增长，年营业收入近万亿，17.25% 的复合增长率高于前五年（2008～2013 年） 14.53% 的复合增长率。

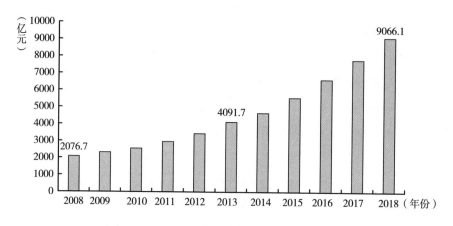

图 1　2008～2018 年全国物业管理行业营业收入

资料来源：全国经济普查公报数据（2008、2013、2018 年）。

（二）全国物业管理行业覆盖面积持续提升

2018 年，全国物业管理行业覆盖面积达 279.3 亿平方米，与 2008 年相比，增加 153.84 亿平方米，年复合增长率 8.33%，行业管理规模持续扩大（见图 2）。

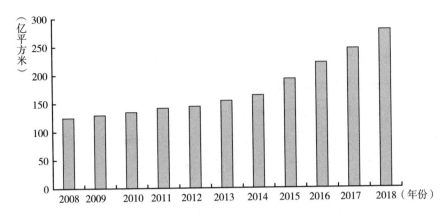

图2　2008~2018年全国物业管理行业管理规模

资料来源：中国物业管理协会调查数据。

从各省份的物业管理面积分布来看，广东省、江苏省和浙江省均超过20亿平方米，物业管理面积分别为25.6亿平方米、25.4亿平方米和21.6亿平方米。山东省、河南省、四川省、河北省、辽宁省、安徽省、重庆市和上海市物业管理面积均超过10亿平方米（见图3）。

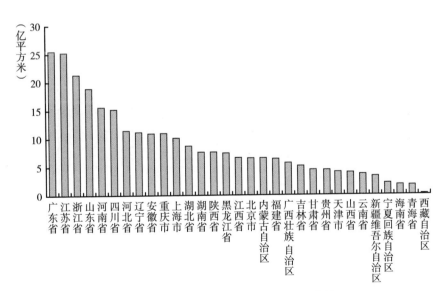

图3　2018年全国各省市物业管理规模分布情况

资料来源：中国物业管理协会调查数据。

（三）全国物业管理行业年均吸收就业近50万人

随着我国人口结构的变化，就业人口的规模大体稳定在7.7亿人，城镇就业人口总数4.3亿左右。第四次全国经济普查数据显示，二、三产业单位从业人员3.8亿人，与2013年相比，全国第二产业的从业人员17255.8万人，减少2005万人，下降10.4%；第三产业的从业人员21067.7万人，增加4726.2万人，增长28.9%，复合增长率为5.21%，可以看出第二产业的从业人员比重在下降，第三产业就业人员比重在大幅度上升。

10年间，物业管理行业从业人员由2008年的250.1万人增长到2013年的411.6万人、2018年的636.9万人（见图4）。2013～2018年，物业管理行业从业人员增加225.3万人，增长54.7%，复合增长率为9.12%，高于第三产业的从业人员平均增长率近4个百分点，2018年行业从业人员已经占到第三产业从业人员21067.7万人的3.02%。物业管理行业点多面广，企业数量大量增加，每年吸收就业人数近50万人，在当前经济下行压力下，物业管理行业就业蓄水池的功能在不断地增强，为总体稳定就业起到了积极的作用。

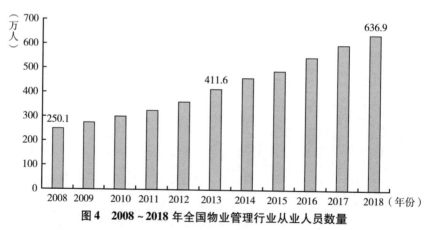

图4　2008～2018年全国物业管理行业从业人员数量

资料来源：全国经济普查公报数据（2008、2013、2018年）。

（四）全国物业管理行业企业数量翻倍增长

近些年，国家不断推进"放管服"改革，深化商事制度改革，优化营商环境，推动大众创业、万众创新，市场环境更好，为企业的创立创新营造了更多便利和更好的环境。经济普查结果显示，2018年末，全国共有从事第二产业和第三产业活动的法人单位2178.9万个，比2013年末的1085.7万个增加1093.2个，增长100.7%，复合增长率为14.9%。10年间物业管理行业企业数量由2008年的5.8万家增长到2018年的23.4万家（见图5），尤其是取消物业管理从业人员职业资格制度和物业服务企业资质管理制度之后，2018年物业管理行业企业数量与2013年10.5万家相比增长了122.9%，年复合增长率为17.38%，这与国家第三产业法人单位增长速度大体相同，符合国家"放管服"改革、优化营商环境宏观调控的发展方向。

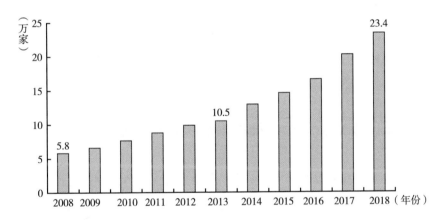

图5　2008～2018年全国物业管理行业企业数量

资料来源：全国经济普查公报数据（2008、2013、2018年）。

（五）物业管理行业发展指数①变化

物业管理行业发展指数保持稳定提升的态势。2018年物业管理行业发

---

① 物业管理行业发展指数（Property Management Industry Development Index）是以全国经济普查数据为基础，从物业管理行业的管理规模、营业收入等方面，对物业管理行业的基本状况、发展规律进行量化评价，测算出物业管理行业的发展指数，用于衡量行业发展的总体发展水平以及反映行业发展态势。以2010年为基期，基期指数为100。

展指数达到 288.5 点，比 2010 年提高 188.5 个点，指数复合增长率为
14.16% （见图 6）。物业管理行业持续稳定健康发展。

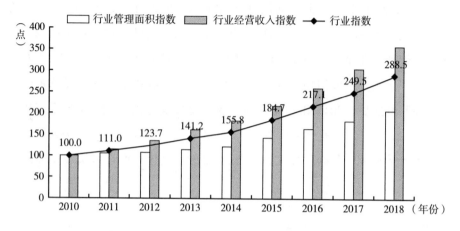

图 6 2010～2018 年物业管理行业发展指数走势

资料来源：中国物业管理协会调查数据。

三 物业管理行业在新冠肺炎疫情防控中的作为

在新冠肺炎疫情防控工作中，全国物业服务企业为筑牢新冠肺炎疫情联
防联控安全防线发挥了重要作用，赢得了社会普遍肯定。3 月 10 日，国务
院联防联控机制新闻发布会举行，住房和城乡建设部党组成员、副部长倪虹
参加发布会。倪虹副部长在发言中介绍了物业管理行业在新冠肺炎疫情防控
工作中的贡献："全国 700 多万物业服务人员为住宅小区提供了不间断的日
常服务，在社区党组织统一领导下，积极参与社区联防联控，牢牢守住疫情
防控的第一道防线，得到了居民的理解和肯定。"

为了解掌握新冠肺炎疫情对物业管理行业的影响，中国物业管理协会联
合中国经济信息社共同开展"新冠肺炎疫情对物业管理行业影响专项调
查"，共收回有效企业问卷 4803 份、业主问卷 36450 份，具有较高的代表
性。受访业主覆盖全国各大中小城市。受访企业包括国有企业、民营企业、

外资（合资）企业、股份制企业、小微企业等类型，项目遍及内地所有省份及港澳台地区（见图7）。

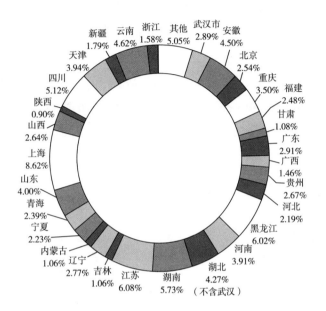

图7　受访企业项目所在的主要区域

资料来源：中国物业管理协会调查数据。

调查结果显示，物业服务企业在此次新冠肺炎疫情防控中，除了完成小区日常物业服务外，还积极承担了防疫部门、社区、街道、公安、住建等部门委托的相关工作。绝大部分物业服务企业同时开展了诸多便民服务，赢得业主普遍认可。不过，受新冠肺炎疫情影响，大多物业服务企业增值服务等收入以及物业费收缴率大幅下降，人工成本及防疫采购等支出明显增加，部分企业经营面临一定困难，但行业整体运行稳定。

值得关注的是，物业服务企业在参与新冠肺炎疫情防控工作中，面临着防控物资紧缺、采购渠道不畅，多头管理、职责不明、承担任务过重，责权不对等、工作合法性遭质疑等困难。物业服务企业呼吁政府主管部门和行业协会，给予更多的政策支持和业务指导，推进物业管理行业健康、高质量发展。

（一）物业服务企业积极参与防疫，获得业主普遍认可

作为疫情联防联控第一线，社区是外防输入、内防扩散最有效的防线。物业服务企业直接管理小区服务业主，更贴近公众日常生活，在社区防控中发挥了不可或缺的作用。

绝大多数业主一致表示，在众多参与疫情防控的部门中，接触最多的是物业公司员工。调研了解到，在疫情防控期间，82.45%的受访物业服务企业从春节假期至今未停工，并协调员工 7×24 小时值守，增加保洁频次等（见表1）。

表1 物业服务企业复工情况

单位：人，%

选项	小计	比例
春节假期至今未停工	3960	82.45
春节后已经开工	250	5.21
2月内开工	382	7.95
3月以后开工	211	4.39
本题有效填写人次	4803	

资料来源：中国物业管理协会调查数据。

值得关注的是，物业服务企业除了承担小区防疫物资筹集、科普知识宣传、公共区域杀菌消毒等工作外，还主动提供生活物资采买渠道信息整理发布、为业主代采生活物品并送货上门、代充水电气费等便民服务。物业服务企业在疫情防控中的服务和奉献，得到业主普遍认可。

调查数据显示，绝大多数受访业主对小区物业防疫措施表示满意。12902 位业主认为小区物业防疫措施得当，21233 位业主认为小区物业防疫措施严密，占比分别达到 35.4%、58.25%（见图8）。

89.88%的受访业主认为物业管理在社区疫情联防联控体系中非常重要，认为比较重要的业主占比为 8.09%。二者合计占总受访业主数的 97.97%，共计 37072 位业主。

经历此次疫情，55.25%的受访业主表示物业服务品质有非常大的提升，36.12%的业主认为有所提升，认为没有变化的业主占比为 6.92%，另有

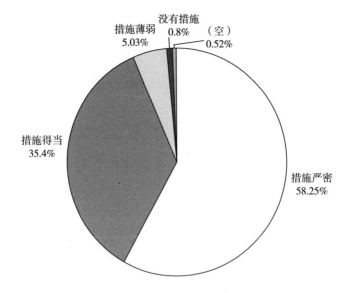

图8 小区防疫措施业主满意度

资料来源：中国物业管理协会调查数据。

1.72%的业主感到服务品质有所下降。

值得关注的是，在未来缴纳物业费方面，49.9%的业主表示会积极缴纳，42.57%的业主愿意按时缴纳。但仍有部分业主表示缓缴及不想缴纳，二者占比分别为3.42%、4.12%。

（二）支出增，收入降，部分物业服务企业经营受影响

参与新冠肺炎疫情防控使得物业服务企业支出明显增加，主要包括防疫人工成本、购买服务以及防疫物资采购等。

受春节假期和疫情影响，部分员工无法正常返岗，物业服务企业普遍延长在岗职工加班时间，并给予相应的加班补贴。此外，还存在因岗位人员或专业设施达不到防疫部门要求，临时外聘劳务人员和购买服务的现象。"加班费""劳务费""外包费"等使得短期内人工成本明显增加。

1817家受访物业服务企业预估将增加人工成本（含服务外包）在50万元以上。其中110家预估增加费用超过1000万元，92家预估增加费用

500 万~1000 万元，182 家预估增加费用 300 万~500 万元，423 家预估增加费用 100 万~300 万元，1010 家预估增加费用 50 万~100 万元（见图9）。

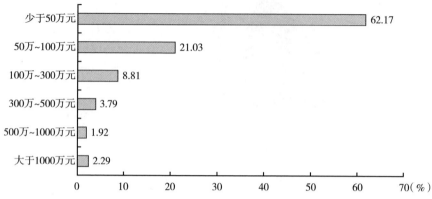

图9 物业服务企业防疫人工成本（含外包）预估增加费用情况

资料来源：中国物业管理协会调查数据。

在防疫物资采购方面，采购费用预估增加超过 20 万元的企业有 2115 家。其中，127 家预估增加费用在 500 万元以上，105 家预估增加费用 300 万~500 万元，244 家预估增加费用 100 万~300 万元，454 家预估增加费用 50 万~100 万元，1185 家预估增加费用 20 万~50 万元（见图10）。

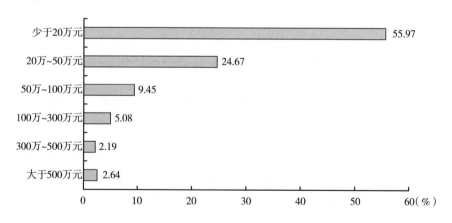

图10 企业防疫物资采购成本预估增加费用情况

资料来源：中国物业管理协会调查数据。

同时，受疫情影响，物业服务企业增值服务等相关经营收入，以及物业费收取率均有所下降。调查数据显示，疫情期间，增值服务、附属设施经营等收入同比下降超过 20% 的企业达 1407 家，占受访企业总数的 29.29%；同比下降 10% ~ 20% 的企业为 625 家，占比 13.01%；同比下降 5% ~ 10% 的企业为 688 家，占比 14.32%（见图 11）。

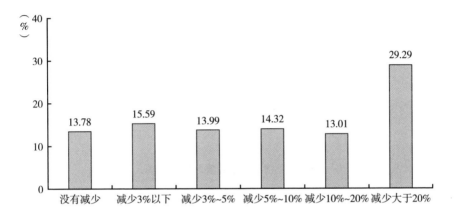

图 11 疫情期间物业服务企业增值服务、附属设施经营等收入同比情况

资料来源：中国物业管理协会调查数据。

疫情期间大多小区实行封闭管理，企事业单位延迟复工复产或在家办公，对物业服务费收缴工作造成一定程度影响。1889 家物业服务企业表示，疫情期间物业费收缴率同比下降超过 20%；同比降幅在 10% ~ 20% 以及 5% ~ 10% 的企业均超过 600 家（见图 12）。

不过，尽管新冠肺炎疫情对物业服务企业经营造成冲击，但行业总体运行稳定。2.35% 的企业认为，疫情为企业未来发展带来新机遇；10.68% 的企业认为目前未受到影响；42.76% 的企业表示，受影响较小，经营总体保持稳定；41.52% 的企业经营出现部分困难，但经营可勉强维持。

另有 89 家企业表示受影响较大，经营处于暂时停顿状态，40 家企业表示已无力经营，面临倒闭，二者合计占比 2.68%（见表 2）。据了解，这部分企业服务项目多为办公楼、商铺等商业物业，疫情期间物业费、水电费等无法正常收取。

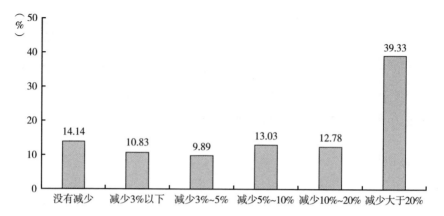

图12　疫情期间企业物业服务费收缴率同比情况

资料来源：中国物业管理协会调查数据。

表2　疫情对企业经营总体影响情况

单位：人，%

选项	小计	比例
目前没有影响,但未来有潜在影响	513	10.68
影响较小,企业经营出现一些困难,但经营总体保持稳定	2054	42.76
影响较大,导致企业经营出现部分困难,经营勉强维持	1994	41.52
影响很大,导致企业经营面临严重困难,暂时停顿	89	1.85
影响严重,导致企业无力经营,面临倒闭	40	0.83
为企业未来发展带来新的机遇	113	2.35
本题有效填写人次	4803	

资料来源：中国物业管理协会调查数据。

（三）物资紧缺、任务繁重，物业服务企业面临诸多困难

在疫情防控中，物业服务企业遇到不少实际困难。按企业反映的困难程度排序，依次是防控物资紧缺、承担任务过重、员工压力过大、岗位员工缺编、工作界限模糊、资金严重不足、防控合法性遭质疑、业主不配合等（见图13）。

数据显示，4405家企业将"防控物资紧缺"排于所面临困难首位，占受访企业的91.7%。特别是在疫情防控初期，口罩、消毒液等相关物资供

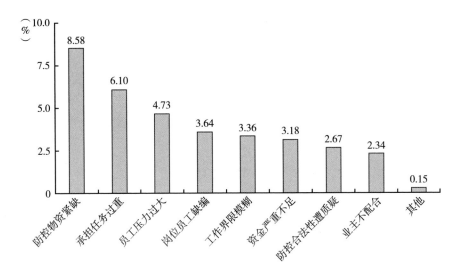

图13   疫情期间物业服务企业遇到的实际困难

资料来源：中国物业管理协会调查数据。

应紧张，缺少采购渠道或采购渠道不通畅。整体来看，物业服务企业防疫物资主要依靠企业自行购买，其余来自政府配发、业主捐赠、协会援助、社会捐赠等。值得一提的是，大多自行采购的防疫物资因无法开具发票，不能享受相关财政补贴补助。

其次，多头管理，物业服务企业承担防疫任务过重，呈现"上面千条线，下面一根针"的局面。据不完全统计，物业服务企业承担了街道办事处、社区居委会、住建部门、公安机关、城市管理部门、卫健部门、防疫指挥部、消防部门、环卫部门等单位委托的工作。具体包括小区封闭管理、疫情防控宣传、报送相关信息数据、人员车辆核查登记、体温测量、协助上门排查、公共区域消毒、隔离人员服务、接待检查督察等数十项工作内容。其中各类信息报送中，不乏重复劳动。

再次，职责定位不明，工作界限模糊，物业服务企业防控合法性遭质疑。对于物业服务企业在此次疫情防控中，乃至平常物业管理服务中应担负的责任，各相关部门口径不一，给予的定位不明，使得物业服务工作界限模糊。所担负的部分工作并无明确授权，其合法性易于遭质疑，面临部分业主

不理解、不配合的难题。多家受访企业表示，由于不具备相应的权限和协调能力，相关工作难免不到位，疫情期间但凡有业主投诉，物业服务企业即被问责。

此外，与普通业主一样，物业从业人员同样不具备防疫专业知识，且大多未接受专业培训即参与防疫，面临被传染风险，工作压力和精神压力较大。

调查数据显示，物业服务企业期待主管部门、行业协会，未来给予更多政策支持和业务指导，更好地维护物业服务企业合法权益，推动物业管理行业健康发展。总体来看，"争取行业扶持政策""宣传行业贡献和价值""研究疫情对行业影响""企业/员工表彰鼓励""构建行业风险防控体系"是企业界最为期待的五项工作。其中，行业扶持政策主要指物业费补贴、企业增值税减免、稳岗补贴、企业所得税抵扣、降低社保缴纳基数、纳入社区疫情防控体系等。

四　物业管理行业的发展方向

（一）物业管理行业要以社区治理能力建设为契机

十九届四中全会明确提出坚持和完善中国特色社会主义制度、推进国家治理体系和治理能力现代化的总体要求。《中共中央、国务院关于加强和完善城乡社区治理的意见》具体指出要改进社区物业服务管理，让社区物业管理在社区治理中发挥应有的作用。新华社经济分析报告《疫情防控专题报告之四：强化物业管理构建社区疫情防控"安全线"》中建议"完善政策机制，引导物业管理参与基层社会治理"。要在党建引领下，积极践行推动社会治理和服务重心向基层社区下移，把更多社区资源下沉到居住小区，发挥物业管理在促进城市管理、乡镇公共服务、治安防范、市政养护、社区养老、精神文明建设等领域的作用，将物业服务企业纳入社区治理体系，理清物业服务企业专业事项清单和物业服务企业接受基层政府委托参与社会治理事项清单，通过政府购买服务方式，承担起社会公共服务的职能，整合专业资源提升城乡公共服务质量和管理效率，打造共建共治共享的社会治理格局。

（二）物业管理行业要以满足人民美好生活需要为目标

物业管理行业要根据《住房和城乡建设部关于在城乡人居环境建设和整治中开展美好环境与幸福生活共同缔造活动的指导意见》，深入开展"美好环境与幸福生活共同缔造活动"，推动建设"整洁、舒适、安全、美丽"的业主居住环境，使人民获得感、幸福感、安全感更加具体、更加充实、更可持续。获得感是建立在物质生活水平切实提高基础上的满足，以及对衣、食、住、行等条件改善的切身感受。物业管理行业每天服务着近 5 亿人，从事的秩序维护、绿化、保洁和房屋设施设备维修养护等基础服务，与人民日常工作、生活紧密相关，不断强化和巩固基础服务内容，提升服务效率和质量水平，是行业的立业之本，也是"实现美好生活"的基础；物业服务企业在社区中组织形式多样、健康有益的社区文化活动，不仅有利于丰富居民的精神文化生活，保持身心愉悦的精神状态，而且有助于促进邻里和睦、和谐社区建设。精神文化生活质量提升的亲身体会，是增强业主幸福感的重要方式，是"实现美好生活"的核心；安全感是业主渴望舒适安逸和长效稳定的心理诉求，物业管理通过秩序维护巡查、车辆管理服务、智能安防监控、消防安全管控和加大安全防范宣传力度等服务内容，为业主营造社区安全、稳定、舒适的人居环境，则是"实现美好生活"的保障。

（三）物业管理行业要以信用体系建设为抓手

随着政府职能向"简政放权、放管结合、优化服务"的转变，行政主管部门对行业的管理将逐步从过去的主导过渡到现在的指导，最终到未来的引导，即从刚性管制的逐步弱化向柔性指导、引导过渡。物业管理从业人员职业资格制度和物业服务企业资质管理制度取消后，政府对物业管理行业和各企业将主要采用加强事中、事后监管的措施：一是加快完善物业服务标准

和规范；二是充分发挥物业管理行业组织自律作用；三是指导地方加强对物业服务企业的监管，畅通投诉举报渠道，推行"双随机、一公开"抽查，及时查处违法违规行为；四是建立物业服务企业"黑名单"制度，推动对失信者实行联合惩戒；五是推动与相关政府部门的信息共享，加强企业信息备案管理；六是引入市场第三方机构介入，以市场为导向开展信用评价，实现企业数据的动态管理，优化物业管理信用信息服务。

（四）物业管理行业要以市场化发展为导向

在国家"放管服"改革的大背景下，打破原有传统的监管框架，沿着市场化发展方向创新物业管理制度。一是明确住宅物业管理市场的甲方主体为业主，将业主委员会调整为小区管理委员会，完善业主委员会的职能，建立"党委领导、政府组织、业主参与、企业服务"的新型物业管理制度，调动业主委员会作为物业管理市场主体尽职履责；二是按照《中共中央关于坚持和完善中国特色社会主义制度 推进国家治理体系和治理能力现代化若干重大问题的决定》完善城市基层治理体系，成立小区基层党组织，由小区基层党组织领导和监督业主大会成立和运作，维护业主的共同利益；三是物业服务企业回归纯粹市场主体身份，理顺物业管理市场双方权利义务关系，通过市场双方的自由选择达到市场均衡；四是物业服务企业收费模式逐步由包干制转向酬金制，根据供需双方的要求，研究制定与物业服务标准相对应的参考价格，推动形成"质价相符、按质论价"的物业服务市场价格机制。

（五）物业管理行业要以扩容提质为方向

按照《关于促进消费扩容提质加快形成强大国内市场的实施意见》文件精神，物业管理行业以市场需求为导向，顺应居民消费升级趋势，提升物业服务品质和效率，提升物业管理行业对社会经济的促进作用。一是抓住城镇化快速推进，以及城市更新和老旧住宅区改造的契机，拓宽物业服务领域，创新商业模式和服务，增强多层次、多样化、高品质的供给能力，更好实现社会效益和经济效益相统一。二是利用 BIM、大数据、人工智能、5G

等信息技术，搭建共享的"智慧物业"信息化平台建设，以共享理念加快资源整合，充分分享数字化时代科技红利，助力企业数字化转型。三是拓宽物业服务，加快社区便民商圈建设。突出物业服务企业生活服务属性，发挥熟悉小区、服务半径短、响应速度快的优势，围绕社区居家养老、托幼、家政、助餐、住房经纪、金融、教育、旅游、新零售等业主多元化需求，以及设施管理、资产管理、绿色管理、城市公共管理等专业服务领域，整合行业内外、社区线上线下的优质资源，赋能企业增值服务内容，形成差异化竞争优势，加快产业升级和结构调整，持续构建具有生活性与生产性双重特征的现代物业服务体系。四是激励优秀企业做大做强，5年内推动100家物业服务企业上市，培育一批营收百亿以上、市值千亿级的龙头物业服务企业，发挥品牌企业的示范引领作用，加快推动行业向现代服务业转型升级。

（六）物业管理行业要以标准化建设为引领

做好物业管理行业标准顶层设计规划，建立以行业、国家标准为规范，行业协会团体标准为引导和企业标准为领先，协同推进的行业标准体系和建设格局。一是协助物业服务企业主动制定和实施先进标准，从企业标准化建设投入、标准化活动参与度、标准化经济社会效益等方面进行综合测评，开展企业标准化水平评价工作，培育一批企业标准"领跑者"；二是依据中国物协《物业管理行业团体标准发展规划》，规范做好团体标准的立项、编制、审查、批准发布、出版发行和管理等环节，扎实推进团体标准研制工作，提供多维度、多层级、模块化的标准内容输出，提高标准服务的供给水平，开展第三方服务认证和评价；三是配合做好《物业管理术语》《物业服务客户满意度测评》《物业服务安全与应急处置》三项国家标准的编纂和宣贯工作，以及新国家标准的申报工作；四是注重学习借鉴国外先进的标准化管理经验，促进国内外标准的相互转换，推动行业与国际标准的接轨。

（七）物业管理行业要以人才培养为核心

人力资源是物业管理行业发展的根基。一是继续指导举办好中国技能大

赛——全国物业管理行业职业技能竞赛，弘扬工匠精神，筑牢基础服务技能，提高我国物业管理行业职业技能水平，展示行业精益求精的专业形象和良好的精神风貌；二是顺应我国职业教育改革趋势，带动企业、培训机构和职业院校建设一批资源共享，集实践教学、社会培训于一体的教育培训基地和物业设施设备实训基地；三是培育行业内外优秀的师资力量，开展普惠化和个性化的教育服务产品研发，采用现代远程教育与传统培训方式相结合的培训方式，助力行业人才在全职业生命周期内的持续成长，搭建职业教育和行业人才培养的"立交桥"。

（八）物业管理行业要以绿色发展为理念

新冠肺炎疫情给推动绿色发展带来重要启示，为在未来可能发生的生态危机中赢得主动，就要转变发展思路，坚持绿色发展理念。一是按照《建筑节能与绿色建筑发展"十三五"规划》的要求，引导全行业推广绿色物业管理模式，积极做好垃圾分类、雨水收集、中水利用、车库及公共部位照明改造等节能减排工作，构建高效、清洁、低碳的绿色物业运营体系，开发、引进和推广各类新技术、新产品；二是探索全生命周期绿色健康的发展路径，让社区环境更优美清洁，为业主提供更加舒适健康的生活工作环境，设施设备运行更可靠安全、运营更高效，实现建筑物本体性能提升的同时，引导前期建筑项目的设计、开发、施工、承接查验等环节，形成建筑全生命周期的闭环；三是树立绿色增长、共建共享的理念，倡导广大业主简约适度、绿色低碳的行动自觉，在尽可能减少资源消耗和污染排放的情况下提升生活质量，逐步形成绿色行为准则、生活方式和价值取向。

B.11
新居住服务的平台经济模式及其对房地产业的影响

韩　伟　王业强　张卓群*

摘　要： 新居住服务的本质就是用数字化手段重塑居住产业互联网，为更多人提供值得信赖的品质居住服务。新居住服务平台是以科技创新为驱动、以行业基础设施和信用体系建立为基础，以平台聚合推动行业共融共生、以数字化推动居住服务业变革和居住产业互联网发展的 ACN 经纪人合作网络，它重构房产经纪服务标准，有效解决了"房"、"客"和"人"之间的联动难题，助力合作伙伴实现服务协作化、标准化和闭环化，实现了协同作业，打通了跨品牌联卖，塑造新居住生态圈。

关键词： 新居住　平台经济　场景应用　信用体系

一　新居住服务的产生背景

十九大报告指出，中国特色社会主义进入新时代，我国社会主要矛盾已经转化为人民日益增长的美好生活需要和不平衡不充分的发展之间的矛盾。

---

* 韩伟，贝壳找房公共政策部负责人，研究方向：平台经济与新居住；王业强，中国社会科学院城市发展与环境研究所研究员，研究方向：城市与房地产经济；张卓群，中国社会科学院城市发展与环境研究所助理研究员，研究方向：数量经济与大数据科学、城市与环境经济学。

房地产业的价值创造重心也将逐渐进入从制造向服务转变的阶段。图 1 显示，2019 年，建筑业增加值为 70904 亿元，在 GDP 中占比从 1978 年的 3.78% 上升到 7.16%；房地产业增加值为 69631 亿元，在 GDP 中占比从 1978 年的 2.17% 上升到 7.03%。可见，作为第三产业的房地产业增加值已经逐渐逼近建筑业的增加值。随着我国人均 GDP 跨越 10000 美元，居住需求和供给将出现深刻变革，居住服务发展也将进入品质提升的新阶段。在对品质消费逐步升级的过程中，人们消费的核心不再是一个空间，而是一个以空间为载体的各种衍生服务的升级过程。在 5G、AI 等新技术推动下，产业互联网加快向各行业渗透，给居住服务领域带来数据标准化、体验线上化、服务智能化等变革新趋势，引领居住服务向新居住时代演进。"新居住"即以科技创新为驱动，以行业基础设施和信用体系建立为基础，通过服务协作化、服务标准化、服务闭环化，最终形成一个基础设施完备、全产业链协同、行业实现正循环的居住产业互联网。从城市、社区到居民，从社会治理、家庭建设到个人决策，从房屋交易、装修到社区服务，万物互联的居住革命迎面而来。

图 1　1978～2019 年房地产业和建筑业 GDP 占比比较

资料来源：Wind 数据库。

（一）新居住是满足人民美好生活需要的重要手段

随着人们美好居住需求的日益增长，万物互联的"新居住"时代已经到来。人民群众追求更美好的品质居住生活，不仅包含了住宅面积、层高、容积率、采光度、节能环保等硬性方面的品质，也包括舒适度、人文以及全周期服务等软性方面的品质。据调查，超过九成的购房者为"住得更好"而换房。"住得更好"主要包括面积更宜居、配套更完善、品质更好、楼龄更小及资源更优等考量因素。

围绕住房交易、租赁、装修、维护等住房本身的全周期服务，以及住房之外的金融、家政、社区管理、搬家、出行、饮食起居、教育等衍生服务将成为新居住服务的重点。可以预见，随着我国服务业从数量扩展进入品质提升的新阶段，居住需求和供给将出现深刻变革，房地产将实现从制造向服务的转型，在房地产产业价值链中，服务价值所占的比例将超过50%。

（二）新居住是房地产回归居住属性的本质要求

中央多次对房地产市场定位和调控作出顶层设计。十九大报告明确了"房子是用来住的、不是用来炒的"定位，强调加快建立多主体供给、多渠道保障、租购并举的住房制度，让全体人民住有所居。住房市场也由以购为主向租购并举转变。通过激活300亿平方米存量私人住宅，将其投入租赁市场，将解决大中城市年轻人的租房需求。同时，在消费升级大背景下，租房市场也在进行消费升级，租客更加注重更好的住房体验和更高品质的服务。

新居住行业的服务者应抓住这一趋势，通过推进和完善行业新居住服务平台建设，更大程度满足新居住时代消费者在居住、交通和流通、社区交互和房屋管理等方面的新需求。

（三）新居住是房地产行业自身发展的必然趋势

1998年起，我国房地产一直处于增量状态，随着政策调控力度不断强

化，房地产市场也出现拐点，开始由增量时代迈入存量时代。自然资源部数据显示，目前我国盘活存量土地已经占年度新增建设用地指标的 75%。根据中金公司数据，截至 2017 年，我国城镇住房存量约 2.74 亿套，对应存量面积 261 亿平方米。从流量来看，二手房交易占比越来越高，2018 年全国约 20 个重点城市二手住宅的交易量已经超过新房，三、四线城市的新房市场发展也会带动二手房市场。

随着房地产存量时代来临，房地产市场正从征地拿地、新建开发、交易新房为主转向存量房交易服务为主。预计未来三到五年的时间，全国二手房交易的销售总额会超过新房。庞大的存量市场和二手房交易市场，构成了新居住服务行业发展的坚实土壤。

（四）新居住是新一代信息技术发展的内在驱动

当前，以互联网、大数据、人工智能为代表的新一代信息技术日新月异，给经济社会发展、国家治理和人民生活带来深远影响。十九大报告指出，加快建设制造强国，加快发展先进制造业，推动互联网、大数据、人工智能和实体经济深度融合，在中高端消费、创新引领、绿色低碳、共享经济、现代供应链、人力资本服务等领域培育新增长点、形成新动能。随着互联网进入产业互联网的新阶段，大数据在居住服务行业得以广泛应用。居住服务企业有机会将居住服务价值链上的更多环节转化为新的战略优势。以房地产经纪行业为代表的居住服务将由之前分散化的无序竞争，走向平台化运营的合作共赢。居住行业与互联网的深度融合，为居住行业带来革命性变化，助力新居住时代的开启。

二 新居住服务平台基本构成

新居住的本质就是用信息技术手段重塑居住产业互联网的过程，为更多人提供值得信赖的品质居住服务。新居住服务平台是以 ACN（Agent Cooperation Network）经纪人合作网络和真房源承诺为核心。ACN 经纪人合作网络包括以房源流通联卖为核心的"房"的合作网络、以跨店成交比管理为核心的"客"的合作网络和以信用分管理为核心的"人"的合作网络。它有效地解决了"房"、"客"和"人"之间的联动难题,实现了协同作业,打通了跨品牌联卖。而真房源承诺,则是信息"平权、透明、对称"理念的体现。新居住平台打破信息屏障,让买卖双方在整个交易中处于同一起跑线,让用户得到的信息更加客观全面,从而逐渐改变行业在消费者心中的观感,建立信任度。新居住服务平台以行业基础设施和信用体系建立为基础,以科技创新为驱动,以数字化推动居住服务业变革和居住产业互联网发展,通过平台聚合推动行业共融共生,重构房产经纪服务标准,塑造新居住生态圈。

(一)数字化

1. 楼房字典

"房"是居住服务平台的物理基础设施,建设真实且具规模的房源数据库,是居住服务平台运营的基础和前提。在"互联网+"和国家大数据战略的推动下,互联网大数据的价值日益凸显,大数据与居住服务产业正在加速融合,成为居住服务行业发展的核心原动力。居住行业向标准化、数字化、智能化方向发展的趋势正越来越明显。

楼房字典是对房屋数据进行批量采集、身份标识、全量记录和结构化管理,构建真房源的底层,数据记录维度也趋于丰富。目前,住房数据具有结构数据及属性数据两个维度。结构数据层面,通过细化数据描述,楼宇的"真实"面貌得以呈现。城市、城区、楼盘、楼幢、单元、楼层、房屋、坐标加唯一身份码(见图2),保证了房屋的唯一性和标准化。属性数据维度层面,对房屋进行更为精细化的画像管理,主要集中在核心交易特征、开发建筑特征、生活费用特征三个层面,对包括建筑面积、套内面积、房屋朝向、建成年代、产权年限、开发公司、物业公司、建筑结构、建筑类型、绿化容积、停车车位、单元电梯、供暖方式、热水供给、物业费用、停车费用、供暖费用等多方面进行描述(见图3)。

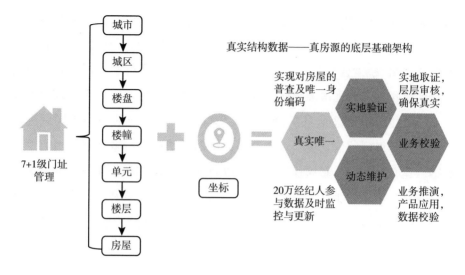

图2 住房结构数据

资料来源：《大数据·新居住服务白皮书》，贝壳找房，内部报告，2019年5月。

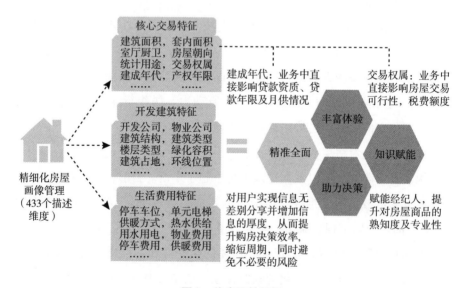

图3 住房属性数据

资料来源：《大数据·新居住服务白皮书》，贝壳找房，内部报告，2019年5月。

此外，房源数据深度方面开始细化至房间内部，对户型实体进行描述。数据包括房屋结构、入户门数、层高、使用率、户型类别、分间面积、窗户类型、关联卫生间等，并根据具体情况对房间进行"标签化"描述，如"户型方正、南北通透、卧室带卫、干湿分离、明厨明卫、带花园、观景飘窗"等。同时基于数据沉淀和智能化，将整体数据进行量的扩张和数据之间的交叉互验，增强数据实用性和迭代功能。

截至 2019 年 12 月，该住房数据库已将全国 326 个城市 45 万个小区共 2.06 亿套房屋"数字化"，通过 7 + 1 级门址管理和 433 个字段对房屋进行描述和数据化标准管理（见图 2），可详细展示房屋及周边教育、交通、配套等信息，实现房屋信息透明和无差别共享，成为国内覆盖面最广、颗粒度最细、最真实的不动产数据库。

2. 客的数字化

为满足民众对居住品质的追求，大数据开始从对"房"的研究转为对"人"的研究，大数据的属性和维度也更人性化，大数据下的居住服务行业开始承接用户更为个性化的需求，并根据大数据运算为用户推荐更合适的产品。大数据基于动态追踪及热度匹配，利用数据、算法及硬件优势，深度识别用户需求和准确输出产品研发要求，提取用户画像，智能推荐房源。通过产品模块化保证完整度，结合用户需求输入，实现产品迭代和升级。

对于消费者而言，提供更丰富的数据信息可提升消费者决策效率，缩短决策周期，令消费者及经纪行业服务人员全面掌握房屋信息。在大数据产业发展下，居住服务行业在原有数据维度基础上进一步满足消费者个性化需求。一是在丰富数据内容上发力，在产品移动端开发更多功能；二是基于庞大数据积累，数据开始自我更正、实时更新；三是建立数据信用体系，提高数据实用性；四是大数据的扩展应用令房源信息实现自我扩充，增加房源数量。

此外，居住消费者越来越注重信息安全、交易安全和购房体验，居住服务市场将向口碑好、体验好的大品牌集中。因此，要以消费者为中心，将消费体验贯穿于服务全生命周期管理，真正站在消费者角度，打造符合真实需求的、线上和线下无缝对接的服务产品。

（二）经纪人合作网络

新居住服务通过建立经纪人合作网络，促进"房""客""人"之间的积极联动。其合作框架包括三部分，即以房源流通联卖为核心的"房"的合作网络、以跨店成交比管理为核心的"客"的合作网络，以及以信用管理为核心的"人"的合作网络。通过经纪人合作网络，打破了经纪人间的边界，连接起客源和房源的孤岛，促进了服务者之间的联通协同。中国居住服务行业的发展，经历了生产资料价值时代、信息价值时代，如今迈入了服务者价值时代。

新居住时代是服务者价值全面崛起的时代，好的服务者将享受个人溢价，塑造个人品牌。要加强对服务者的培训，建立培训学校，更好激活服务者个体价值。以贝壳找房为例，其建立的 ACN 经纪人合作网络引领经纪行业进入平台，共享房源最新动态，包括业主售卖意向、价格变动、看房时间等，节省了资源，加快了办事效率，体现了新居住服务时代合作、共生、共赢的特征。

经纪人合作网络是同品牌或跨品牌经纪人之间在遵守房源信息充分保护和使用等规则的前提下，以不同的角色共同参与到同一笔交易，交易完成后按照各个角色的分佣比例进行佣金分成的合作模式。通过合作，带动门店和经纪人提高作业效率，最终为用户提供专业、高品质的服务。

合作共赢是智慧居住服务的价值观和方向。以贝壳找房平台为例，截至目前，贝壳找房合作新经纪品牌超过 226 个，连接经纪门店逾 3.2 万家，服务经纪人达到 32 万人。跨店成交率超过 70%，1 单交易最多由 13 个经纪人协作完成，每个经纪人每年平均服务 16 个家庭，最远一笔跨城交易相距3000 公里。经纪人合作网络，为各新经纪品牌和经纪人都带来了服务效率的显著提升。

（三）NTS 交易系统

房产交易涉及的主体多、流程复杂，是居住服务行业的关键环节。为更好地服务消费者，保证交易安全，高效便利地提供后台服务，居住服务平台需要建构相关系统和模块，全方位为交易过程保驾护航。

以贝壳找房为例，该平台搭建了 NTS 系统（N-Trading System，签后交易系统）和交易 C 端系统，着力完善交易能力。其中 NTS 系统是贯穿二手房交易全流程（从网签、贷款到过户、抵押等）的一套系统级交易解决方案，给交易提供了高效的信息同步、任务管理、资源整合、风险控制和平台赋能支持。在 NTS 系统，经纪人可看到交易流程的期限、银行额度的情况、交易数据的实时变化，继而达到流程可视、详情可查。此外，NTS 手机端可以满足移动办公需求，提高办公效率。移动端具有备件上传、审核处理等功能，随时随地查看交易单处理信息。在交易 C 端系统，消费者通过身份认证后，可以看到消费者过往的交易情况列表。而且可通过此系统对各经纪人参与的各环节进行评价，对不良服务进行投诉，保证交易过程的透明和有效互动，推动优质服务的形成。

（四）经纪人信用评价系统

针对居住服务本身具有低频高值且不易积累评价的特点，新居住服务平台建立了经纪人信用评价体系、经济人陪审团、店东管理委员会等多项制度，综合推进经纪人信用评价系统建设。

1. 经纪人信用评价体系

新居住服务企业借助产业互联网重塑居住服务行业数字化变革，构建了基于大数据的经纪人信用评价体系。该体系以信用做背书，将信用拆解为多个维度，例如经纪人的基础素质、平台参与度、平台合作度、品质评价、行业影响力等。经纪人通过信用评价体系可以发现自己的优势和短板，及时进行专项提升，不断提高业务能力。此外，该体系一方面通过消费者的评价沉淀为服务者提供信用背书，另一方面培养从业人员形成客户至上的服务理念，提供高品质且值得信赖的新居住服务。

2. 经纪人陪审团

经纪人陪审团对行业内部因作业而引发的争议进行集体决策，以自

主管理、自主监督的方式，引导经纪人和经纪机构良性竞争。陪审团本身具备完善的机制和流程来保证裁定的独立和公正，积极践行社会责任（见图4）。

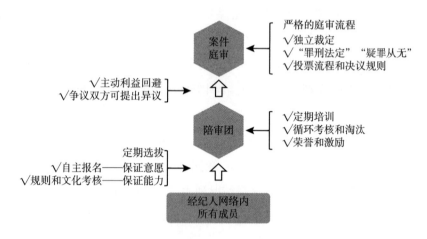

图4　经纪人陪审团流程

资料来源：《大数据·新居住服务白皮书》，贝壳找房，内部报告，2019年5月。

3. 店东管理委员会

店东管理委员会对行业管理中各项规则和制度提供合理化建议，协助行业完善规则和统一标准，致力于形成行业标准的共同协商机制和共同监督人。委员会由加入合作组织的店东民主投票选出，委员会委员可共同参与组织共建，监督组织内各主体运营管理，保障品牌、经纪人、消费者各方权益。店东管理委员会负责监督行业规范运营，协调处理不同品牌间纠纷，推动服务者信用体系完善、营造竞优良性生态等。

三　新居住服务平台的场景应用

智慧居住要注重提升消费者的消费体验，尤其伴随5G商用，其万物互联、超高带宽、超低延时的特性，正在引发新一轮的技术变革，为居住服务带来更多可能性与想象空间，加速了居住服务领域的数字化、智能化进程。智慧居住不仅改变了居住消费方式、居住消费情景和体验，也在改变消费者价值观和购买决策模式。在5G技术的加持下，3D真实空间重建与体验将走向高精度、高像素、专业级，进一步增强消费黏性，助力房屋交易。

（一）VR看房

从数据标准化到体验线上化，再到服务智能化，人工智能、物联网、虚拟现实等智能化科技成为居住服务行业新动能。虚拟现实技术使看房者在线上即可浏览房源全貌，步入房间查看细节，除了沉浸式体验外，还可以得到房间长、宽、高、年限、周边配套等全方位数据展示。对于开发商和居住服务平台来说，通过分析用户行为数据，可实现供需双方精准定位，节省人力资源投入成本，提升业务成交效率和企业运营收益。

在大容量数据支持下，VR看房功能实现了自由模式下的沉浸式看房，通过手机等终端屏幕即可获得包括房屋真实空间尺寸、朝向、远近等深度信息，同时还可以获得住房周边教育、医疗等配套信息，为购房者提供更加便捷、丰富、全面的决策信息支撑。数据显示，贝壳找房VR看房功能的推出，使人均线上浏览房源的数量提升了1.8倍，停留时长增长了3.8倍，看房效率提升了1.4倍，房源日均浏览次数增长99.8%，商机转化率提高16%，VR房源总浏览量达1.68亿。贝壳找房VR战略已取得初步成效，下一步还将在房源覆盖范围、用户观看体验、信息交互方式等方面做出持续改进和提升。

（二）交易的线上化

智慧居住服务时代，消费者的行为从线下往线上转移，服务者的大量行为也需要迁移到线上。线上化是居住服务行业大方向，智慧居住平台运营的核心是在线运营，数字化要深入流程的每一个环节，结合产业互联网自身规律，通过数字化等技术工具高效提升服务能力。而智慧居住服务平台就是在创设一个操作系统，进而全方位赋能服务者，实现自身服务价值。服务者利

用数据、技术和工具，了解消费者，服务消费者，去和消费者完成共同"移民"。

针对经纪业务的实际场景，新居住服务平台自主研发了包括人力资源、房客源管理、签约服务、交易系统等在内的近90个功能应用，建立面向房产经纪行业的全流程作业管理系统，辅助经纪人线上、线下高效作业，同时降低交易风险，提升客户体验，搭建起系统化流程标准。

房产交易涉及的主体多、流程复杂，是居住服务行业的关键环节。为更好地服务消费者，保障交易安全，高效便利地提供后台服务，居住服务平台需要构建相关系统和模块，全方位为交易过程保驾护航。在NTS系统，经纪人可以看到交易流程的期限、银行额度的情况、交易数据的实时变化，继而达到流程可视、详情可查。移动端具有备件上传、审核处理等功能，随时随地查看交易单处理信息。在交易C端系统，消费者通过身份认证后，可以看到消费者过往的交易情况列表。

（三）流程可视化

为更好地服务消费者，保证交易安全，高效便利地提供后台服务，居住服务平台推出了"交易流程可视化2.0"产品，搭建签后交易系统和C端系统，为经纪人开发房客工具、签约交易工具、管理工具、营销工具和内容知识等功能程序，通过信息管理技术优化线上交易流程，保证交易可视化、透明化，让消费者第一时间了解交易进度及节点，为消费者提供交易前、交易中和交易后全方位信息服务，从而使整个交易流程全程在线可视化、费用透明化，降低信息不对称程度，优化平台诚信经营环境。

首先，系统将各个交易环节的当前进展、材料清单、办理地点、协同人员等详尽信息及时准确地呈现，消费者通过手机即可随时了解交易过程中每个环节和进展情况；其次，系统清晰呈现全流程中各个环节的时间节点及周期，方便交易用户提前规划时间；最后，对于消费者最关心的资金安全问题，系统及时更新每笔资金动态，让每一分钱的去向清晰可见。针对房产交易过程中的高发风险点，系统还将进行定向风险预警，保障交易顺利完成。

总之，新居住平台借助数据资源和实践积累，通过标准化和数字化的行业基础设施的建设，赋能平台和服务者，缩小服务方差，构建起"数据＋算法＋算力＋场景"的数据智能全景，全方位打造新居住服务产业新生态。

四　新居住服务对房地产业的影响

（一）改变了交易方式

新居住服务时代经纪人基于居住服务平台，改变了过去相对孤立、相互竞争的局面，形成了合作共赢、协作共进的新模式，经纪人与消费者、经纪人与经纪人之间进行了关系重构，建立了新的交易模式。

随着互联网云服务的发展和创新，线上化作业开始渗透至企业管理各个环节，推动了企业管理标准化、专业化。新居住服务通过运用 SaaS（Software as a Service，软件即服务）等现代管理软件，提供更有针对性、更贴近用户需求的服务，提高经纪人及经纪门店业务处理效率。平台公司可根据业务要求开展与房源相关的 SaaS 系统开发，将经纪人端、消费者端、项目运营端以及政府端进行融合。

在经纪人端，通过在平台的个性化开发，为经纪人提供房客工具、签约交易工具、管理工具、营销工具、内容知识、人力行政审批等功能，加强了信息共享，使经纪人在此过程中能够更加便利地掌握相关信息、提高自身处理业务的专业程度。此外，可以将个人业务数据导入系统，了解业务进展和业绩情况，国家及地区最新政策及公司相关规章制度。在消费者端，消费者在了解房源等信息的同时，可与经纪人同步了解业务进展程度，使交易全流程公开透明。在运营端，通过实时大数据显示，及时掌握行业租赁房源动态，并基于租后、预约评价体系构建租客、房东、机构三方信用体系。在政府端，通过数据可视化，协助政府全方位了解区域内房屋数据变化趋势、各区房源分布、政策房人员申请分布等情况。

新居住服务还要与外部做好有效衔接，并针对不同地区的问题，搭建智能化模块，形成具有地区特色的、可执行的、合规的交易全流程。同时后台人员根据经验和政策变化将涉及变动的模块流程进行迭代修改，减少系统反应时间，更好满足交易要求。

（二）升级了消费模式

2019年，第三产业对GDP的贡献率为59.4%，消费已成为我国经济增长的主要驱动力，中国正迎来消费升级的全新时代。消费市场转型升级加快，数字化和商业模式创新正改变消费者行为习惯，创造新的购买力，催生新的消费市场。大数据、云计算、物联网、人工智能、虚拟现实等新一代信息技术与居住服务相融合，不仅改变了居住消费方式、居住消费情景和体验，也在改变消费者的价值观和购买决策模式。

居住服务企业将VR等人工智能技术充分应用于居住服务领域，研发了"VR看房""AI讲房"等创新型应用，不断迭代看房、讲房和装修体验。让居住行业不再只是传统的、孤立的销售房屋，而是更大程度满足消费者居住需求，给消费者还原一个真实可感知的居住空间，全面提升用户的视觉交互和沉浸式体验，实现智慧生活让每个人住得更好。

目前，贝壳找房服务平台累计扫描重建VR房源超过290万套，覆盖全国120多个城市，用户使用VR看房累计超过4.7亿次。同时，该服务平台基于物品识别技术，将房屋三维户型图与智能设计相结合，通过家具、风格的实时渲染和拼接，在短时间内将购房者脑中的装修方案具象化。通过AI模拟摆放、三维模型重建、实时3D渲染等技术，实现"预知"装修的最新成果，更大程度满足消费者居住需求。

此外，借力社交媒体。中国社交媒体行业最显著的变化是用户和平台正变得多元，借助社交媒体可以提升品牌认知度，吸引消费者注意力。面对社交与消费紧密融合的趋势，企业既要打通接触消费者前端，搭建评价和分享平台，也要整合后台交易数据，测定用户购买意向。数字时代社交以及分享的便利，使消费呈现"购买－分享－再购买"的循环式连锁反应。

（三）重塑了信用体系

社会信用体系建设是践行社会主义核心价值观的重要内容，是实现国家治理体系和治理能力现代化的重要组成部分。居住服务行业率先针对行业突出的诚信缺失问题，建立起覆盖全过程的居住服务行业信用体系，完善守法诚信褒奖机制和违法失信惩戒机制，引领行业树立信用新标准和新生态。

1. 准入机制及信息服务标准的建立

一是"准入－运行－退出"机制。服务经营行为首先要保证合法合规，法律法规既是约束从业人员和经纪机构开展执业行为的准入门槛，也是其业务运营不可触碰的红线。除此之外，目前业内许多品质平台还引入消费者口碑等维度，以期提升服务水平。二是信息和服务质量标准。优秀品质居住服务平台能提供多达十余项的服务承诺，而每一项承诺背后都对应着赔付标准，既包括不吃差价、真房源等低层标准，也包括经纪机构主动要求提供的如"漏水保固""过户包跑"等更高服务标准。

得益于互联网和大数据技术的发展与应用，居住服务行业信用评价更加多维、精确和实时，信用体系的有效性进一步增强。居住服务行业正告别野蛮生长，加速洗牌，大数据为居住服务信用体系建设带来了海量信用数据和先进的数据分析方法，建立起行业的信用机制和信息服务标准。从业人员与从业机构的执业要求更加严格而明确，对个人而言，信用作为一种无形资产，成为每个人的数字标签。随着信用价值被社会认同，信用将以信用报告、信用记录、信用评分的形式被定义并作为标准参与行业治理，减少企业与用户间信息不对称。

2. 推动行业实现自律和自治

居住服务企业通过信用公示与社会监督、信用约束与自律处分、信用竞争与自主发展，推动行业实现信用立身、信用自治，构建行业自律自治、企业自律、政府监管、社会共治四位一体的信用体系新格局。建立服务平台，以赋能行业的形式将先进服务标准和信用标准推广到行业众多中小企业。平台通过营销、运营、人才、供应链、系统、品牌、交易、资本等多个层面进

行赋能，增强居住服务平台的聚合力和吸引力。建立合作组织，与全行业的优质服务者共同参与维护市场秩序。通过成立经纪人陪审团和店东管理委员会等方式加强平台运营管理，共同参与平台建设。企业内部自觉建立职业生涯学习体系，开展职业技能、专业化素质培训，不断提高业务水平，提升社会对经纪职业的价值认可，使经纪人真正成为能够长期从业、终身从业、获得尊重的职业。

随着从业人员和经纪机构加强诚信建设，消费者将获得更高品质服务，服务者获得更多成长。下一步，居住服务行业信用体系建设将探讨与国家征信、社会征信进一步融合，推动行业信用建设进入全面深化、合力推进的新阶段。

（四）重构了产业价值链

随着信息技术和数字科技的飞速发展，以互联网平台为基础的平台经济成为新经济的引领者。平台经济改变了传统的商业模式和习惯，注重和强调信息、资源和服务的共享，打破了传统行业中的信息不对称、竞争过度等弊端，大大提升了资源利用效率。平台的出现使高效组织传统经济链条的上中下游变得更便利，通过资源凝聚，重构围绕平台的环形链条。居住服务平台能够开放居住数据资源和技术能力，重塑信任关系和交互方式，用数据串联起从生产、使用到流通的全链条，精准连接供需两端，以数字化赋能整个产业。

平台经济的崛起，为所有生产者、消费者，以及服务链条上的所有参与者，创造了价值交互的基础设施。相比传统管道式运作的商业模式，互联网平台大大降低了沟通成本、支撑了大规模协作的形成，促进了产业跨界融合和新业态的涌现，冲击了传统商业经营模式。《平台革命》的作者、达沃斯世界经济论坛全球青年领袖桑基特在2019年4月的贝壳新居住大会上表示，"新居住行业的平台具备了三个关键特征：为所有服务者赋能，通过确立标准调动所有参与者协作，通过数据沉淀搭建信用管理体系，从而推动整个生态正循环。"面向未来，基于互联网经济平台，新居住服务要积极打破传统服务企业、服务者之间彼此孤立的壁垒，串联起泛居住、全业态的生产者、消费者，努力打造品质居住服务平台，推动价值互动。

五 促进新居住服务发展的政策建议

1. 建立正向反馈机制

互联网平台上，交易双方彼此形成网络效应和强相关关系。做好平台，需要从线上线下的闭环构建、服务者协作到品质服务标准化等多个层面，通过规则重塑信任关系和交互方式，用大数据串联起从生产、使用到流通的全产业链条。随着管理型服务市场兴起，居住服务市场更加职业化，行业从"轻"变"重"。而职业化的居住服务者，从收入成长、认同感等方面被激励，进一步提供更好的居住服务体验，行业形成一个正循环激励链条。

2. 推动服务者价值崛起

构建居住服务行业的基础设施、推动服务价值崛起是新居住时代的必然要求。新居住服务者本身的能力和素质，将对整个产业发展产生重要的影响。居住服务平台有责任帮助服务者更好地创造价值。因此，要对服务者的准入、行为、信用等进行有组织的管理，推动服务者朝着消费者满意的方向进化。服务者基本安全感得到满足、基本职业生涯得到规划，以及基本职业技能得到提升，同时具备被社会公众认可的职业操守，这将激励更多新的服务者加入平台。

3. 保持行业正循环发展

传统居住服务时代，用户需求与信息不对称，信息重复率高、准确性差，加上系统建设缺失，居住品质有限，造成交易转化率低。平台经济时代，协作成为行业主流。依托居住服务平台，多品牌协作的服务者将成为房子与消费者之间的纽带。居住服务平台要建构行业的基础规范、服务标准、行业伦理等，促进服务者之间有效协作，推动行业正循环良性发展。要建立起行业标准，包括物的标准、人的标准、流程的标准，搭建新居住服务基础设施，让社会看到行业的进步和成长，实现新居住闭环化、标准化和协作化，成为真正服务于满足人民美好生活需要的品质服务平台。

4. 从居住平台到居住生态

新居住服务平台要实现从企业到平台再到生态系统的迈进。以新居住服务平台为依托，品质居住服务生态雏形已初步显现。在这一生态系统中，人工智能、大数据、互联网、区块链等技术应用将使信息连接转变为服务升级，为消费者提供个性化、定制化的服务和产品，并贯穿整个居住服务的全生命周期。同时，通过开放数据资源和增强技术能力，精准连接供需两端，重塑"人""房""客"数据交互，以数字化赋能产业互联网，线上线下共生融合，延伸居住产业链，服务连接和服务闭环，塑造新居住品质和居住服务生态，为居住行业创造更大的想象空间。

5. 从行业发展到社会治理

党的十九大明确提出，要推进国家治理体系和治理能力现代化；强调加强和创新社会治理，维护社会和谐稳定，确保国家长治久安、人民安居乐业。居住服务平台要从行业延展到社会治理，不仅着眼于居住行业本身发展，还承载着推动社会进步的职能。新居住服务平台有助于强化社会信用体系建设，通过引入评价标准，建构信用意识、信用关系和信用体系，不断提升社会诚信水平，缓释因信用缺失造成的经济摩擦，最终促进市场经济运行效率的提升。此外，以新居住服务平台为代表的平台经济的壮大，既成为社会创新发展和产业升级的新引擎，也有助于全行业从居住服务切入，深入思考社会治理模式和体系重建。

城市群篇

Urban Agglomeration Reports

B.12
2019年粤港澳大湾区（粤境）房地产市场分析与2020年展望

廖俊平　徐　斌　伦嘉升　高振阳*

摘　要： 在中央明确的"不将房地产作为短期刺激经济的手段"方针指引下，为进一步促进房地产市场平稳健康发展，粤港澳大湾区内地城市纷纷根据各自的市场特点、通过多种举措来"因城施策"，包括优化购房政策、加强人才引进、大力支持住房租赁市场的发展以及规范行业管理等，总体上，大湾区内地城市的房地产市场在2019年运行平稳，供求基本平衡。展望2020年，大湾区内地城市房地产市场虽然受到新型冠状

* 廖俊平，中山大学岭南学院房地产咨询研究中心主任，教授，研究方向：房地产经济；徐斌，广州市广房中协房地产发展研究中心副主任，研究方向：房地产经济；伦嘉升，广州市广房中协房地产发展研究中心研究员，研究方向：房地产经济；高振阳，广州市广房中协房地产发展研究中心研究员，研究方向：房地产经济。

病毒肺炎疫情冲击，短期内"冰封"，但考虑人口大量流入、产业发展与升级、粤港澳大湾区建设稳步推进、货币金融环境适当放松以及各种优惠支持政策出台等诸多利好因素，预期将大概率呈现"先抑后扬"、全年同比温和上涨的走势。可以肯定的是，大湾区内地城市房地产市场需求仍然旺盛，"'稳'字当头"的调控基调不会改变，平稳增长的趋势也将持续，培育和完善住房租赁市场将会有更为充足的资金保障和政策支持，行业管理将更加规范、更能够体现各个城市的特色。

关键词： 粤港澳大湾区　房地产市场　平稳增长

一　粤港澳大湾区内地城市概述

2019 年 2 月 18 日，中共中央、国务院正式印发《粤港澳大湾区发展规划纲要》（以下简称《纲要》），《纲要》明确粤港澳大湾区（以下简称大湾区）包括香港特别行政区、澳门特别行政区和广东省广州市、深圳市、珠海市、佛山市、惠州市、东莞市、中山市、江门市、肇庆市（即珠三角九市，以下称大湾区内地城市），提出了将大湾区建设成为富有活力和国际竞争力的一流湾区及世界级城市群的总体要求、基本原则、战略定位以及有关措施。

大湾区内地城市地处我国沿海开放前沿，以泛珠三角区域为广阔发展腹地，是我国开放程度最高、经济活力最强的区域之一，在国家发展大局中具有重要战略地位，已初步形成以战略性新兴产业为先导、先进制造业和现代服务业为主体的产业结构，是内地外向度最高的经济区域和对外开放的重要窗口，在全国加快构建开放型经济新体制中具有重要地位和作用。

广东省统计局数据显示，大湾区内地城市土地总面积约为 5.48 万平方公里，其中肇庆、惠州和江门可以称得上是"巨无霸"，土地面积分别是14891、11347和9507平方公里；广州的土地面积排在第四位，为7249平方公里；比较而言，深圳、中山和珠海算是"小不点"，土地面积分别只有1997、1784和1736平方公里（见图1）。

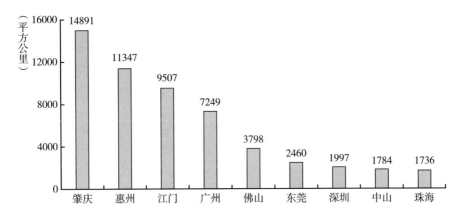

图1　大湾区内地城市土地面积

资料来源：广东省统计局。

从地图上看，处于大湾区内圈的城市，包括珠海、中山、东莞和深圳的土地面积相对狭小，而处于外圈的城市，即江门、佛山、肇庆、广州和惠州的土地面积则相对广阔。

大湾区内地城市合计的土地总面积只占广东省土地面积的30.5%，但2019年聚集了6447万的常住人口，占广东省的56.0%；地区生产总值约为8.7万亿元，占广东省的80.7%（见图2）。

如果再宏观一点，2019年大湾区内地城市仅以约0.6%的土地面积，承载了全国内地约4.6%的总人口和8.8%的地区生产总值（见图3）。

从以上几个简单的数字可以看出，目前大湾区内地城市在广东省乃至全国的地位确实举足轻重，按照《纲要》，粤港澳大湾区未来将进一步提升在国家经济发展和对外开放中的支撑引领作用。

作为国民经济先导型产业，房地产行业的健康运行和持续发展，在

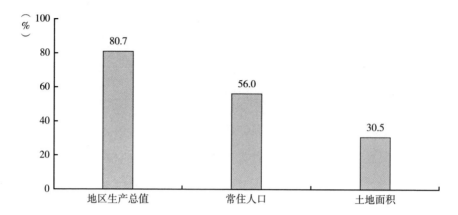

图 2 大湾区内地城市 2019 年地区生产总值、常住人口和土地面积占广东省比例

资料来源：广东省统计局。

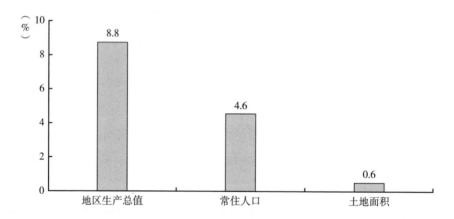

图 3 大湾区内地城市 2019 年地区生产总值、常住人口和土地面积占全国比例

资料来源：国家统计局、广东省统计局。

很大程度上会促进我国经济发展和人民生活水平的提高。大湾区内地城市房地产市场的发展状况，采取的各种政策、措施及所产生的效果，对全国其他城市或区域在发展和调控房地产市场时会具有非常强的借鉴和参考作用。

因此，本文尝试对 2019 年大湾区内地城市的房地产市场进行分析，并对 2020 年的趋势进行展望，窥斑见豹，以飨读者。

二 2019年房地产市场分析

（一）主要政策和举措分析

2019年我国经济发展面临诸多挑战。中美贸易摩擦持续更是让原本就陷入瓶颈的国内经济遭遇更多难题。作为我国改革开放前沿的大湾区内地城市，在稳增长、促发展方面也遇到了诸如产能过剩、供给与需求结构不平衡、不匹配等困境。

在房地产市场上，从中央层面来看，以"稳地价、稳房价、稳预期"为目标的政策基调没变，不但多次重申坚持"房住不炒"，政治局会议还明确"不将房地产作为短期刺激经济的手段"。为促进行业长期稳定健康发展，加强房地产金融风险管理，国家对资金定向监管仍保持从严从紧态势（下半年力度还有所加大）。从地方层面来看，在巩固房地产调控前期成果的同时，很多城市如西安、成都适时出台人才引进政策，以充分体现"一城一策，因城施策"的调控思路。以深圳、广州为代表的大湾区内地城市也都根据各自的市场特点，优化购房政策，继续拓宽住房供应渠道，为建立多主体供给、多渠道保障、租购并举的住房制度和房地产市场调控长效机制而不断探索、实践，纷纷出台多项强有力的政策以加强人才引进、加大高素质人才住房保障、大力支持住房租赁市场发展、推进城市更新改造以及规范行业管理等。

1.购房政策：不断优化，注重人才引进

广州的具体措施包括如下。

第一，自11月下旬起，非广州户籍人士在广州连续缴纳的近5年内社保、个人所得税，可以叠加一起使用。

第二，自12月16日起，港澳人士在广州购房无须再提供学习、工作、居住证明，仅须提供身份证和通行证，满足境内无房条件即可购买唯一一套住房。

第三，南沙、花都和黄埔三个行政区在年末先后出台人才新政。

南沙规定，在南沙区工作或学习的，本科及以上学历或符合技术、职业资格条件的人才在南沙区范围内购买首套商品房不受户籍、社保和个税缴存限制，港澳居民在南沙区范围内购买商品房享受与广州市户籍居民同等待遇。

花都则主要从三个方面放开人才绿卡申领条件（持卡人在花都区购房不受户籍、社保等限制）：一是放开在本区购买社会保险 6 个月的时限要求；二是大专以上学历的骨干技术人员取得中级及以上专业技术资格或职业资格证书即可申领；三是对于急需紧缺人才和创新创业人才，不设大专以上学历和中等职业资格方面的限制，只需花都区相关职能部门出具认证报告即可申领。

黄埔区政策的主要内容是：在黄埔区连续工作半年即可购房；优秀人才的父母、配偶父母、成年子女均可在黄埔区范围内购买一套商品住房；港澳居民在黄埔区范围内、在中新广州知识城工作的新加坡居民在中新广州知识城范围内购买商品住房享受与广州市户籍居民同等待遇。

5 月 5 日，中山市住房和城乡建设局明确，除提供中山祖籍证明外，港澳台、外籍客户申报中山购房资格新增两种途径：一是提供半年社保或个税凭证外加在职证明；二是在中山注册公司。

6 月 10 日，珠海市政府发布《珠海市"英才卡"实施办法（试行）》，明确非珠海户籍的持卡人购房不需要提交纳税和社保证明。

7 月 31 日，东莞市住房和城乡建设局、东莞市不动产登记中心公布《关于简化港澳台居民在我市购房相关资料要求的通知》，提出港澳台居民年满 18 周岁、在东莞已领取居住证且个人名下在该市无住房的，可以购买唯一一套新建商品住房。

11 月 1 日，江门市住房和城乡建设局明确提出如下优化购房资格的政策措施。

第一，大专以上学历的非本市户籍居民家庭、提供在本市缴纳社保证明的，以及经商务部门认定的重点招商企业非本市户籍员工家庭、提供处于聘用期内的劳动合同的，均可在限购区域购买1套新建商品住房。

第二，港澳台居民家庭2019年11月1日后无购房记录的，可在限购区域新增购买1套新建商品住房。

9月9日，佛山市印发《优粤佛山卡服务管理暂行办法》，规定自2019年10月10日起持有优粤佛山A、B卡，且在佛山没有住房的非本市户籍优秀人才，可在佛山限购区无条件购买1套住宅。

11月29日，佛山市人力资源和社会保障局、佛山市住房和城乡建设局联合发布《关于进一步完善人才住房政策的补充通知》，指出：在佛山工作、具有本科及以上学历或中级工及以上职业资格的人才，首套购房不受户籍和个税、社保缴存限制。

12月7日，深圳前海发布《前海贯彻落实"粤港澳大湾区建设领导小组会议关于惠及港澳居民的政策措施"行动计划》，明确港澳居民及家庭在前海合作区内可享受与深圳户籍居民及家庭同等条件的购房政策。

2.住房租赁政策：中央财政补贴，全方面支持

2019年初，中华人民共和国财政部、住房和城乡建设部出台《关于开展中央财政支持住房租赁市场发展试点的通知》，明确将通过竞争性评审的方式在全国范围内评选出中央财政支持住房租赁市场发展试点的示范城市，试点示范期为3年，其中直辖市每年10亿元，省会城市和计划单列市每年8亿元，地级城市每年6亿元，奖补资金主要用于多渠道筹集租赁住房房源、建设住房租赁信息服务与监管平台等。

7月18日，财政部、住房和城乡建设部公布北京、长春、上海、南京、杭州、合肥、福州、厦门、济南、郑州、武汉、长沙、广州、深圳、重庆、成都等16个城市入围试点城市。按照规定，广州和深圳每年将各得到8亿元的财政资金支持，用于发展住房租赁市场。

为更合理运用财政资金，广州和深圳将专项财政资金的使用和管理方案等向社会公众征求意见，针对奖补标准与对象、重大项目遴选标准和流程、资金拨付规则等均做出明确的规定。

多个大湾区内地城市还通过不断完善政策、法规和采取有力措施，全方

位支持住房租赁市场发展。

广州：

1 月 14 日，黄埔区人民政府办公室、广州开发区管委会办公室发布《广州市黄埔区广州开发区加快培育和发展住房租赁市场工作方案的通知》，主要明确：允许"商改住"，水电气按民用标准执行；个人出租房屋的可享受税收优惠；提出租赁住房用地以及城中村发展现代租赁服务业的计划。

3 月 22 日，广州市人民政府办公厅发布《广州市完善促进消费体制机制实施方案（2019—2020 年）》，该实施方案主要从加大租赁住房土地供应、支持租赁企业发展、提升"阳光租房"平台服务功能和加快推进本市房屋租赁管理立法等方面，明确近两年促进广州市住房租赁市场有序、规范发展的措施。

6 月 27 日，广州市住房和城乡建设局、广州市规划和自然资源局联合发布《关于规范新增租赁住房有关管理工作的通知》，从不动产登记、承租对象及价格、住房标准、登记备案、信息管理和宣传推广等多个维度对广州市新增租赁住房管理工作提出相应的规范。

7 月 12 日，广州市规划和自然资源局、广州市住房和城乡建设局联合印发《广州市商业、商务办公等存量用房改造租赁住房工作指导意见》，提出商业和办公等存量用房改造为租赁住房的实施细则。指导意见的出台，不仅有利于盘活广州市现有存量房资源，也能一定程度上解决现有的租赁住房短缺问题。

10 月 31 日，广州市房地产中介协会和广州市房地产租赁协会组织召开广州市住房租赁中介机构"守法经营，诚信服务"公开承诺大会。全市 400 余家房地产中介机构和住房租赁企业向社会郑重做出不发布虚假房源信息、不为"黑中介"发布信息等多项承诺，并向全行业发出倡议。

佛山：

1 月 25 日，佛山市出台《佛山市企业自持商品房屋租赁管理实施有关问题的通知（试行）》，明确房地产开发企业自持的商品房屋应全部用于公开对外租赁，不得销售、转让，对外出租单次租期不得超过 20 年，且不得超过土地出让合同中约定的自持期限。此外，该通知还规定，已竣工且通过验收的尚未出售的商品房可向佛山市住建局申请认定为企业自持商品房。企业自持商品房屋原则上以栋为单位申请办理不动产权证书，允许整体抵押。企业自持商品房屋，自持期间不得单独分割、抵押。

2017年8月，佛山市被确定为全国13个利用集体建设用地建设租赁住房（以下简称"集体租赁住房"）试点城市之一。为稳慎有序开展利用集体建设用地建设租赁住房试点工作，佛山市政府于2018年底印发《佛山市利用集体建设用地建设租赁住房管理办法（试行）》（佛府办〔2018〕51号）。为了保证上述文件中的各项规定能够顺利落地，便于各区操作执行，佛山市自然资源局会同市住建局在2019年8月14日出台四份配套指导文件，分别是《佛山市利用集体建设用地新建租赁住房土地供应管理实施办法（试行）》《佛山市利用集体建设用地新建租赁住房建设运营审批与产权登记管理实施办法（试行）》《佛山市关于推进村级工业园连片改造提升配建集体租赁住房的实施意见（试行）》《佛山市城中村存量房源规模化租赁管理试行办法（试行）》，对规范集体租赁住房土地供应行为和项目预审认定工作、集体租赁住房项目建设运营审批和完善不动产登记管理工作、村级工业园改造配建租赁住房的行为和推动职住平衡发展、存量房源规模化租赁行为及改善居民生活水平将起到重要作用。

深圳：

8月25日，出台《深圳市人民政府关于规范住房租赁市场稳定住房租赁价格的意见》，突出应以"稳租金、稳预期"为发展目标，强调应多渠道增加租赁住房供应、规范住房租赁市场行为、规范城中村规模化改造和租赁经营行为、发挥住房租赁交易服务平台作用等多项举措。

珠海：

4月，珠海市人民政府正式印发《关于加快建立多主体供给多渠道保障租购并举住房制度实施意见》，明确到2025年全市新增供应各类住房不少于14.3万套，新增供应各类保障性住房和租赁住房占比将达到30%左右。

8月27日，还出台《珠海市商品住房租赁管理办法（试行）》，明确提

出了住房租赁的适用范围、实施原则、职责分工、信息管理、业务综合管理和监督检查等要求。亮点包括：第一，提出搭建珠海市住房租赁监管服务平台，未来平台上可实现住房租赁合同网上备案和住房租赁企业及个人网上备案，便于住房租赁的管理工作。第二，提出由珠海市住房租赁有限公司作为国有市场化住房租赁业务主体，以企业化运营方式开展开发、建设、管理、日常维修和租金收取等业务，并协助市、区房地产主管部门开展租售服务业务。

江门：

10月17日，江门市人民政府印发《江门市公共租赁住房管理实施细则》，对公共租赁住房的来源、可申请对象、分配规则和租金标准等做出了较为明确的规定。

3. 公积金政策：提升效率，优化流程

2018年12月24日，《广州市住房公积金提取管理办法》出台，规定自2019年1月1日起，缴存人及配偶在广州市行政区域内无自有产权住房的，在广州、本人户籍地、配偶户籍地及毗邻广州的佛山、清远、中山、东莞、惠州、韶关购买自住住房可以提取。

8月23日，广州住房公积金管理中心发布《关于调整贷款业务流程有关问题的通知》，明确自8月31日起，对住房公积金贷款业务流程做如下调整。

第一，购买广州市行政区划范围内一手房（含一手期房、一手现房）申请住房公积金组合贷款的职工，可以在银行网点或广州住房置业担保有限公司业务网点提交贷款申请。

第二，住房公积金贷款资格审批通过后，由业务受理网点负责借款合同的面签工作。

第三，购买一手现房申请住房公积金贷款，贷款期限不得超过30年，贷款期限和楼龄之和不得超过40年。

第四，购买已小确权的一手现房申请住房公积金贷款，需要提供房屋评估报告。

深圳方面，6月11日，出台《关于做好2019年住房公积金缴存基数和缴存比例调整工作的通知》，明确缴费基数上限下调，最低缴费基数上升。

10月16日，为了加强住房公积金提取管理，规范住房公积金提取使用行为，实现住房公积金制度可持续发展，出台《深圳市住房公积金提取管理规定》。规定明确基本保障对象可按实际房租支出提取公积金；减少公积金提取所需证明材料；将公积金贷款申请扩大至部分限制交易类住房；购房提取票据有效时间由两年延长至三年；违规提取公积金，三年内不可再申请。

10月17日，深圳发布《关于进一步规范住房公积金贷款业务有关事项的通知》，主要内容包括明确商品住宅的范围，将公寓、宿舍等纳入公积金贷款，明确拆迁和回迁房增补面积公积金贷款申请条件等。

佛山市住房公积金管理中心在11月8日实施《关于调整我市住房公积金抵押贷款政策的通知》，内容包括将个人公积金最高可贷额度从40万元上调至50万元，放开对建筑面积超过144平方米的普通住宅公积金贷款"禁令"，以及将公积金"禁贷"认定范围从"认房"改为"认贷"。

中山市在4月15日印发《中山市住房公积金管理办法（修订稿）》，规定进一步扩大住房公积金制度覆盖面，港澳台居民可自愿缴存公积金，公积金缴存基数下调，缴存困难可以申请降低缴存比例、缓缴住房公积金。

4.旧改政策：规范操作，持续推进

7月11日，广州白云区印发《白云区旧村庄全面改造程序指引（试行)》，梳理了旧村庄全面改造的流程，明确了各事项的牵头单位，细化了各职能部门的分工。

10月11日，广州市规划和自然资源局增城区分局发布《关于进一步加强市场主体参与我区旧村改造监管工作的函》，坚决杜绝平台中介公司倒卖项目、破坏旧村改造秩序等行为，严禁企业提前介入旧村改造。

10月31日，广州市住房和城乡建设局出台《广州市旧村庄全面改造成本核算办法》，进一步明确旧村庄全面改造成本核算标准，规范旧村庄全面改造成本的核算方式，鼓励旧村庄及时搬迁和整体改造。

深圳市规划和自然资源局在2月1日出台《深圳市拆除重建类城市更新单元规划容积率审查规定》，正式引入"容积"的表述以适应现阶段规划管

理的实际需求；明确居住、商业混合用地测算比例，取消产业升级类项目转移建筑面积限制；为提高计划申报主体贡献特定紧缺型公共利益用地的积极性，大幅增加转移建筑面积和奖励建筑面积；对高容积率城中村不拆除重建，特殊情况的可设置净拆建比上限。

2月28日，深圳市规划和自然资源局出台《深圳市拆除重建类城市更新项目用地审批规定》，明确城市更新项目以城市更新规划划定的项目拆除范围为单位，按照城市更新单元规划确定的分期实施时序进行用地审批。

肇庆市于9月10日印发《肇庆市建设粤港澳大湾区一流营商环境若干措施》，加大降低企业用地成本的力度。文件明确表示对省优先发展产业的土地出让金可按工业用地最低70%收取；推动工业园区存量低效用地盘活利用，对有效盘活低效用地的企业适当给予奖励；对符合"三旧"改造的，且改造后容积符合规定的厂房项目给予资金奖励。

中山市在6月21日发布《关于深入推进旧厂房改造促进高质量发展的实施意见》，进一步推动连片成片统筹策划，鼓励单一主体的改造行为，明确完善历史用地手续的情形和对应措施，为精准支持实体经济发展，对原有政策内容进行调整与优化。

5. 行业管理：多方规范，从严要求

12月13日，住房和城乡建设部、国家发改委、公安部、市场监管总局、银保监会、国家网信办等6部门发布了《关于整顿规范住房租赁市场秩序的意见》，分别从租赁备案、房源发布、网络平台、住房租赁合同和租赁金融业务等方面提出规范住房租赁市场的意见。

1月25日，广州市房地产中介协会发布实施《广州市房地产中介业务水平认证管理办法（2019年修订版）》，对持证人禁止行为、取消水平证书的情形等均作了调整。

9月6日，广州市房地产中介协会发布《广州市房地产中介行业不良行为管理办法（2019年修订稿）》，规定不良行为名单的公开方式和列入不良行为名单的条件等。

10月30日，广州市房屋交易监管中心出台《关于进一步规范房地产中介机构通过房地产网络平台发布房源信息的通知》，从经纪人申请加入网络平台的条件、委托放盘、信息更新等方面规范广州市房地产中介机构及经纪人网络平台发布房源的行为。

12月18日，深圳市住房和建设局发布《关于严厉打击哄抬房价等违规行为切实规范我市房地产市场秩序的通告》，声明将坚决打击恶意炒作、哄抬房价等行为，维护市场秩序，随后龙岗区等行政区也出台相应通知。

珠海市住房和城乡规划建设局在1月18日印发《珠海市房地产经纪信用信息管理办法》，明确珠海市房地产经纪人行业协会将对全市范围内的经纪机构和经纪人进行信用信息采集、维护与管理，并实现与全市公共信用信息管理系统进行信息共享，建立健全房地产经纪信用信息体系。

6月26日，珠海市人民政府印发《珠海市房地产市场监督管理办法》，明确房地产开发商在取得商品房预售许可证十日内，通过交易监管平台一次性公布全部可预售商品房、预售时间、预售地点及价格，不得以内部认购、内部认筹等方式进行非公开预售；在签订认购协议并收取定金或签订买卖合同后，应于发生当日或次日更新备案购买人、成交价格及已交款项等信息；企业收取的预售资金也将实行全程监管。存量房方面，主管部门将建立房地产经纪行业基本信息库与交易监管平台；受业主委托的经纪机构应及时在交易监管平台申请房源备案与核验；由房地产经纪机构促成交易的，应当书面告知买卖双方可选择存量房资金托管完成交易。

江门市住房和城乡建设局在7月24日印发《江门市住房和城乡建设局商品房现售管理办法》，明确江门市商品房现售将实行备案制。对未取得《受理商品房现售备案通知书》的项目，开发商不得进行销售，也不得以认购、预订等名义收取或者变相收取定金、预订款等性质的费用；已取得《受理商品房现售备案通知书》的项目，开发商要在取得现售许可证十日内一次性公开全部可销售房源，并按照申报价格标价销售。

6. 其他政策："因城施策"，积极探索

11月11日，深圳市住房和建设局明确将普通商品住房标准调整为宗地容积率1.0以上且房屋建筑面积144平方米以下，满足上述标准的普通住房

在上次交易满两年后可再次上市出售，可以免征增值税。

11月21日，深圳市住房和建设局公开发布《关于调整普通住房标准及商务公寓政策的报告》，取消商务公寓"只租不售"的相关规定。

广州在推进共有产权住房市场发展上也进行了一些尝试。10月16日，南沙区发布《广州南沙新区试点共有产权住房管理实施细则》，对该区共有产权房的套数、产权份额、回购、上市流转、购房贷款等多个方面进行了详细规定和说明。

（二）区域经济环境分析

1. 地区生产总值

2019年，大湾区内地城市共实现地区生产总值86899亿元，同比增长6.4%，幅度较2018年下降0.5个百分点（见图4）。主要原因是中美贸易摩擦持续、产业结构调整与升级等，区域内经济下行压力加大。从趋势上看，大湾区内地城市近十年的经济增长率下滑较为明显。

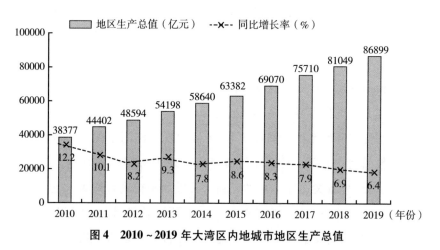

图4　2010～2019年大湾区内地城市地区生产总值

说明：同比增长率由统计部门按可比价格计算后公布。

资料来源：广东省统计局。

虽然2019年大湾区内地城市的地区生产总值同比增长率只有6.4%，但高于全国的6.1%和广东省的6.2%，说明大湾区内地城市的经济发展韧性较高，仍然具有充分活力。

分城市来看，大湾区内地城市中，受益于先进制造业的集聚与发展，东莞2019年的地区生产总值同比增速领跑，但与成都、南京和武汉相比稍显逊色。佛山、广州、珠海、深圳和肇庆等五个城市2019年的地区生产总值同比增长率在6.3%~6.9%，与杭州、重庆等相差不多，但要高于北京、上海、苏州等地。江门、惠州和中山的经济增长率都显著落后，尤其是中山，2019年的地区生产总值同比增长率只有1.2%（见图5）。

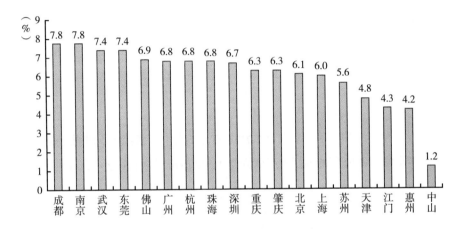

图5　2019年国内部分城市地区生产总值同比增长率

资料来源：各城市统计局。

从总量上看，大湾区内地城市的地区生产总值大致可以分为三个层级。其中深圳、广州为第一层级，2019年地区生产总值分别约为2.7万亿元和2.4万亿元；佛山和东莞属于第二层级，2019年地区生产总值分别约为1.1万亿元和0.95万亿元；惠州、珠海、江门、中山和肇庆则是第三层级，2019年地区生产总值在0.22万亿~0.42万亿元（见图6）。

总体而言，深圳和广州在一线城市中的地区生产总值要大幅落后于上海与北京；佛山和东莞目前也不能与武汉、杭州、天津、南京等一较高下；惠州、珠海、江门、中山和肇庆则还需要奋起直追。从另一个层面理解，大湾区内地城市的地区生产总值未来增长空间巨大。

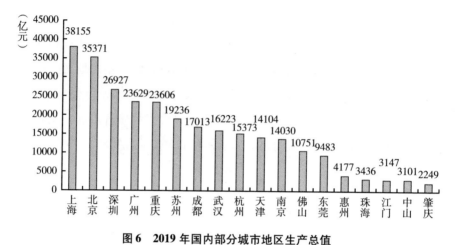

图6 2019年国内部分城市地区生产总值

资料来源：各城市统计局。

从地区生产总值份额上看，在大湾区内地城市中，深圳和广州明显处于重要地位，两个城市2019年的地区生产总值合计占到城市群总量的近六成（见图7）。

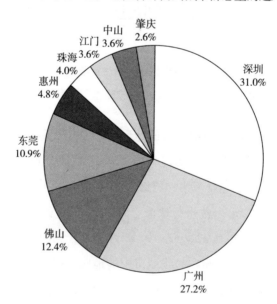

图7 2019年大湾区内地城市地区生产总值份额构成

资料来源：广东省统计局。

由以上分析可以得出如下结论：第一，大湾区内地城市的经济增速在2019年虽有下调，但幅度仍然可观；第二，深圳和广州作为大湾区内地城市的核心当之无愧，其引领作用未来应更加凸显；第三，大湾区内地城市之间的经济发展差距较大，几个城市的地区生产总值偏小、增长率偏低，中山、江门和惠州一定时期内保增长的压力较大。

2. 常住人口

2010～2019年，大湾区内地城市的常住人口呈稳步增长态势。截止到2019年底，总量达到6447万人，近三年的常住人口增量都在150万人左右（见图8、图9）。

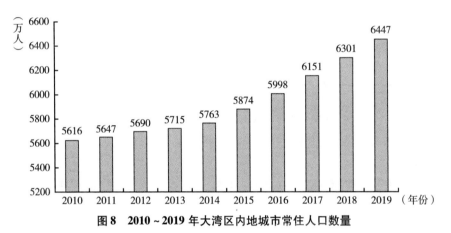

图8 2010～2019年大湾区内地城市常住人口数量

资料来源：广东省统计局。

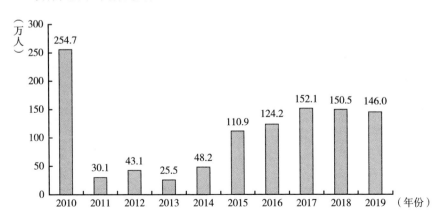

图9 2010～2019年大湾区内地城市常住人口增量

资料来源：广东省统计局。

分城市来看，在大湾区内地城市中，广州和深圳的常住人口总量排在前列，其中广州 2019 年末为 1531 万人；东莞和佛山属于第二梯队，总量都超过 800 万人；惠州、江门和肇庆则是第三梯队；中山和珠海排名靠后，其中珠海为 202 万人，数量最少（见图 10）。

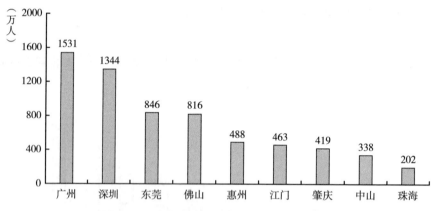

图 10　2019 年大湾区内地城市常住人口数量

资料来源：广东省统计局。

在人口吸引力方面，大湾区内地城市要显著高于国内其他城市。2019年，大湾区内地城市的常住人口增量为 146 万人，大幅领先浙江省的 113 万人，更远远超过山东和江苏两省（见图 11）。

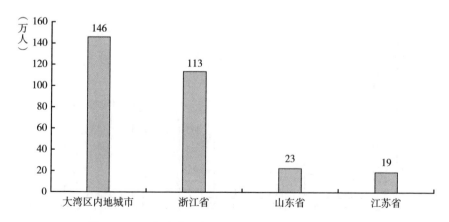

图 11　2019 年大湾区内地城市与浙鲁苏常住人口增量

资料来源：各省统计局。

在广东省2019年175万的常住人口增量中，有83.4%是流向大湾区内地城市。从趋势上看，大湾区内地城市的常住人口总量在广东省所占的比例在2014年以后逐年提高，2019年末为56.0%，反映其人口聚集能力在不断增强（见图12）。

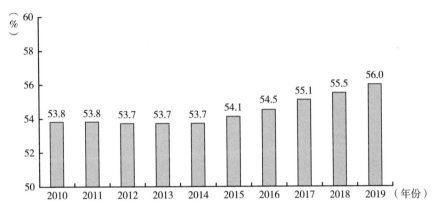

图12 2010～2019年大湾区内地城市常住人口占广东比例

资料来源：广东省统计局。

比较而言，深圳与广州的人口聚集能力在大湾区内地城市中最为突出，2019年常住人口增量都超过40万人，反映中心城市的人口聚集态势更趋明显；惠州、肇庆和江门都偏低，分别只有5.0万人、3.5万人和3.2万人（见图13）。

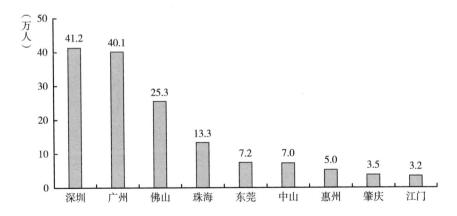

图13 2019年大湾区内地城市常住人口增量

资料来源：广东省统计局。

值得一提的是，珠海2019年的常住人口增量虽然只有13.3万人，远少于深圳和广州，也低于佛山的25.3万人，但增幅在大湾区内地城市排名第一，为7.0%。深圳、佛山和广州的增速相差不多，都在3%上下（见图14）。

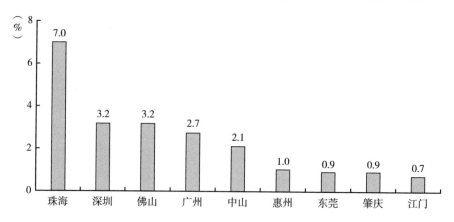

图14 2019年大湾区内地城市常住人口增幅

资料来源：广东省统计局。

人口流动是观察经济社会发展趋势的重要风向标。从以上分析可以预计，在广州和深圳这两大国家级中心城市的引领下，大湾区内地城市的人口聚集能力在未来将进一步增强，从而为房地产市场带来更多需求；而且，深圳、广州、佛山和珠海所面临的机会应该更大。

3. 产业结构

近十年来，大湾区内地城市的产业结构呈不断优化的趋势，第三产业自2011年起所占比例就已经过半，2019年末为57.1%（见图15）。

在大湾区内地城市的产业结构中，第三产业所占比例广州较高，达到71.6%，仅次于北京和上海；深圳为60.9%，珠海也有53.8%，剩余城市则都低于50%；中山、惠州、东莞、佛山仍以第二产业为主体，其中东莞和佛山第二产业所占比例都超过56%，不枉有"制造业名城"之称（见图16）。

从产业结构的构成和发展趋势看，随着第三产业所占比例不断提高，未来大湾区内地城市的商业及写字楼物业市场会有更多需求，但城市间的差别

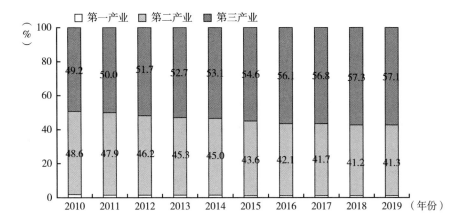

图15 2010~2019年大湾区内地城市产业结构

资料来源：广东省统计局、各城市统计局。

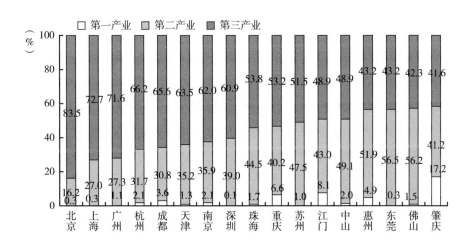

图16 2019年国内部分城市产业结构

资料来源：各城市统计局。

巨大，广州与深圳的优势会相对突出，珠海也会不错。

4. 房地产开发投资

2019年，大湾区内地城市共完成房地产开发投资额12850亿元，同比增长11.8%，增幅较2018年回落5.1个百分点。一定程度上反映在"房住不炒"的大背景下，房地产市场有所降温，开发企业相对谨慎（见图17）。

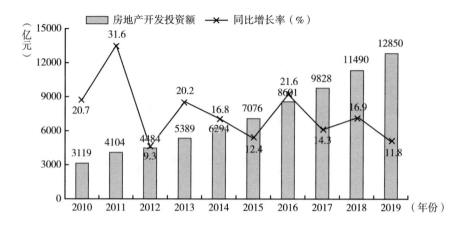

图17　2010～2019年大湾区内地城市房地产开发投资额

资料来源：广东省统计局。

与国内部分城市比较，2019年肇庆、江门、惠州和深圳的房地产开发投资额同比增长率都较高，其中肇庆增长幅度高达31.2%；广州、珠海的表现也较好，同比分别增长14.8%和13.5%；东莞和佛山则相对温和，同比增长幅度分别为8.1%和6.3%；中山同比则减少24.5%，反映除中山外，大湾区内地城市仍普遍被房地产开发企业看好，但肇庆、江门在短期内很可能会面临供应过剩的难题（见图18）。

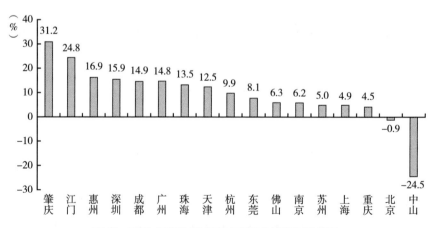

图18　2019年部分城市房地产开发投资同比增速

资料来源：各城市统计局。

（三）土地市场分析

1. 总体成交情况

随着《纲要》的出台，大湾区的未来发展被普遍看好，投资者积极性高涨。2019年大湾区内地城市共成交土地5556万平方米，近七年来仅次于2013年和2017年，同比增长19.6%；成交金额自2014年起也呈稳步增长态势，2019年逼近4800亿元，同比增长20.2%，也反映整体土地价格在逐渐攀升（见图19）。

图19　2013～2019年大湾区内地城市土地成交情况

资料来源：广东省房地产行业协会。

分城市来看，广州表现最为亮眼，2019年土地成交面积远超其他大湾区内地城市，同比增长63.9%，且所占比例为大湾区内地城市的近1/4；珠海、东莞、深圳（含深汕特别合作区）、惠州的土地成交面积同比增幅也很高；但佛山、肇庆、江门尤其是中山则不尽如人意，同比都呈负增长，中山的下调幅度超过30%（见表1）。

2. 各类型土地成交情况

2019年大湾区内地城市的土地成交仍以工业用地为主，且所占比例是近五年来最高，说明区域内产业发展与升级的成果显著，是经济增长的主要驱动力（见图20）。

表1 2019年大湾区内地城市土地成交情况

城市	土地成交面积（万平方米）	占大湾区所有内地城市的比例（%）	土地成交面积同比增长率（%）	土地成交金额（亿元）	占大湾区所有内地城市的比例（%）	土地成交金额同比增长率（%）
广州	1353	24.4	63.9	1670	34.9	13.9
佛山	746	13.4	-4.2	772	16.2	-13.9
东莞	698	12.6	57.3	478	10.0	66.1
惠州	694	12.5	26.2	271	5.7	34.6
肇庆	637	11.5	-11.9	134	2.8	-2.0
江门	552	9.9	-14.4	205	4.3	-8.7
珠海	504	9.1	61.5	455	9.5	127.7
深圳（含深汕特别合作区）	230	4.1	43.4	679	14.2	50.7
中山	141	2.5	-31.5	116	2.4	2.9

资料来源：广东省房地产行业协会。

图20 2015～2019年大湾区内地城市不同类型土地成交面积比例

资料来源：广东省房地产业协会。

分城市（缺江门和肇庆数据）来看，惠州2019年的工业用地成交以138宗的成绩稳坐第一位，同比增速也高达64.3%；因中新知识城建设、智慧城市等规划的逐步出台，广州的工业用地共成交79宗，同比增长16.2%；以第二产业为主体的佛山和东莞的工业用地成交也较多，分别为77宗和73宗，同比增长4.1%和12.3%；珠海因横琴科学城建设进程推进等利好影响，工业用地出让宗数同比增长91.7%，几乎翻番；深圳则相对平稳，工业用地成交宗数同比增长8.0%；唯独中山落后，2019年工业用地成交宗数大幅下降超三成（见图21）。

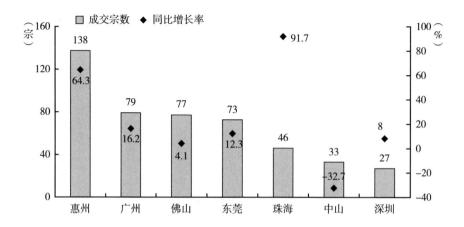

图21 2019年大湾区内地部分城市工业用地成交宗数及增长率

资料来源：广州市房地产中介协会、中原战略研究中心等。

居住用地方面，由于经济增长乏力，且中央明确"不将房地产作为短期刺激经济的手段"，2019年多数大湾区内地城市的居住用地成交宗数较2018年有所减少，幅度以中山为最；深圳同比持平；珠海和东莞的同比则呈现增长，其中珠海的幅度达到125.0%，反映房地产开发企业对珠海的住宅市场前景极为乐观（见图22）。

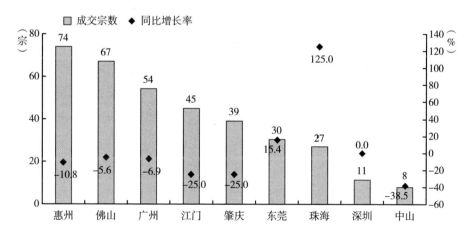

图22 2019年大湾区内地城市居住用地成交宗数与增长率

资料来源：广州市房地产中介协会、好地研究院等。

商服用地方面（缺惠州、江门、中山数据），受金融城规划加持等利好刺激，广州 2019 年成交 31 宗，同比增长 24.0%；东莞非常出色，成交宗数同比增长超过一倍；但珠海、佛山、肇庆和深圳则表现乏力，成交宗数同比均呈现负增长，且幅度较大（见图 23）。

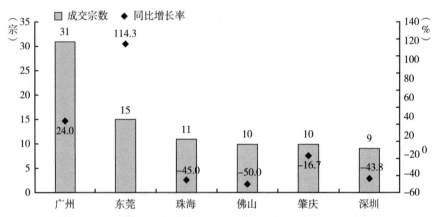

图 23 2019 年部分大湾区内地城市商服用地成交宗数与增长率

资料来源：广州市房地产中介协会、乐居房产等。

（四）商品房市场分析

1. 新建商品房成交情况

2019 年大湾区内地城市共销售新建商品房 9335 万平方米，同比轻微下降约 0.3%，但销售均价近十年来都呈现稳步增长态势（见图 24）。

佛山、惠州和广州的商品房销售面积排名前列，其中佛山 2019 年共销售 2134 万平方米。同比增长率各城市则涨跌互现，其中珠海增长迅速，幅度达到 45.1%；深圳有 14.5% 的增幅；广州则有 5.5% 的下滑（见表 2）。

2. 新建商品住宅成交情况

2019 年大湾区内地城市的商品住宅供求比①约为 1.0，说明区域内整体供求关系基本平衡（见图 25）。

---

① 商品住宅供求比 = $\dfrac{\text{商品住宅新开工面积}}{\text{新建商品住宅销售面积}}$。

图 24　2010～2019 年大湾区内地城市商品房销售情况

资料来源：广东省统计局、广东省房地产行业协会。

表 2　2019 年大湾区内地城市商品房销售情况

城市	商品房销售面积 （万平方米）	占大湾区所有内地 城市的比例(%)	商品房销售面积 同比增长率(%)	同比增长率变动 （个百分点）
佛山	2134	22.9	-9.3	-2.2
惠州	1725	18.5	3.7	3.0
广州	1465	15.7	-5.5	-15.5
深圳	827	8.9	14.5	13.0
东莞	712	7.6	3.1	-7.2
中山	693	7.4	-6.0	8.7
肇庆	676	7.2	2.8	12.5
江门	667	7.1	-2.6	-1.2
珠海	438	4.7	45.1	-7.9

资料来源：广东省统计局。

　　惠州 2019 年新建商品住宅成交约 14.8 万套，总量远高于其他大湾区内地城市，但因为市场调控，同比有小幅减少；新建商品住宅同比增长率珠海表现夺目，幅度为 133.0%；在建设中国特色社会主义先行示范区和豪宅标准从原来的 120 平方米以上调整到 144 平方米以上等利好因素的带动下，深

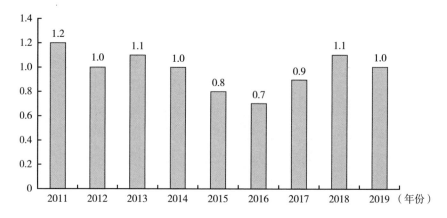

图25　2011～2019年大湾区内地城市商品住宅供求比

资料来源：广东省统计局、广东省房地产行业协会。

圳的新建商品住宅同比增长幅度也有28.9%；佛山虽成交超过11万套，同比却有32.0%的下滑，部分原因是佛山的市场需求很多都来自广州，受限购政策影响明显（见图26）。

　　惠州、佛山和中山2019年的新建商品住宅成交套数较多，部分原因也是深圳与广州的需求外溢。

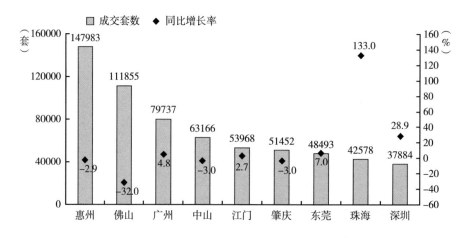

图26　2019年大湾区内地城市新建商品住宅成交套数与增长率

资料来源：房博士等。

3. 房地产开发企业业绩情况

大湾区内地城市向来是房地产开发企业重点关注的区域。2019年很多知名房地产开发企业在大湾区内地城市都取得了不错的销售业绩，其中碧桂园、万科地产和保利发展表现突出，销售额分别为819.4亿元、714.4亿元和473.1亿元（见图27）。

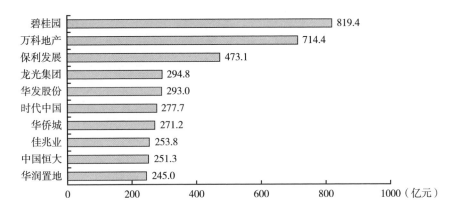

图27 2019年在大湾区内地城市销售额前十的房地产开发企业

资料来源：克而瑞数据库。

4. 部分城市存量住宅成交情况

2019年广州和深圳的存量住宅交易较为活跃，成交套数分别约为9.2万套和7.7万套；但同比表现迥异，其中深圳的增长率为19.4%，广州却下降了9.9%。佛山2019年的存量住宅成交达到约5.4万套，总量不少，同比却下降了26.8%。东莞和江门的交易量相差不多，但东莞同比温和增长，江门有超过10%的下降（见图28）。

5. 住宅租金情况

2019年大湾区内地城市的住宅租金水平总体平稳，各个城市的同比变化幅度都不高。

由于经济发展水平、住宅价格等各方面因素的影响，深圳的住宅租金水平要显著高于其他大湾区内地城市，达80.5元/（米^2·月）；广州次之，为54.5元/（米^2·月）；其余城市的住宅租金水平都不高（见图29）。

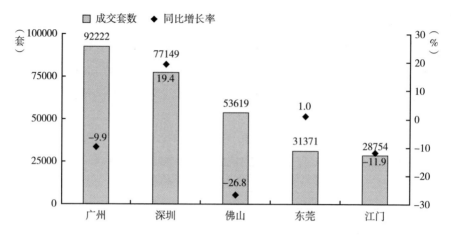

图28　2019年部分大湾区内地城市存量住宅成交量与增长率

资料来源：广州市住建局、房博士等。

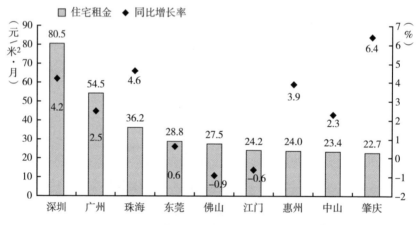

图29　2019年大湾区内地城市住宅租金水平与增长率

资料来源：广州市房地产中介协会、乐居房产等。

三　2020年房地产市场预测

（一）货币金融环境将适度放松

近几年我国货币金融环境相对紧张，M2的同比增长率保持较低水平（见图30）。2019年8月，我国贷款市场报价利率（LPR）机制正式形成，并于11月首次降低与房贷利率紧密关联的5年期LPR。为刺激经济发展，最大限度上降低新型冠状病毒肺炎疫情所带来的冲击，预期2020年的货币金融环境将适度放松，利率有望进一步降低，从而使得购房成本下降，促进房地产市场需求提升。

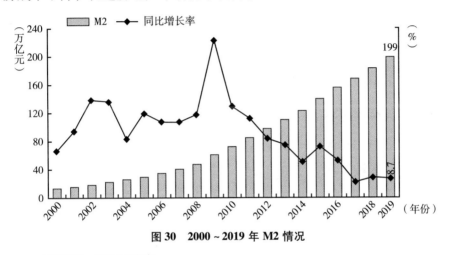

图30　2000~2019年M2情况

资料来源：中国人民银行。

（二）市场成交先冷后热，全年或稳中有升

由于受到2020年1月中下旬暴发的新型冠状病毒肺炎疫情影响，全国各城市春节后都延迟复工、复产，大湾区内地城市也不例外。2月全国房地产市场进入"速冻"模式，虽然房地产开发企业和中介机构都在积极试水线上交易，但受制于房地产交易的特殊性，市场活跃度仍维持在较低水平。但大湾区内地城市作为改革开放的前沿，人才的大规模流入、产业发展与升级等诸多利好必然会带动区域发展，叠加从中央到地方都将出台有力的优惠、扶持政策以促进经济复苏，相信随着"疫情"逐步得到控制，房地产市场氛围或将再度活跃。因此，预测2020年大湾区内地城市房地产市场将呈现先冷后热趋势：第一季度受"疫情"影响而短暂回落，但随着"疫情"逐步得到控制，成交量将会回升；第二季度或将迎来交易的"小高潮"，全年交易量或将好于2019年。

（三）"房住不炒"，"稳"字当头仍是调控基调

2019 年 7 月召开的中共中央政治局会议首提"不将房地产作为短期刺激经济的手段"，12 月中央经济工作会议再次重申"房子是用来住的，不是用来炒的"，同时强调"全面落实因城施策"和"稳地价、稳房价、稳预期"的房地产市场长效管理机制。由此可见，2020 年大湾区内地城市的工作重点仍是保持房地产市场平稳发展，继续探索、实践长效机制。

（四）市场总体需求旺盛，中心城市外溢增加

由于 2019 年大湾区内地城市经济增速较好，人口流入也十分可观，因此 2020 年的住宅房地产市场需求总体上将保持旺盛。

此外，在 2019 年大湾区内地城市中相继有虎门二桥、从莞高速惠州段、花莞高速一期等多个道路建设项目竣工，还有南沙国际邮轮母港、穗深城际等多个交通项目投入使用，未来还将有深中通道、莲花山通道、狮子洋通道等多个串联大湾区内地城市的交通工程落地。随着交通配套设施的不断完善，"大湾区 1 小时生活圈"正在逐步形成。由于生活环境、房地产价格等多方面因素影响，预计 2020 年广州、深圳的市场需求将更多外溢至佛山、珠海、惠州、东莞、中山等城市，但肇庆、江门面临的机会可能会少一些。

（五）将加快培育和完善住房租赁市场

如前文所述，2019 年广州和深圳被评为中央财政支持住房租赁市场发展试点城市，每年可获得 8 亿元（为期 3 年）的资金支持，用于促进本市住房租赁市场发展；其他大湾区内地城市在 2019 年也纷纷出台多种政策来发展住房租赁市场。

由于外来人口大量流入，大湾区内地城市的住房租赁市场的重要性日益突出，相信各个城市在 2020 年仍会积极出台各种政策、采取多样化措施来积极发展和完善住房租赁市场。

（六）人才吸引力度将继续加大

人口流向决定城市今后较长时期内的经济增长与发展，对房地产行业尤其重要。2019年多个大湾区内地城市高度重视通过调整限购条件等政策来吸引和留住人才。为解决中高端人才居住问题，大湾区内地城市在2019年还积极探索多种住房供应和保障方式，如加大公租房保障力度、完善人才公寓管理办法、开展共有产权住房的试点项目等。

预测2020年各大湾区内地城市还会继续加大人才引进力度，深化住房制度改革，建立健全人才住房保障和供应体系。

（七）行业规范化程度将进一步提高，市场调控与管理将更能体现城市特色

2019年，大湾区各个城市纷纷出台各种政策、法规来规范房地产行业，加强市场管理，不难预见2020年还将有一系列政策、法规出台，房地产行业的管理将进一步加强，行业的规范化程度将逐步提高，"因城施策"也会得到更好体现。

B.13

2019年长三角城市群房地产市场总结及2020年展望

崔光灿　黄静　祝梦迪　李晴*

摘　要： 2019年是长江三角洲区域一体化快速发展的一年，为房地产市场发展注入了活力。全年主要城市房地产市场呈现不断恢复的态势，多数一、二线城市住房成交量上升，价格企稳。城市群的住房价格涟漪效应明显，价格主要由二线城市带动，合肥、嘉兴、苏州、温州和无锡等城市对周边城市房价的影响较大。土地市场交易量放大，后期住房供应有望增加。上海住房租赁市场经历了调整，租金水平出现下跌。主要城市的房地产市场调控政策不断加大力度，但部分城市对人才的住房支持政策同时增强。预计2020年长三角房地产市场总体平稳发展，经济增长不确定性影响相对较小，但三、四线城市房地产市场出现冷热分化的概率加大。

关键词： 长三角　区域一体化　城市群　房地产市场　涟漪效应

---

* 崔光灿，上海师范大学房地产经济研究中心主任，研究方向：房地产经济与住房保障；黄静，上海师范大学房地产经济研究中心副主任，研究方向：房地产经济；祝梦迪，上海师范大学商学院区域经济学研究生，研究方向：房地产经济；李晴，上海师范大学金融学研究生，研究方向：房地产金融。

一 2019年长三角城市群房地产市场基本情况

（一）长三角区域一体化发展提速，房地产市场联动基础增强

长三角区域发展战略始于20世纪80年代，于2016年迈入一体化协调发展新阶段。2016年5月，国务院批复的《长江三角洲城市群发展规划》，提出培育更高水平的经济增长极，到2030年，全面建成具有全球影响力的世界级城市群。规划中长三角城市群在上海市、江苏省、浙江省、安徽省范围内，由以上海为核心、联系紧密的26个城市组成。

2018年11月5日，习近平总书记在首届中国国际进口博览会上宣布，支持长江三角洲区域一体化发展并上升为国家战略，着力落实新发展理念，构建现代化经济体系，推进更高起点的深化改革和更高层次的对外开放，同"一带一路"建设、京津冀协同发展、长江经济带发展、粤港澳大湾区建设相互配合，完善中国改革开放空间布局。

2019年10月，国务院批复《长三角生态绿色一体化发展示范区总体方案》，同意建设长三角生态绿色一体化发展示范区，范围包括上海市青浦区、江苏省苏州市吴江区、浙江省嘉兴市嘉善县，面积约2300平方公里。

2019年12月，中共中央、国务院印发了《长江三角洲区域一体化发展规划纲要》，规划范围包括上海市、江苏省、浙江省、安徽省全域。以上海市，江苏省南京、无锡、常州、苏州、南通、扬州、镇江、盐城、泰州，浙江省杭州、宁波、温州、湖州、嘉兴、绍兴、金华、舟山、台州，安徽省合肥、芜湖、马鞍山、铜陵、安庆、滁州、池州、宣城27个城市为中心区，辐射带动长三角地区高质量发展。以上海青浦、江苏吴江、浙江嘉善为长三角生态绿色一体化发展示范区，示范引领长三角地区更高质量一体化发展。以上海临港等地区为中国（上海）自由贸易试验区新片区，打造与国际通行规则相衔接、更具国际市场影响力和竞争力的特殊经济功能区。《规划纲要》提出把长三角建设成为"一极三区一高地"，即全

国发展强劲活跃增长极、全国高质量发展样本区、率先基本实现现代化引领区、区域一体化发展示范区和新时代改革开放新高地。规划到 2025 年，长三角跨界区域、城市乡村等区域板块一体化发展达到较高水平，在科创产业、基础设施、生态环境、公共服务等领域基本实现一体化发展，全面建立一体化发展的体制机制。

长三角区域一体化的加速推进，将推动长三角区域经济高质量增长，将强化产业集聚并刺激土地要素的需求和相应房地产市场的发展。产业集聚吸引更多的人口流入，人口城镇化率稳步提高，收入差距逐步改善，进一步助推跨城市房地产的需求。可见，区域经济一体化发展及人口集聚，对于长三角城市群房地产市场的稳步发展及市场联动构筑了强劲的基本面支撑。

（二）2019年长三角区域房地产开发投资总体稳定

2019 年长三角三省一市共完成房地产开发投资达 3.36 万亿元，占全国房地产开发投资的 25.4%。房屋销售面积 3.43 亿平方米，占全国房屋销售面积的 20.0%。总体来看基本稳定。其中房地产开发投资都有增长，而新开工面积和销售面积同比有升有降，见表1。

上海市 2019 年全年完成房地产开发投资 4231.38 亿元，比上年增长 4.9%，完成住宅投资 2318.13 亿元，比上年增长 4.1%，占房地产开发投资的 54.8%。全年房屋新开工面积 3063.44 万平方米，比上年增长 14.0%。全年商品房销售面积 1696.34 万平方米，比上年减少 4.0%。其中住宅销售面积 1353.70 万平方米，比上年增长 1.5%。

江苏省 2019 年全年完成房地产开发投资 12009.35 亿元，比上年增长 9.4%。完成住宅投资 9461.98 亿元，比上年增长 13.1%，占房地产开发投资的 78.8%。全年房屋新开工面积 16227.47 万平方米，比上年减少 3.5%。全年商品房销售面积 13972.85 万平方米，比上年增长 3.6%。其中住宅销售面积 12545.04 万平方米，比上年增长 4.2%。

浙江省 2019 年全年完成房地产开发投资 10682.97 亿元，比上年增长 7.4%。完成住宅投资 7727.11 亿元，比上年增长 8.0%，占房地产开发投资的72.3%。房屋新开工面积12730.92万平方米，比上年减少1.2%。全年商品房销售面积9378.31万平方米，比上年减少3.9%。其中住宅销售面积7803.99万平方米，比上年减少1.7%。

安徽省2019年全年完成房地产开发投资6670.50亿元，比上年增长11.7%。完成住宅投资5248.10亿元，比上年增长15.0%，占房地产开发投资的78.7%。房屋新开工面积11117.50万平方米，比上年增长2.5%。全年商品房销售面积9229.40万平方米，比上年减少8.1%。其中住宅销售面积8323.90万平方米，比上年减少6.5%。

表1　2019年长三角房地产开发投资总体情况

指标	上海市		江苏省		浙江省		安徽省	
	数据	同比（%）	数据	同比（%）	数据	同比（%）	数据	同比（%）
房地产开发投资（亿元）	4231.38	4.9	12009.35	9.4	10682.97	7.4	6670.50	11.7
#住宅	2318.13	4.1	9461.98	13.1	7727.11	8.0	5248.10	15.0
施工面积（万平方米）	14802.97	0.9	65686.75	4.8	49604.61	11.4	43591.20	6.0
#住宅	7446.43	−1.0	49010.85	5.8	31175.94	13.6	31953.75	9.5
新开工面积（万平方米）	3063.44	14.0	16227.47	−3.5	12730.92	−1.2	11117.50	2.5
#住宅	1572.90	6.8	12478.43	−3.3	8345.91	−4.8	8704.45	3.0
竣工面积（万平方米）	2669.67	−14.3	9369.08	9.8	5738.82	10.6	5673.90	26.4
#住宅	1453.28	16.0	6968.89	9.6	3551.11	16.5	4250.81	33.5
销售面积（万平方米）	1696.34	−4.0	13972.85	3.6	9378.31	−3.9	9229.40	−8.1
#住宅	1353.70	1.5	12545.04	4.2	7803.99	−1.7	8323.90	−6.5

资料来源：国家统计局。

（三）2019年长三角重点城市房地产市场交易情况

1. 长三角重点城市房地产交易价格总体趋稳

2019年长三角典型城市的房价总体呈上涨态势，一些城市房地产市场

由 2018 年的趋冷逐步回暖，价格回升但涨幅不大，新建商品住房的价格逐步回归，市场总体处于稳定状态。

在国家统计局监测的 70 个大中城市中，长三角有 10 个城市。2019 年新建商品住宅价格中扬州、无锡、金华和宁波四个城市涨幅较大，超过 8%，而其他城市的价格涨幅都不大。二手商品住宅（存量商品住房）总体涨幅不大，无锡、宁波上涨较快，分别为 8.6% 和 7.9%，见表 2。

表 2　2019 年 12 月长三角重点城市住宅销售价格指数

城市	新建商品住宅		二手商品住宅	
	同比	定基	同比	定基
	2018 年 12 月 = 100	2015 年 = 100	2018 年 12 月 = 100	2015 年 = 100
上海	102.3	149.7	101.3	139.3
南京	104.1	153.4	105.5	145.9
杭州	105	147.5	103	144.6
宁波	108.3	138.8	107.9	133.5
合肥	103.9	160.8	103.3	161.2
无锡	108.7	153	108.6	147.8
扬州	111.1	151.1	105	129.2
温州	104.2	120.7	103.5	116.4
金华	108.4	134.4	101.5	120.8
安庆	102.9	126.5	96.2	117.6

资料来源：国家统计局。

从月度环比数据看，2019 年长三角重点城市新建商品住宅环比价格指数呈不断攀升的趋势，每月平均环比上涨 0.47%，扬州、无锡、宁波分别以平均 0.88%、0.69%、0.66% 的增幅领涨。下半年月度环比的上升幅度总体较大，但也出现个别城市下跌的情况，如合肥 9~11 月连续 3 个月环比下降，见图 1。

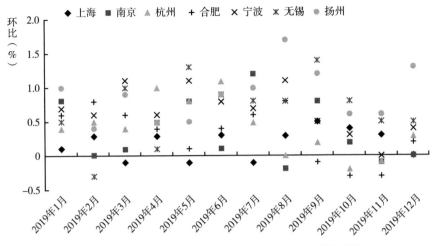

图1 2019年长三角重点城市新建商品住宅环比价格指数

资料来源：国家统计局。

2019年长三角重点城市二手商品住宅（存量住宅）环比价格指数呈现先上升后企稳的趋势，平均每月环比上涨0.25%，无锡、宁波、扬州分别以0.70%、0.64%、0.40%的增幅领涨。长三角城市波动情况大体相同，而个别城市出现了明显的下跌，如安庆市二手商品住宅价格波动呈现全年下跌情况，见图2。

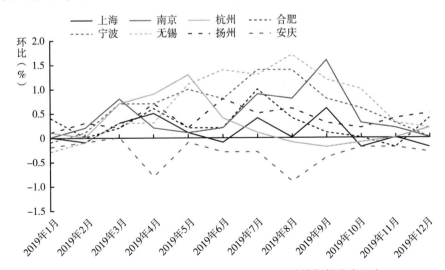

图2 2019年长三角重点城市二手商品住宅价格指数月度环比

资料来源：国家统计局。

其中，上海市房价波动情况较小，房地产市场较为平稳。2019 年上海市新建商品住宅价格上半年上涨、下跌交替进行，但跌幅小于涨幅，8 月后市场开始回温，2019 年 12 月比上年同期上涨 2.3%。二手商品住宅价格由跌转涨，与 2018 年相比，月均环比由 - 0.22% 上升为 0.11%，2019 年 12 月比上年同期上升 1.3%，见图 3。

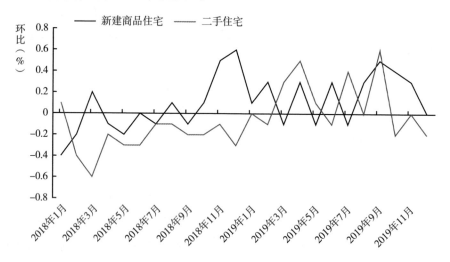

图 3　2018～2019 年上海市新建商品住宅价格和二手住宅价格指数月度环比

资料来源：国家统计局。

2019 年南京市新建商品住宅价格总体呈上升趋势，2018 年 8 月以后，房价基本呈现上涨趋势，2019 年 12 月比上年同期上涨 4.1%。二手商品住宅价格除 1 月和 12 月环比与上月持平，其余月份均呈现上涨态势，2019 年 12 月比上年同期上升 5.5%，见图 4。

杭州市新建商品住宅价格自 2018 年以来总体呈上升趋势，2019 年下半年价格略微下跌，2019 年 12 月比上年同期上涨 5%。二手商品住宅价格环比指数波动较大，波动趋势与上年大体相同，上半年呈现先快速增长、后减速增长的趋势，下半年逐渐出现下跌后回归增长的状态，2019 年 12 月比上年同期上升 3%，见图 5。

2019 年合肥市新建商品住宅价格总体稳中有升，环比价格指数在 9～11

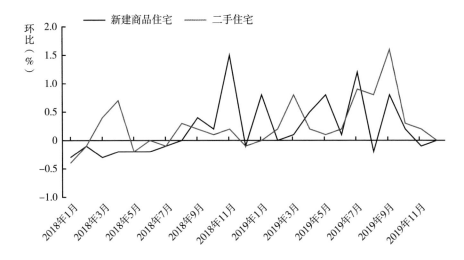

图4 2018～2019年南京市新建商品住宅价格和二手住宅价格月度环比指数

资料来源：国家统计局。

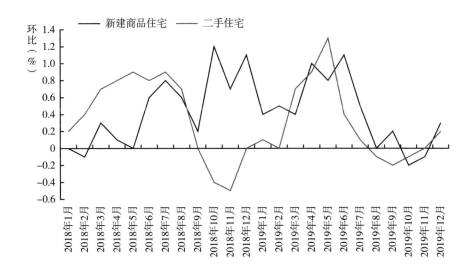

图5 2018～2019年杭州市新建商品住宅价格和二手住宅价格月度环比指数

资料来源：国家统计局。

月呈现下跌趋势，其余月份价格环比上升，2019年12月比上年同期上升3.9%。2019年合肥市二手商品住宅价格相对稳定，除11月环比指数下跌

外，其余月份均呈现小幅增长或持平，2019 年 12 月比上年同期上升 3.3%，见图 6。

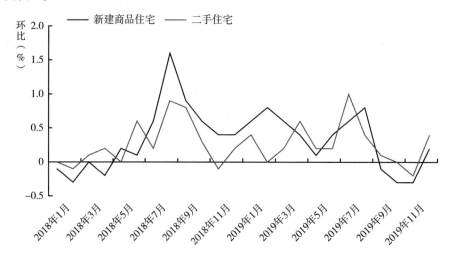

图 6　2018～2019 年合肥市新建商品住宅价格和二手商品住宅价格月度环比指数

资料来源：国家统计局。

2. 长三角重点城市房地产交易量情况

（1）新建商品房市场交易量情况

总体来看，2019 年长三角重点城市新建商品房销售面积呈下降趋势，但住宅销售面积都有明显增长，其中南京新建商品房与商品住房都有较大幅度增长，见表 3。

表 3　2019 年长三角重点城市新建商品房销售情况

指标	上海		南京		杭州		合肥	
	数据	同比(%)	数据	同比(%)	数据	同比(%)	数据	同比(%)
销售面积(万平方米)	1696.34	−4.0	1320.65	8.2	1513.62	−9.6	1321.87	−4.9
#住宅	1353.70	1.5	1137.19	15.8	1284.27	3.4	1155.72	4.7
销售额(亿元)	5203.82	9.5	2510.15	−8.1	3923.64	−2.1	1766.62	4.7
#住宅	4457.16	15.4	2209.35	14.1	3046.10	5.2	1628.00	12.9

资料来源：各市统计局。

2019 年上海市新建住宅销售面积 1353.70 万平方米，同比增长 1.5%。全年共售出 13.66 万套，同比增长 4.48%。新建住宅销售额 4457.16 亿元，涨幅为 15.4%。新建住宅销售均价 32926 元/米^2，同比上涨 13.6%。从区域均价看：内环线以内 110479 元/米^2，内外环线之间 56322 元/米^2，外环线以外 23988 元/米^2。据上海市房地产交易中心网上数据，2019 年上海新建住宅整体开盘去化率为 40%，同比前一年继续下滑。未进行摇号的项目占比高达 28%，客户购买意愿下降。相较于 2018 年中心区域高价盘开盘火爆、远郊地区低价盘滞销的分化局面，2019 年远郊低价盘依然低迷。高端项目也出现了分化，好地段仍"一房难求"，如前滩板块的晶萃名邸，认筹率达到了 314%。2019 年，市场化商品住房（不包括保障性住房）销售面积 706.36 万平方米，同比增长 19.9%；销售均价 44854 元/米^2，同比上升 1.1%。从走势上看，全年运行较为平稳，上下半年表现基本持平。在年初的两个传统营销淡季月份，市场成交量好于上一年，并于 3 月出现了小阳春。其中，8、9 两月受临港新城发展政策利好影响，自贸区范围项目拉动全市成交量上升，成交量升至全年最高点，分别成交 72 万平方米和 75 万平方米，见图 7。

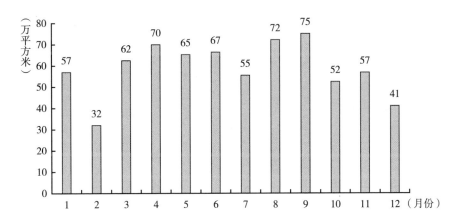

图 7　2019 年上海市场化新建商品住房成交情况

资料来源：上海市房地产行业协会。

2019年，南京市各月住房销售面积波动幅度较大，在5月、9月、12月出现三个小高峰。其中，第一季度商品房住宅开盘量较少，住宅销售面积同比下降15.73%。4月南京市提高公积金贷款额度，5月成交量达到全年最高点。5月下旬，首套房利率上浮到15%，买房人趋于理性，之后步入"金九银十"的传统销售旺季，12月房企大量推盘，成交量随之上升。

2019年，杭州市总体实行稳中收紧的房地产调控政策，抑制房价上涨，全年运行较为平稳，受到开发融资持续收紧的政策压力，开发商在年底大量推盘回笼资金，成交量在12月达到全年最高点176.43万平方米。2019年杭州市成交面积、套数排名前十的房地产项目，约有90%位于郊区，位于萧山区的金地滨江悦虹湾项目销售面积达27.1万平方米、1979套。

2019年，合肥市新建住宅销售面积1155.72万平方米，同比上涨4.7%。全年平稳运行，住宅成交面积和销售额呈现小幅上升，年中和年末房企由于业绩需求，推盘节奏明显加快，成交量明显上涨，见图8。

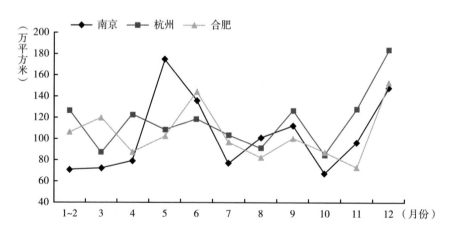

图8 2019年南京、杭州、合肥市新建商品住房成交情况

资料来源：各市统计局。

（2）二手住房市场交易情况

2019年长三角主要城市二手商品住房成交总体比较活跃，其中上海市

二手商品住房成交量处于领先地位，二线城市二手住房市场成交量相对较低。上海、南京、苏州二手住房成交面积较2018年有明显上涨，见图9。

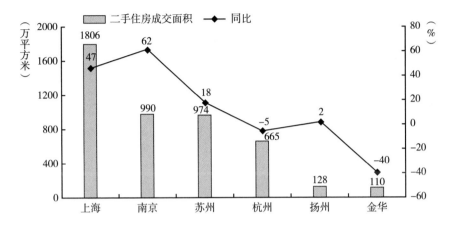

图9 2019年长三角重点城市二手住房成交面积与同比

资料来源：上海市统计局、同花顺。

2019年上海二手住房市场成交量大幅上升，价格指数同比止跌回升。全年二手住房网签面积1806万平方米，同比上升47%；成交均价38188元/米^2，比上年下跌2.18%。上海二手住房市场量升价稳的主要原因在于全市旧改提速，中心城区二级旧里以下房屋改造完成约55万平方米、受益居民2.96万户，旧改居民中约有90%选择了货币化安置，其中较多家庭通过市场购买二手住房。

南京市二手住房市场活跃度明显，全年成交990万平方米，比上年增长62%。继2016年南京二手住房成交创下高峰后，经过2017年、2018年连续两年的低位运行，2019年南京市二手住房成交量再次突破10万，达11.3万套。

其他城市中，杭州市二手住房成交面积665万平方米，比上年下降5%，成交7.1万套，同比下降3.56%。苏州市二手住房成交面积974万平方米，比上年增长18%。扬州市二手住房成交面积128万平方米，比上年增长2%。金华市二手住房成交面积110万平方米，比上年下降40%。

3. 环上海周边房地产市场情况

受益于上海的辐射带动作用和长三角一体化发展示范区建设的不断推进，上海周边城市发展迅速，且由于上海较高门槛的落户政策以及严格的限购政策，环上海都市圈城市在一定程度上成为上海住房需求外溢的主要区域，房地产市场发展相对较快。在这些区域中，昆山市、嘉善县和南通市较受关注。2013 年，昆山市与上海已通过地铁 11 号线实现对接，并继续规划建立综合交通体系融入上海；2019 年 12 月，沪嘉城际铁路先行工程正式开工，以沪杭高铁嘉兴南站为起点，途经嘉兴国际商务区、南湖区、嘉善县，在金山区枫泾镇进入上海。

昆山市自 2016 年开始实施限购政策，此后房地产市场有所回落。2019 年商品住房市场总体较平稳。据克尔瑞统计，全年商品住宅成交均价为 17900 元/米^2，同比增长 9%，成交面积为 318 万平方米，同比上涨 4%。

南通市的房地产市场发展规模总体较大。南通市统计局数据显示，2019 年商品房屋新开工面积 1392.1 万平方米，同比下降 23.2%。其中，住宅类新开工面积 1111.7 万平方米，同比下降 21.4%。全市商品房销售面积 1744.5 万平方米，同比增长 0.7%。其中，商品住宅销售 1571.2 万平方米，同比增长 0.1%。

4. 长三角重点城市土地交易情况

2019 年，长三角城市群土地市场整体回暖。根据同花顺数据统计，2019 年长三角一体化中心区 27 座城市住宅用地供应总量 3763 块，同比增长 4.7%，推出住宅用地面积 14130.96 万平方米，同比增长 5.03%；成交住宅用地宗数 3142 块，同比上涨 10.28%，成交住宅用地面积 12191.63 万平方米，同比增长 10.08%。住宅用地供需双增长，房企拿地观望态度有所减缓。2019 年长三角城市群住宅用地成交土地均价为 12272 元/米^2，同比上涨 16.6%，成交土地平均溢价率基本稳定，从 2018 年的 17.21% 降至 2019 年的 16.96%。

从住宅用地成交总面积来看，宁波、苏州、南通位居前三，上海排名第五，随着长三角一体化以及城市化进程的加快，房地产企业多选择有发展潜力的城市进行开发投资，见图 10。

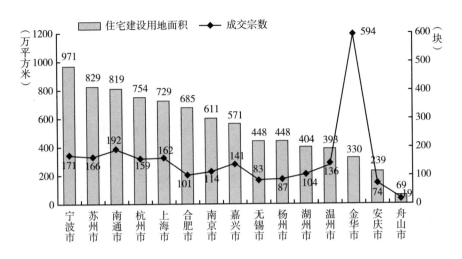

图10　2019年长三角重点城市住宅用地成交情况

资料来源：同花顺。

从住宅用地成交均价来看，新兴城市土地竞拍激烈，2019年全年住宅用地成交均价杭州、南京、温州、苏州均超过上海；二线城市土地溢价率相对较高；上海市土地交易市场平稳运行，溢价率仅为0.6%，见图11。

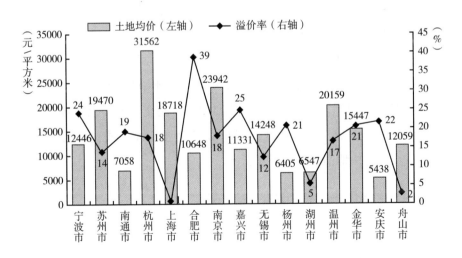

图11　2019年长三角重点城市住宅用地成交价格情况

资料来源：同花顺。

2019 年上海市住宅用地供应总量 168 块，同比增长 29.2%，推出住宅用地面积 758.25 万平方米，同比增长 34.9%；成交住宅用地宗数 162 块，同比上涨 28.6%，成交住宅用地面积 729.22 万平方米，同比增长 35.0%。2019 年上海市住宅用地成交均价为 18718 元/米^2，同比下降 5.02%。2019 年上海市住宅用地供应量、成交量创 2014 年以来新高，但住宅用地成交均价并未大幅上升，说明上海土地市场供需双方总体较理性。

2019 年南京市住宅用地供应总量 117 块，同比增长 37.6%，推出住宅用地面积 638.26 万平方米，同比增长 36.3%；成交住宅用地宗数 114 块，同比上涨 52.0%，成交住宅用地面积 610.65 万平方米，同比增长 61.3%。相较于 2018 年，南京市土地市场有所回暖，开发商拿地积极性明显提高。

2019 年杭州市住宅用地供应总量 175 块，同比增长 21.5%，推出住宅用地面积 824.04 万平方米，同比增长 32.5%；成交住宅用地宗数 159 块，同比上涨 18.7%，成交住宅用地面积 754.22 万平方米，同比增长 28.1%，推出和成交住宅用地面积均创 2011 年来历史新高。

2019 年宁波市住宅用地供应总量 189 块，同比下降 12.9%；推出住宅用地面积 1053.38 万平方米，同比下降 18.82%；成交住宅用地宗数 171 块，同比下降 1.13%，成交用地面积 970.86 万平方米，同比下降 0.48%。

2019 年合肥市住宅用地供应总量 134 块，同比增长 27.6%，推出住宅用地面积 872.39 万平方米，同比上涨 25.7%；成交住宅用地宗数 101 块，同比上涨 18.7%，成交住宅用地面积 684.73 万平方米，同比增长 53.7%，推出和成交住宅用地面积均创历年新高。

（四）上海住房租赁市场的发展情况

2019 年上海住房租赁市场呈现调整发展。根据上海市房地产经纪行业协会、上海联城房地产评估咨询有限公司和课题组共同的监测，全市住房租赁价格指数总体呈现"先抑后稳"态势。二、三季度持续下降，到第四季度基本企稳，同比下降 3.6%，见图 12。

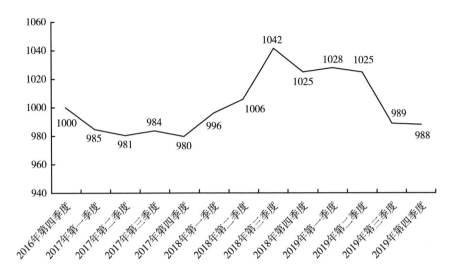

图12　上海住房租赁价格指数

资料来源：上海市房地产经纪行业协会。

从区域看，2019年大部分区域处于下跌态势，其中跌幅较大的区域主要集中在租赁市场的新兴区域，如：松江、奉贤、嘉定等区，跌幅基本在10%上下，而传统中心城区如静安、长宁、虹口等区域租金则基本稳定，黄浦、杨浦等区域的租金还出现了上涨，见表4。

表4　上海市各区住房租赁价格指数走势

区域	2019Q1	2019Q2	2019Q3	2019Q4	2019Q4 同比（%）
黄浦	1067	1073	1063	1084	1.92
杨浦	1035	1037	1039	1048	1.23
崇明	913	913	914	923	1.11
徐汇	1060	1056	1041	1064	−0.03
虹口	1041	1046	1016	1033	−0.73
静安	1030	1027	1013	1022	−1.10
长宁	1064	1066	1043	1052	−1.12
普陀	1002	1004	975	978	−2.32
闵行	1067	1070	1035	1041	−2.44
宝山	1025	1034	978	974	−4.73
浦东	987	985	943	938	−5.04

续表

区域	2019Q1	2019Q2	2019Q3	2019Q4	2019Q4 同比(%)
金山	1003	1004	979	944	−5.90
青浦	1054	1044	978	966	−8.92
嘉定	1029	1030	956	933	−9.52
奉贤	1023	1020	943	917	−10.63
松江	1026	1024	942	916	−10.68

资料来源：上海市房地产经纪行业协会。

从 2019 年各环线租金情况来看，所有环线的平均租金与上年同期相比均有不同程度的下降，降幅呈现出由内向外递增的态势。内环内平均租金约为 103 元/（米²·月），同比下降 0.68%。郊环外平均租金约为每月 25 元/米²，同比降幅达 7.27%，见图 13。

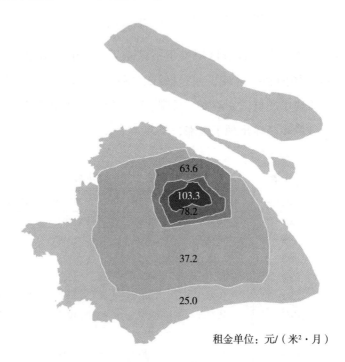

租金单位：元/（米²·月）

图 13　上海市住房租金水平分环线情况

资料来源：上海市房地产经纪行业协会。

（五）长三角一体化中心区27个城市的房价涟漪效应分析

随着长三角区域一体化进程加快，城市之间的资源与人口流动加速，各城市房价的联系也越来越紧密，各城市房价之间的关联呈现怎样的涟漪效应呢？某个城市住房价格的上升或下降，随着时间推移逐渐传导到其他城市，带动其他城市住房价格波动的现象，称为房价涟漪效应。涟漪效应意味着，房价波动就像水波的波纹一样传导扩散到邻近地区，也被称为扩散效应。

下面利用长三角一体化中心区 27 个城市，2017 年 1 月至 2019 年 12 月新建商品房月度平均销售价格的环比增长率，来实证检验 2017～2019 年 27 个城市之间房价联动的涟漪效应。首先，利用 VAR 模型中的格兰杰因果关系检验，来判断各城市房价波动之间是否存在涟漪效应，当城市 i 的房价增长率是城市 j 房价增长率的格兰杰原因时，表明城市 i 的房价波动带动了城市 j 的房价波动，意味着城市 i 的房价波动对城市 j 的房价波动产生了涟漪效应。然后，通过社会网络分析方法把 27 个城市房价涟漪效应的网络关系和传导层次呈现出来。结果如图 14 所示。

在社会网络分析的空间关联网络中，每个点代表一个城市，每条有向线段代表各城市之间的房价联动影响方向。以每个城市为一个结点，当城市 i 的房价增长率是城市 j 房价增长率的格兰杰原因时，表明城市 i 的房价波动带动了城市 j 的房价波动，在网络图中城市 i 的结点与城市 j 的结点之间存在一条带方向的网络连结线，并且箭头指向城市 j。

进一步运用社会关系网络中的点出度、点入度及度数中心度，来测度某城市在房价关联网络中与其他城市的关联程度。其中，点出度与点入度，分别用来反映房价涟漪效应中的溢出关联关系数与受益关联关系数，度数中心度是反映网络中各城市在网络中作用和地位的指标，一个城市在网络中越处于中心的位置，该城市在整个关联网络的影响力越大，结果如表 5 所示。

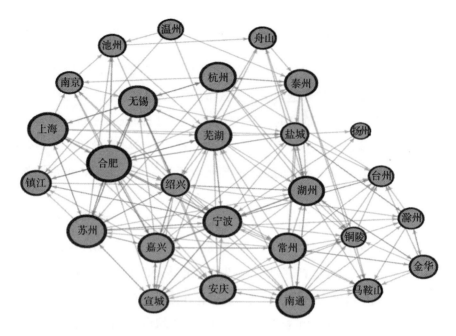

图 14　2017～2019 年长三角中心区 27 个城市房价涟漪效应的社会网络分析

图片来源：依据实证结果自行绘制。

表 5　2017～2019 年长三角中心区 27 个城市房价涟漪效应的出入度统计

城市	出度 （溢出关联关系数）	入度 （受益关联关系数）	总计 （度数中心度）
合肥	16	9	25
芜湖	11	11	22
马鞍山	0	9	9
铜陵	3	10	13
安庆	7	7	14
宣城	5	8	13
池州	4	4	8
滁州	4	6	10
上海	10	4	14
杭州	7	4	11
宁波	11	13	24
绍兴	11	10	21
湖州	11	11	22
嘉兴	12	9	21

城市	出度 （溢出关联关系数）	入度 （受益关联关系数）	总计 （度数中心度）
金华	7	3	10
舟山	3	3	6
台州	2	8	10
温州	4	0	4
南京	4	4	8
无锡	10	8	18
常州	10	7	17
苏州	11	9	20
南通	8	8	16
盐城	7	9	16
扬州	1	2	3
镇江	4	7	11
泰州	6	6	12

注：依据实证结果整理而得。

从图 14 和表 5 可以看出，合肥市的出度最大，出度高达 16，表明其新建商品房价格波动的影响力波及其他 16 个城市，意味着 2017~2019 年这三年长三角中心区 27 个城市中合肥市的住房价格具有最强带动作用，房地产交易最活跃，成为整个长三角房价联动涟漪效应的"中心源"。2017~2019 年，上海、南京及杭州等城市，在严格的房地产调控政策影响下，房价保持相对稳定。相对而言，合肥的房价涨幅最大，合肥作为长三角城市经济协调会城市、长江中游城市群副中心城市，同时也是全国唯一的科技创新型试点城市，经济体量增长较快，人口导入量持续增加导致住房供不应求，房地产交易较活跃，这在一定程度上可以解释近三年其房价影响力。而宁波市不仅出度较大，入度也达到 13，在整个长三角中处于最高的行列，意味着其房价也容易受到其他城市影响，这可能与其特有的地理位置、商贸流通及人口流速有一定关系，因此从某种意义上来说，宁波市新建商品房价格波动易受长三角其他城市的影响。马鞍山属于影响力最弱的城市，出度为 0。马鞍山处于长三角东部，远离中心城市，同时与其他城市相比，经济欠发达，因此其新建商品房价格影响力较弱。而扬州市出度入度均很低，在房价影响方面属于相对独立的城市，尽管地理位置优于长三角其他一些城市，然而经济发展过慢、产业结构单一、房地产交易量较少，从而新建商品房价格波动的影响力小。从入度来看，温州市属于最不受长三角其他城市影响的地级城市，入度为0。由于温州新房供给量过剩，且投资需求后劲不足，房价不易受到其他城市影响。

表6　房价涟漪效应的城市影响力

类别	城市
最具影响力的城市	合肥
影响力最弱的城市	马鞍山
最易受影响的城市	宁波
最不受影响的城市	温州
相对独立的城市	扬州

注：依据实证结果整理而得。

接下来，基于社会网络分析中的块模型方法，依据各城市在涟漪效应中的角色，来分析房价涟漪效应中各城市房价联动的传递层次，结果如表7所示。把27个城市划分为四个类型的板块：一是双向溢出板块，该板块上的成员既接收其他板块联系同时也发出联系，板块内部成员的联系也相对较多，是整个涟漪效应的"中心源"，充当"发动机"的作用；二是经纪人板块，该板块内成员同时接收和发送外部关系，与其他板块成员之间的联系较多，板块内部成员之间的联系较少，在房价涟漪效应中发挥桥梁作用；三是净溢出板块，该板块对其他板块发出的联系明显多于接受其他板块对该板块发出的联系，在房价涟漪效应中产生"净溢出"的拉动作用；四是净受益板块，该板块成员接受来自板块外部的关系相对较多，在房价涟漪效应中为"净受益"的被拉动型。

从表7可以看出，处于涟漪效应"中心源"的双向溢出板块，表现突出的有二线城市合肥、嘉兴、苏州、温州和无锡。自2016年下半年房地产市场调控加强以来，2017年房地产市场普遍降温，2018年和2019年"房住不炒"主基调未变，各地继续坚持调控力度不放松，一线城市房地产市场处于总体稳定状态，二线城市人才新政效果显现，房地产市场总体表现要好于一线城市。

综上所述，2017～2019年长三角中心区27个城市之间的房价涟漪效应主要是由二线城市带动的，合肥、嘉兴、苏州、温州和无锡表现突出，三线城市普遍处于被带动净受益板块。表现较突出的三线城市是池州和镇江，与其他城市联动程度高，进入双向溢出板块。二线城市中台州和扬州相对独立，房价与其他城市关联性不强。

表7 基于块模型的房价涟漪效应关联板块划分

分类	板块特征	新建商品房涟漪效应板块城市
第一板块	双向溢出板块	合肥、嘉兴、上海、苏州、温州、南京、池州、无锡、镇江
第二板块	经纪人板块	南通、宁波、常州、湖州、宣城、安庆
第三板块	净溢出板块	舟山、芜湖、绍兴、杭州、泰州
第四板块	净受益板块	盐城、铜陵、台州、金华、扬州、滁州、马鞍山

注：依据实证结果整理而得。

二 长三角城市群房地产市场主要政策

（一）2019年长三角重点城市房地产调控政策

2019年，国家保持了房地产调控政策的连续性和稳定性，始终坚持"房住不炒"的定位，防止房地产市场出现大起大落，进而落实稳地价、稳房价、稳预期的长期调控目标。3月两会明确"防止房市大起大落"，4月中央政治局会议重申"房住不炒"，7月中央政治局会议明确"不将房地产作为短期刺激经济的手段"，12月中央经济工作会议重申"坚持房住不炒的定位，全面落实因城施策，稳地价、稳房价、稳预期的长效机制"。

2019年，长三角区域重点城市的房地产调控政策可归纳为三种类型。第一，部分城市紧盯房价红线，加码调控。例如，5月苏州在被住建部预警提示之后，关注房价红线，房地产调控不断加码。5月11日，苏州落地限售令,园区、高新区等部分重点区域新房限售3年,园区二手房限售5年。
5月24日,苏州多部委召开座谈会,明确2019年房价涨幅目标必须控制在
5%以内。7月24日,苏州限购、限售双升级,非户籍家庭在苏州市区、昆
山、太仓购买首套房,3年内须连续缴纳2年及以上个税或社保;新房、二
手房限售区域皆扩容至市区范围。第二,有些城市激励人才购房,放松人才
购房限制。例如,南京、宁波调降人才落户门槛,出台人才购房补贴类激励
性政策;上海临港新片区,非户籍人才购房资格由居民家庭调整为个人,社
保缴存年限也由原先的连续缴满5年缩短至3年。第三,有些城市贯彻因城
施策,政策执行层面有所微调。例如,阜阳取消限价,住宅备案价格不受土
地出让限制,房企可根据市场价格自行调整。具体地,2019年长三角重点
城市的房地产调控政策如表8所示。

表8　2019年长三角主要城市房地产调控政策变化

时间	城市	政策内容
4月1日	台州	公积金贷款:未享受过公积金贷款的职工可不执行"认房认贷"政策
5月11日	苏州	调整土地出让报价规则,将土地出让报价条件从定值调整为区间设置。对苏州工业园区全域、苏州高新区部分重点区域新建商品住房实施限制转让措施。对苏州工业园区全域二手住房实施限制转让措施
5月16日	苏州	工业园区自5月16日起,在园区新购住房"五年一学位"政策调整为九年。对园区范围内新取得预(销)售许可的商品住房,房地产开发企业在人才优先购买后,方可公开销售60%范围内的剩余住房
6月4日	南京	高淳区购房的外地人不再需要两年的社保或个税证明,只要持有南京市居住证,或者携带用工单位的劳务合同和营业执照,即可开具购房证明
7月24日	苏州	严格施行购地自有资金申报核查制度,竞买企业应说明购地资金来源并作出承诺。住宅用地出让竞买保证金调整为30%～50%区间设置。住宅用地鼓励实行"限房价、限地价"出让方式 非户籍居民家庭在苏州市区、昆山市、太仓市范围内申请购买第1套住房时,应提供自购房之日起前3年内在苏州市范围内连续缴纳2年及以上个人所得税缴纳证明或社会保险(城镇社会保险)缴纳证明。对苏州市区新建商品住房、二手住房实施限制转让措施。苏州市区范围内新取得预(销)售许可的商品住房项目(含已经取得预售许可尚未开始网签的项目),购房人自取得不动产权证之日起满3年后方可转让;二手住房通过市场交易,购房人新取得不动产权证满5年后方可转让

时间	城市	政策内容
8月28日	合肥	调整商品住宅用地定价方式。建立房价和地价联动机制,根据拟供应商品住宅用地周边新建商品住房销售综合均价和二手房成交价格情况,按宗地确定拟供应商品住宅用地最高限价、参考价(即起拍价) 调整商品住宅用地拍卖方式。将"价高者得+最高限价时转为摇号"的拍卖方式调整为"价高者得+最高限价时转竞自持用于租赁的商品住房"
8月30日	上海	临港新片区按照区域发展和产业导向,对符合一定条件的非上海户籍人才,购房主体资格由居民家庭调整为个人,可购买新片区普通商品房一套。缩短非上海户籍人才在新片区购房缴纳个人所得税或社会保险金的年限,将自购房之日前连续缴纳满5年及以上,调整为连续缴纳满3年及以上
9月25日	无锡	住房公积金贷款发放对象认定标准由"认贷不认房"调整为"认房又认贷"
10月16日	南京	六合区针对外地购房者的住房限购政策调整,凡在宁有居住证且有大专及以上学历的外地购房者,在六合买房不再需要提供近3年内累计2年的社保纳税证明
12月13日	南京	溧水区人才购买商品房政策的调整,人才学历放宽到了全日制专科。此外,溧水区还取消了人才毕业年限和年龄限制,将企业范围扩大到全区登记注册的企业
12月25日	南通	对市区销售价格大幅低于周边同类产品的新建普通商品住房项目实施限制转让措施,购房人自取得不动产权证之日起,满五年后方可转让登记

注:来源于公开资料整理。

(二)促进区域一体化及其他影响房地产市场的相关政策

自2018年长三角一体化上升为国家战略之后,2019年长三角一体化建设步伐加快,从逐个突破走向纵横协同。如表9所示,2019年长三角区域推出了许多重要的政策和举措,全面推进交通一体化、医保一体化、教育一体化、政务一体化、电力一体化、养老一体化以及产业和城市一体化。随着长三角区域一体化加速推进,公共服务和基础设施投资加大,区域快速融合,有助于消除行政壁垒,促进原有边界空间相互融合,提升区域空间品质,将促进资本要素、技术要素和劳动力要素的合理流动,拉动经济一体化

发展。区域经济一体化发展将强化产业集聚和人口集聚，产业集聚将刺激土地要素的需求和产业地产的发展，人口集聚将助推住房需求，助推长三角城市群房地产市场的稳定发展。

表9　2019年长三角区域一体化主要政策措施

一体化方向	具体举措
长三角交通一体化	2019年3月，上海市与江苏省签订《推进交通基础设施及生态环境共建共享合作协议》
	2019年5月22日，第一届长三角一体化发展高层论坛上，上海、江苏、浙江、安徽相关部门共同签署了10项打破分割、加速一体化协议。此外，上海、杭州、宁波、温州、合肥、南京、苏州7座城市宣布地铁扫码便捷出行实现，互联互通
长三角医保一体化	2019年3月11日，上海市医疗保障局发布2019年重点工作计划，上海市医保工作将建立医保药品目录动态调整机制，将更多救命救急的好药纳入医保，并推进长三角异地结算便利化
长三角教育一体化	2019年3月21日，教育部、上海市人民政府，将促进长三角教育一体化作为服务好长三角一体化发展国家战略重点工作之一
长三角政务一体化	2019年5月23日，长三角地区政务服务"一网通办"开通运行，首批51个政务服务事项在长三角地区14个城市实现长三角"一网通办"
长三角电力一体化	2019年5月30日，"长三角电力先行·一体化共融互通"电力先行发布仪式上，《长三角一体化发展2019年电力行动计划》正式发布，标志长三角一体化发展电力行动正式开启
长三角养老一体化	2019年6月12日，沪苏浙皖三省一市民政部门在沪签署合作备忘录，共同促进区域养老资源共享，激发养老服务市场活力。江苏省苏州市、南通市，浙江省嘉兴市、湖州市，安徽省芜湖市、池州市，以及上海市11个区成为首批试点单位。青浦、吴江、嘉善三地将试行涉及养老服务设施规划、政策通关等多领域的信息共享
长三角产业和城市一体化	2019年4月10日，精准服务科创板的平台——长三角资本市场服务基地正式启用，规划有十大服务功能
	2019年6月13日，在2019年全国"大众创业万众创新活动周"上海分会场活动上，发布了长三角双创生态地图
	2019年6月24日，2019长三角G60科创走廊联席会议上，上海松江、浙江嘉兴、湖州、杭州、金华，江苏苏州，安徽宣城、芜湖、合肥九地之间签署了86项区域一体化重大合作项目，总投资额达2192亿元
	2019年9月25日，上海、合肥等9城签署《深化G60科创走廊九城人才交流合作协议》，打造科技和制度创新双轮驱动、产业和城市一体化发展的先行先试走廊

续表

一体化方向	具体举措
长三角生态绿色一体化	2019年10月25日,《长三角生态绿色一体化发展示范区总体方案》获国务院批复
长江三角洲区域一体化发展规划纲要	2019年12月1日,中共中央、国务院印发了《长江三角洲区域一体化发展规划纲要》,明确到2025年,长三角一体化发展取得实质性进展。跨界区域、城市乡村等区域板块一体化发展达到较高水平,在科创产业、基础设施、生态环境、公共服务等领域基本实现一体化发展,全面建立一体化发展的体制机制

注:来源于公开资料整理。

另外,户籍制度改革,人才新政频出,人口持续导入,将带动长三角城市群房地产市场需求稳步上升。城市落户门槛持续降低,落户限制持续放宽,成为我国加快推进新型城镇化发展的趋势。与中央号召加大户籍制度改革相呼应,近两年长三角区域中心城市密集推出人才吸引政策(如表10所示),以吸引人才流入。在全国落户限制整体放宽的趋势下,在人才新政的推动下,长三角区域中心城市将得益于强劲的经济优势、较好的产业基础以及完善的城镇配套,对落户人口及人才仍有巨大的吸引力,这对于长三角城市群的人口增速无疑具有极强的"导流"作用,人口持续导入为房地产市场稳定发展奠定坚实的基石。

表10 2018～2019年长三角重点城市的人才政策

上海	
2018年3月	生物医药、新能源、人工智能、物联网、大数据等13个领域的高峰人才及家属、核心团队成员及家属可直接落户
2019年8月	上海自贸区临港新片区推出包括人才居住证转户籍年限从原来的7年缩短到5年,核心人才进一步缩短到3年等政策。对符合一定条件的非上海户籍人才,购房资格由居民家庭调整为个人,可购买新片区普通商品房一套。缩短非上海户籍人才在新片区购房缴纳个人所得税或社会保险金的年限
南京	
2018年3月	调整优化落户政策,研究生以上学历及40岁以下的本科学历人才,凭毕业证书办理落户手续;技术、技能型人才,凭高级工及以上职业资格证书办理落户手续。高层次人才买首套房可不受户籍限制,公积金最高可贷120万元

续表

南京	
2019 年 2 月	南京人才落户政策延长一年。在企业工作的博士安居租赁补贴标准提升至每月 2000 元

杭州	
2018 年 10 月	45 周岁以下具有技师以上职业资格人员、35 周岁以下具有高级工职业资格人员,在杭州市区同一用人单位连续工作 3 年,且在市区有合法固定住所,可申请在杭州市区落户
2019 年 5 月	年龄 35 周岁以下的全日制大学专科(含高职)学历及 45 周岁以下全日制本科学历人才,在杭工作并由用人单位正常缴纳社保的,可申请办理落户
2019 年 8 月	杭州市应届高学历毕业生生活补贴政策将作相应调整,由原来硕士 2 万元、博士 3 万元调整为本科 1 万元、硕士 3 万元、博士 5 万元

合肥	
2018 年 8 月	高校应届毕业生(含毕业两年内学生)、海归、研究生及以上学历人员、40 岁以下本科生、中级及以上技术人员、高级工及以上高技能人才落户可购买首套房
2019 年 1 月	普通高校(含高等职业院校、技工院校预备技师班或高级工班)应届毕业生(含毕业两年内毕业生)、留学归国人员、研究生及以上学历人员、年龄在 40 周岁以下本科学历人员等 7 类可在合肥落户买房。7 类人才可在市区购房,有效期为三年

苏州	
2018 年 6 月	启动 2018 年姑苏重点产业紧缺人才计划申报工作,最高补贴 12 万元
2019 年 7 月	对于处在世界科技前沿和国际顶尖水平,掌握关键核心技术,能够为苏州高质量发展带来重大影响等顶尖人才,在团队层面可直接立项为姑苏重大创新团队(最高 5000 万元项目经费)或临床医学专家团队(最高 1500 万元项目经费),且可突破上述限额,给予上不封顶的支持

宁波	
2018 年 2 月	大专应届毕业生在宁波可先零门槛落户后再就业,取消住房和工作限制。中专、高中学历在宁波工作满两年,无房也可以落户
2019 年 4 月	顶尖人才、特优人才、领军人才、拔尖人才和高级人才可以享受 15 万~800 万元的安家补助,而特有人才、领军人才、拔尖人才和高级人才自引进之日起 3 年内在宁波大市范围内首次购买家庭唯一住房,并且取得不动产权证的,分别给予购房总额 20%、最高 20 万~60 万元的购房补贴

温州	
2018 年 9 月	经认定 A-E 类人才、本科、应届大专毕业生可先落户后择业。落户人员共同生活的配偶、未成年子女和老年父母可随迁落户
2019 年 12 月	人才住房新政策,符合条件的优秀本科生买房打 7 折,租房打 3 折

注:来源于公开资料整理。

2019年3月国家发展改革委发布的《2019年新型城镇化建设重点任务》中指出，要继续加大户籍制度改革力度，在此前城区常住人口100万以下的中小城市和小城镇已陆续取消落户限制的基础上，城区常住人口100万~300万的Ⅱ型大城市要全面取消落户限制；城区常住人口300万~500万的Ⅰ型大城市要全面放开放宽落户条件，并全面取消重点群体落户限制。

三 2020年长三角城市群房地产市场展望

（一）2020年区域房地产市场总体仍将平稳发展

2020年，在经济增长不确定性增大的情况下，长三角地区作为区域一体化的快速发展地区，作为经济活力较强的地区，房地产市场可能受经济不确定的冲击相对较小，各类房地产的投资与销售可能会相对稳定。

2020年，各类房地产市场发展的空间将更加广阔。长江三角洲区域一体化发展将是未来区域经济增长的重要动力，根据规划目标，未来长三角地区创新能力和竞争能力将进一步提升，经济集聚度、区域连接性和政策协同效率将进一步提高。总体看，未来房地产市场仍将有较大的发展空间，特别是区域一体化发展示范区等未来的商业办公房地产市场发展空间更大。

2020年，房地产市场平稳健康发展的基础将会更加扎实。区域经济增长会更加稳定和协调，将明显体现全国发展强劲活跃增长极的作用，从房地产市场需求看，区域内房地产市场的刚性需求和改善需求将进一步显化，由于人口流动和一体化建设的快速推进，局部房地产市场热点现象有可能出现，但不会对整体市场造成冲击。近年来，长三角区域主要城市的房地产市场经过几年时间的调控取得了较明显的效果，上海、南京、杭州、合肥等城市房地产投资、交易量、房价都已维持稳定，市场需求基本以自住需求为主、改善需求为辅，短期的投资投机需求受到明显抑制。在政策环境基本稳定的格局下，预计2020年房地产市场仍将保持平稳的发展。

2020年，面向人才的住房政策将继续发挥作用。长三角主要城市在住

房政策上仍将保持对人才的支持，有些城市可能进一步强化政策，或出台新的政策，将为房地产市场发展注入活力。

（二）都市圈房地产市场效应会逐渐显化

长三角城市群间的协调性相对较强，表现在城市的层次分明、互补性和互惠性强。未来以上海为龙头的核心带动作用和区域中心城市的辐射带动作用，将共同推动南京都市圈、杭州都市圈、合肥都市圈、苏锡常都市圈、宁波都市圈的同城化发展。与之相应，城市的房地产市场也呈现较明显的层次性和互补性，一方面未来房地产市场联动效应会更加明显，另一方面城市房地产市场的替代性会更强。长三角房地产市场也会顺应一体化对房屋资源要素更高效率配置的要求，体现市场趋同效应。在一体化示范区域，各类房屋的一体化资源配置将更加明显，特别是工业厂房、仓储非居住房地产市场协同发展更为可能。

在居住房屋市场上，都市圈房地产市场的替代效应可能持续增强。特别是随着交通的一体化和公共服务一体化的发展，养老住房需求、新市民中青年职工的购房需求从大城市向周边小城市的外溢将更加显化。如上海、杭州等城市与周边小城市的房地产市场联动将更加明显。

都市圈内的房地产资源会更加均衡化。未来长三角一体化的发展过程，要建设世界级的城市群，不是单极的，而是多极的。每一个城市无论大小，都是城市群网络中的一个重要节点，城市唯一性的特征将会逐步淡化，每一城市节点都是不可缺少的，因此房地产市场联动将更加明显。

（三）房地产市场一体化趋同与区域差异将同时存在

一方面，长三角城市群具有经济基础好、人口流动性好、产业基础扎实、交通便利等优势，未来房地产市场适应一体化的开发将更加可能。一是与区域一体化相对应的养老、度假等房地产将会重点得到发展。如长三角区域度假市场起步早，发展相对比较成熟。近年呈现"由核心城市向周边城市扩散、单体项目占地规模扩大"的趋势。度假产品具有超脱区域溢价的可能，符合未来客户消费趋势。度假产品完全可以超脱城市的价格，特别是在长三角生态绿色一体化发展示范区内，将可能有更多的项目开发。二是利用交通一体化模式发展的房地产项目将会受到重视。以公共交通为导向的发展模式是一种在城市轨道交通站点周围居住用地开发和强化的实践，而未来长三角都市圈交通网将会加快打造，房地产开发将可能以都市圈为核心区域进行开发，包括小镇、度假、产业等高密度的城市经济区。

另一方面，由于不同城市的市场环境差异大，2020 年，长三角区域中小城市房地产市场差异化发展仍将明显。上海、南京、杭州等大城市，由于经济增长和对人才的吸引力，房地产市场将更加平稳，但中小城市的房地产市场将可能明显分化，一是部分中小城市，由于前期住房建设供应量较大，存在市场需求无法持续放大的情况，交易量和房价都有可能出现局部的波动。二是部分城市的房地产市场可能再次迎来快速发展期，如随着全面取消常住人口 300 万以下城市落户限制，区域内部分三、四线城市会有更大吸引力，加上对人才吸引力度的不断加大，可能出现局部城市房地产市场热点。

B.14
2019年京津冀城市群住房市场分析及2020年展望

李君甫　李立群*

摘　要： 2019 年京津冀城市群住房市场总体波动不大，基本延续了 2018 年以来的平稳局面。北京交易量增大，价格走低，天津住房价格波动中小幅上升，河北省除个别城市价格增幅较大外房价大多较为平稳。在遭遇新型冠状病毒肺炎疫情，全球、中国和京津冀区域经济堪忧的形势下，2020 年京津冀的限购政策有可能调整，保障房的建设力度会加大，租赁市场的支持措施也会更有力。

关键词： 京津冀城市群　住房市场　住房政策

京津冀城市群，是由超大城市北京和天津为龙头、石家庄等地级城市为骨干、县级城镇为支撑的超级城市群。京津冀城市群，包括北京和天津 2 个直辖市和河北省的石家庄市、唐山市、秦皇岛市、邯郸市、邢台市、保定市、张家口市、承德市、沧州市、廊坊市、衡水市等 11 个地级市，以及 121 个县级城镇。北京房价的波动，会迅速波及周边的河北市县及天津市。近年来受北京副中心建设、雄安新区建设和 2022 年北京冬季奥运会的影响，河北省的房地产市场变数增大。因而，从城市群的视角去分析京津冀各城市的楼市具有重要的现实意义。

---

* 李君甫，博士，北京工业大学文法学部社会学系教授，研究方向：城乡发展和住房政策、社会建设与管理。李立群，北京工业大学文法学部社会学系研究生，研究方向：社会政策。

一 京津冀区域经济社会背景与住房市场关联

（一）京津冀区域经济社会背景

2019 年，京津冀三省市总人口 11307.4 万人，其中河北省 7592.0 万人，北京 2153.6 万人，天津 1561.8 万人（见表1），占全国人口的 8.1%。常住人口城镇化率北京为 86.6%，天津为 83.5%，河北为 57.6%。北京与天津的城镇化率都超过了 80%，而河北的城镇化率比较低，还未达到全国平均水平，但是河北的城镇常住人口比北京和天津城镇人口的总和多出 1000 多万。京津冀三省市人均 GDP 差距相当大，河北的人均 GDP 仅有北京的 28.3%，天津的 51.3%。河北的居民人均可支配收入只有 25665 元，北京的人均可支配收入是河北的 2.6 倍，天津的人均可支配收入是河北的 1.7 倍，而北京的人均可支配收入是天津的 1.6 倍。房地产市场与当地的经济社会发展状况密切相关，京津冀的区域差异也反映在房地产市场的差异上。由于京津冀三省市地域相连，城市之间的交通日益改善，城市群内部互联互通，经济社会联系频密，三地的房地产市场也互相响应。

表1　2019 年京津冀三省市经济社会发展状况

指标	北京	天津	河北
常住人口（万人）	2153.6	1561.8	7592.0
城镇人口（万人）	1865.0	1303.8	4374.5
城镇化率（%）	86.6	83.5	57.6
GDP（亿元）	35371.3	14104.3	35104.5
GDP 增速（%）	6.1	4.8	6.8
人均 GDP（元）	164000.0	90306.0	46348.0
房地产开发投资增幅（%）	-0.9	12.5	-2.9
人均可支配收入（元）	67756.0	42404.0	25665.0

数据来源：北京市、天津市和河北省国民经济与社会发展统计公报。

（二）京津冀城市群住房市场的相互影响

京津冀城市群住房市场的整体趋势比较一致，北京房价上涨，河北、天津房价也会上涨。北京房价降低，河北房价也会随之降低。在北京实行严格的限购政策以后，天津和河北各市也出台了限购政策，廊坊的限购政策更加严厉。在京津冀城市群中，受北京住房市场影响最大的是廊坊市，特别是靠近北京的大厂、香河、三河、固安等县市和燕郊镇。北京的房价上涨会迅速带动廊坊各县市的房价上涨，北京房价的回落也会带动廊坊房价的回落。由于北京房价过高，加上对外地人限购，紧邻北京的三河市燕郊镇成为在北京工作的北漂们购房安家的福地。没有重要产业的燕郊镇，房地产公司林立，成为河北省房价最高的地方。北京的副中心建设和产业功能疏解也直接影响到北京周边的县市房地产市场。三河市、大厂县的房价比石家庄还要高，固安市的房价也接近石家庄的房价。北京周边县市房地产的发展也分流了北京住房市场房价上涨的压力，为在北京工作的人解决了部分住房问题。大兴国际机场的开通运营和大兴区的产业迅猛发展，会进一步拉动固安和霸州的楼市。北京的一些居民在河北的县市和天津郊区购房养老，对这些县市的房价也有拉升的效应。当然，河北省部分城市距离北京相对较远，北京和天津对这些城市的影响不大，比如邯郸、邢台、衡水、唐山、沧州、秦皇岛等城市，这些城市和中西部的三四线城市房价也基本持平。

二　2019年京津冀住房市场状况

（一）北京住房交易量增大、价格走低

根据北京市统计局发布的数据，2019年北京市住房施工面积5640.1万平方米，同比减少4.0%；住宅新开工面积1003.7万平方米，同比减少了18.6%；住宅竣工面积583.2万平方米，同比减少了20.2%；商品住宅销售面积789.0万平方米，同比增加了49.8%。说明2019年北京新房市场比

上一年更加活跃。房地产开发企业到位资金5672.5亿元，比上一年下降0.9%（见表2），下降幅度不大。

表2　2019年北京住宅开发和销售情况

指标	绝对值	同比增长（%）
住宅施工面积(万平方米)	5640.1	-4.0
住宅新开工面积(万平方米)	1003.7	-18.6
住宅竣工面积(万平方米)	583.2	-20.2
商品住宅销售面积(万平方米)	789.0	49.8
商品住宅待售面积(万平方米)	893.1	7.1
房地产开发企业到位资金(亿元)	5672.5	-0.9

资料来源：北京统计信息网。

北京的新建商品房价格低于二手房的价格，2019年1月处于全年最高位，每平方米价格为61864元，到年底降到了56832元/米²（见图1）。

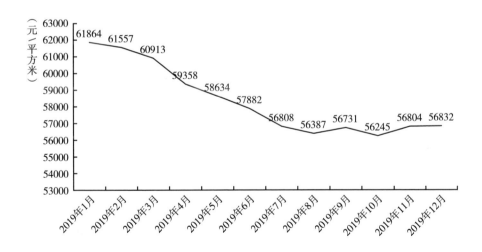

图1　2019年北京新房价格走势

资料来源：中国住房行情网。

北京的新楼盘主要分布在大兴区（17.51%）、丰台区（11.28%）、朝阳区（11.28%）、房山区（10.12%）、通州区（9.34%）和昌平区

（9.34%）（见图2），其他区县比例不大。这六个区占北京新楼盘的68.87%，而其他十个区仅占新楼盘的31.14%。位于北京中心的东城区和西城区几乎没有新房可出售，北京人口第二大区的海淀区新房仅占全市新房出售的5.06%，顺义和密云新房也各占北京新房市场的5.06%（见图2）。

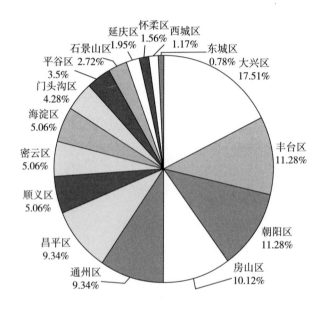

图2 北京新楼盘的区域分布

资料来源：中国住房行情网。

北京二手房2019年的价格走势呈现双峰态势，2月和8月是两个高峰，2月价格达到65473元/米²的全年最高峰，随后连续3个月下降，5月降到63776元/米²；6月开始上升，8月达到全年次高峰的65401元/米²；从9月开始回落，12月降到63052元/米²的全年最低点（见图3）。

北京市域内的二手房房价差距比较大，中心城区的西城区、东城区房价最高，西城区均价为121561元/米²，东城区为102177元/米²。排在最后的是密云区、平谷区和延庆区，密云区的均价为23430元/米²（见图4）。西城区是密云区的5.2倍，东城区是密云区的4.4倍。

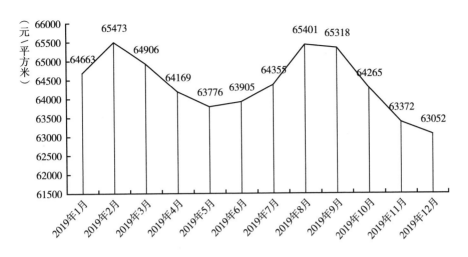

图3 2019年北京二手房价格

资料来源：中国住房行情网。

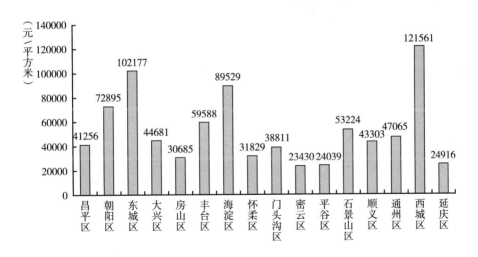

图4 2019年北京各区二手房价格

资料来源：中国住房行情网。

（二）天津新房价格下降、二手房价格上升

和北京相似的是，天津的新房价格也低于二手房的价格，2019年天津

新房价格 19851 元/米^2，二手房价格 25521 元/米^2，二手房价比新房高出 28.6%。这也与新房的区位分布密切相关，滨海新区的新房比例最大，新房占了天津市新房的 22.09%，武清区占了天津市新房的 11.88%，东丽区、静海区、津南区、北辰区、宝坻区的新房占天津新房的比例都在 5% 以上，靠近市中心的各区新房占比都在 4% 以下。靠近市中心的区域，二手房的价格要比新区和郊区新城的新房价格高很多。

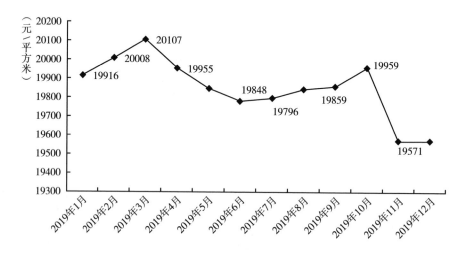

图 5 2019 年天津市新房价格走势

资料来源：中国住房行情网。

2019 年的天津二手房价格在起伏中上升，从 1 月到 12 月房价上升了 3.1%（见图 6）。

天津各区房价差异也很大，和平区的房价最高，2019 年二手房均价为 54346 元/米^2，其次为河西区和南开区，均价分别是 34921 和 34283 元/米^2。房价最低的是静海区，二手房价为 9183 元/米^2（见图 7），与邯郸、衡水、张家口、邢台等城市基本处在一个水平上。和平区的房价是静海区的 5.9 倍。由于静海、宝坻、宁河和蓟州区是由郊县改为市辖行政区的，区政府所在地是原来的县城，城市发展水平高于河北的五线城市，相当于国内的四线城市，所以房价也就和四线城市的价格相当。

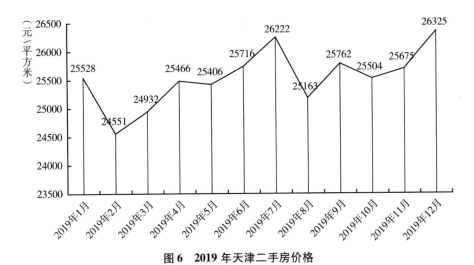

图6　2019年天津二手房价格

资料来源：中国住房行情网。

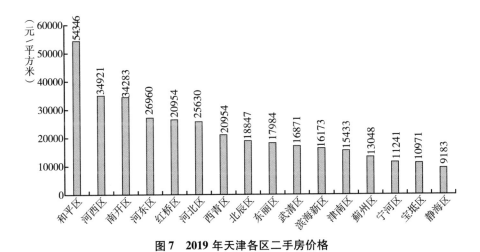

图7　2019年天津各区二手房价格

资料来源：中国住房行情网。

（三）河北省各城市住房市场有升有降

2019年，河北省11个市除了唐山的房价涨幅较大外，其他城市波动不大。相比2017年和2018年，多数城市2019年房价有所下降；2020年前三个月房价相差不大。河北省部分城市的房价受国家政策影响比较大，比如靠

近通州的廊坊市、保定的雄安新区以及举办冬奥会的张家口，目前来看每平方米房价都已破万，并且有继续上涨的趋势。

（1）石家庄、廊坊和保定的新房价格在河北各市排在前三位，价格都在13000元/米² 以上（见图8）。2019年这三个城市的房价都呈下降趋势。房价最高的是石家庄市，新房平均价格为15605元/米²。2019年2月石家庄新房价格最高（15909元/米²），11月跌至15189元/米²，年尾略有上扬。排在第二位的是廊坊市，新房平均价格为15424元/米²。第三是保定，新房平均价格为13499元/米²。2019年石家庄和廊坊的新房平均价格差别不大，在2019年10月以前，石家庄新房价格高于廊坊；而2019年10月以后，廊坊新房价格则高于石家庄。

图8　2019年石家庄、廊坊和保定新房价格

资料来源：中国住房行情网。

（2）石家庄、廊坊、沧州和保定的二手房平均价格都在12000元/米² 以上，排在河北省前四。2019年沧州的二手房价格呈上升趋势，而石家庄、廊坊和保定二手房价格呈下降趋势。2019年河北省内二手房房价最高的是石家庄市，平均房价为15543元/米²。从图9可见，石家庄的二手房房价总体波动幅度不大，2019年7月石家庄二手房房价最高（15741元/米²），2019年11月石家庄二手房房价最低（15294 元/米²），7 月和 11 月相比，每平方米下降了 447 元，石家庄二手房房价涨跌幅度不大。同全国其他省会城市的二手房房价相比，石家庄市的二手房房价比较平庸。2019 年 3 月至 2020 年 3 月一年中，位于我国西部的昆明二手房平均房价为 14078 元/米²，西安二手房平均房价为 15679 元/米²；位于我国中部的郑州二手房平均房价为 14902 元/米²，合肥二手房平均房价为 17425 元/米²；位于我国东部的南京二手房平均房价为 29328 元/米²，济南二手房平均房价为 16693 元/米²。同这六个省会城市相比，石家庄的二手房平均房价比昆明、郑州高，与西安的平均房价相近，比同处东部的省会城市南京、济南低，比合肥的房价也低不少。东部地区省会城市房价普遍较高，而石家庄的二手房平均房价和西部地区的西安基本在一个水平。河北省作为我国东部的工业大省，地理位置靠近首都，交通比较便利，但是石家庄的二手房房价不算突出。

其次是廊坊市，二手房平均房价为 14676 元/米²，价格波动幅度比石家庄大一些。2019 年 7 月廊坊二手房房价最高为 15156 元/米²，2019 年 12 月廊坊二手房房价最低为 14030 元/米²（见图 9）。

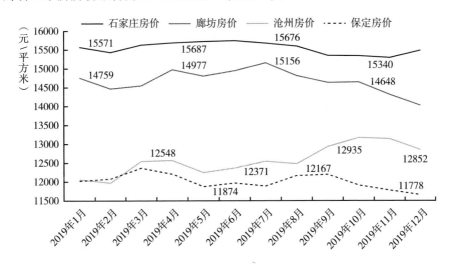

图 9　石家庄、廊坊、沧州、保定的二手房价格

资料来源：中国住房行情网。

接下来是沧州和保定，这两个市的二手房平均房价都在 12000 元/米²
以上。2019 年 10 月沧州二手房房价最高为 13173 元/米²，2019 年 2 月沧州
二手房房价最低为 11973 元/米²，2 月和 10 月相比，每平方米上涨了 1200
元。2019 年 3 月保定二手房房价最高为 12370 元/米²，2019 年 12 月保定二
手房房价最低为 11657 元/米²（见图 9），3 月和 12 月相比，每平方米下降
了 713 元。2017 年 10 月，国家工商总局公布了《关于支持河北雄安新区规
划建设的若干意见》，建设雄安新区探索人口经济密集地区优化开发新模
式，调整优化京津冀城市布局和空间结构。雄安新区涉及河北省保定市雄
县、容城、安新 3 县及周边部分区域，地处北京、天津、保定腹地，区位优
势明显、交通便捷通畅，所以保定市的房价也随之提高。

（3）廊坊和保定位于北京周边，受北京影响最大。比较 2019 年河北省
房价比较高的几个市的新房和二手房的平均房价，石家庄的新房和二手房房
价差别不大。廊坊的新房平均房价为 15424 元/米²，二手房平均房价为
14676 元/米²，廊坊的新房平均房价高于二手房。保定的新房平均房价为
13499 元/米²，二手房平均房价为 12010 元/米²，保定的新房平均房价明显
高于二手房。虽然沧州的二手房平均房价高于保定，但是新房平均房价比保
定低。说明，廊坊和保定的新房更受欢迎、价格更高。

2019 年廊坊市二手房房价最高的地区是燕郊，二手房平均房价为 19181
元/米²（见图 10）。廊坊市二手房房价最低的地区是文安县，二手房平均房
价为 7519 元/米²（见图 10）。燕郊和文安县的二手房平均房价每平方米相
差 11662 元，可以看出廊坊市各区的二手房房价差别比较大。石家庄是河北
省的省会城市，按理来说二手房房价应该最高，但是燕郊的二手房房价比石
家庄还要高。其主要原因在于廊坊市紧挨北京，尤其靠近通州。在《北京
城市总体规划》中将北京城市副中心和雄安新区作为北京的"两翼"，北京
城市副中心位于通州区。现在很多年轻人在燕郊买房，在北京上班。而且，
通州以自身为中心，向东整合廊坊，连接天津西部，形成通州经济链，在这
个过程中，廊坊成了主要受益者。因此，廊坊的房价比较高，尤其是燕郊的
二手房平均房价已经超过了石家庄。

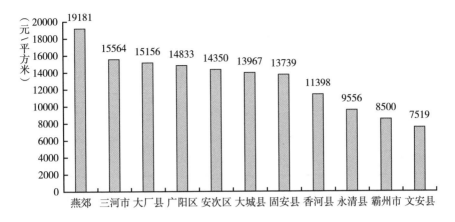

图10 2019年廊坊市各区二手房价格

资料来源：中国住房行情网。

（4）秦皇岛和唐山新房价格上涨，沧州和张家口价格波动中下滑。沧州新房房价总体波动幅度较大，2019年沧州新房房价最高点为13547元/米^2，最低点为11978元/米^2，最高的4月和最低的8月相比，每平方米降低了1569元。秦皇岛市新房平均房价为12391元/米^2。2019年11月秦皇岛新房房价最高为12834元/米^2，2019年1月秦皇岛新房房价最低为11785元/米^2，1月和11月相比，每平方米上涨了1049元。张家口新房平均房价为11369元/米^2，总体波动幅度不大。2019年5月张家口新房房价最高为11570元/米^2，2019年4月张家口新房房价最低为11244元/米^2，4月和5月相比，每平方米上涨了326元。唐山的新房平均房价为10220元/米^2。唐山新房房价呈现逐月向上的趋势。2019年12月唐山新房房价最高为10889元/米^2，2019年1月唐山新房房价最低为9528元/米^2，1月和12月相比，每平方米上涨了1361元，增长14.28%，上涨幅度较大（见图11）。

（5）唐山、秦皇岛二手房价格均上涨，唐山涨幅较大。从图12可见，唐山的二手房房价总体波动幅度较大，2019年12月唐山二手房房价最高为13258元/米^2，2019年2月唐山二手房房价最低为10691元/米^2，2月和12月相比，每平方米上涨了2567元。秦皇岛市平均房价为10427元/米^2。2019年12月秦皇岛二手房房价最高为10951元/米^2，2019年1月秦皇岛二

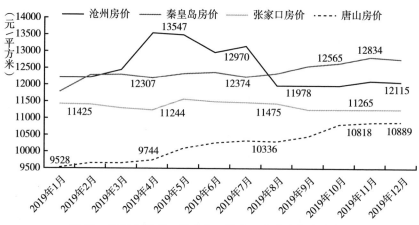

图11 2019年沧州、秦皇岛、张家口和唐山新房价格

资料来源：中国住房行情网。

手房房价最低为 9746 元/米^2，1 月和 12 月相比，每平方米上涨了 1205 元。承德二手房平均房价为 10408 元/米^2。2019 年 9 月承德二手房房价最高为 10768 元/米^2，2019 年 1 月承德二手房房价最低为 9984 元/米^2，1 月和 9 月相比，每平方米上涨了 784 元。2019 年秦皇岛和承德的二手房平均房价差别不大，2019 年上半年，承德二手房房价高于秦皇岛；2019 年下半年，秦皇岛二手房房价高于承德（见图12）。

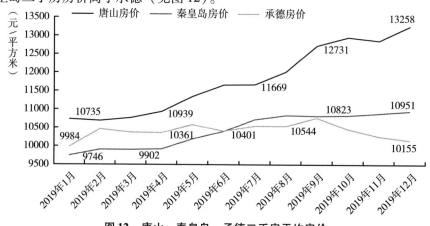

图12 唐山、秦皇岛、承德二手房平均房价

资料来源：中国住房行情网。

比较 2019 年唐山和秦皇岛新房和二手房的平均房价，2019 年唐山的新房平均房价为 10220 元/米²，二手房平均房价为 11803 元/米²，唐山的二手房平均房价高于新房。而秦皇岛的新房平均房价为 12391 元/米²，二手房平均房价为 10427 元/米²，秦皇岛的新房平均房价明显高于二手房。虽然承德的二手房平均房价高于张家口，但是新房平均房价比张家口低。说明，秦皇岛和张家口的新房更受欢迎。

（6）2019 年承德、衡水、邢台和邯郸的新房平均价格都在 10000 元/米² 以下。新房房价较高的是承德市，新房平均房价为 9786 元/米²，最高达到 9960 元/米²，全年来看，承德新房价格是上升的。衡水市新房平均房价为 9284 元/米²。2019 年 5 月衡水新房房价最高为 9421 元/米²，2019 年 8 月、9 月、10 月衡水新房房价最低为 9073 元/米²，1 月和 8 月、9 月、10 月相比，每平方米降低了 388 元。接下来是邢台市，新房平均房价为 9263 元/米²。2019 年 3 月邢台新房房价最高为 9488 元/米²，2019 年 12 月邢台新房房价最低为 9077 元/米²，3 月和 12 月相比，每平方米降低了 411 元。最后 2019 年河北省新房房价最便宜的是邯郸市，新房平均房价为 8768 元/米²。2019 年 12 月邯郸新房房价最高为 8987 元/米²，2019 年 1 月邯郸新房房价最低为 8660 元/米²，1 月和 12 月相比，每平方米上涨了 327 元。从图 13 看，2019 年衡水和邢台的新房平均房价差别不大，承德和邯郸的新房房价在 2019 年的后半年逐渐上涨（见图 13）。

（7）邯郸、张家口、衡水、邢台二手房平均房价在 10000 元/米² 以下（见图 14）。邯郸的二手房房价在波动中上升，张家口、衡水和邢台二手房房价则呈下降趋势。二手房房价较高的是邯郸市，平均房价 9608 元/米²。2019 年 10 月邯郸二手房房价最高为 9771 元/米²，2019 年 5 月邯郸二手房房价最低为 9336 元/米²，5 月和 10 月相比，每平方米上涨了 435 元。张家口市，二手房平均房价为 9131 元/米²。2019 年 4 月张家口二手房房价最高为 9412 元/米²，2019 年 12 月张家口二手房房价最低为 8781 元/米²，4 月和 12 月相比，每平方米减少了 631 元。衡水市二手房

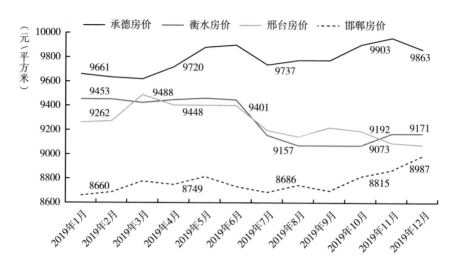

图13 承德、衡水、邢台和邯郸新房平均价格

资料来源：中国住房行情网。

平均房价是 8329 元/米²。2019 年 1 月衡水二手房房价最高为 8520 元/米²，2019 年 12 月衡水二手房房价最低为 8024 元/米²，1 月和 12 月相比，每平方米减少了 496 元。2019 年河北省二手房平均房价最低的地区是邢台市，二手房平均房价是 8183 元/米²。2019 年 7 月邢台二手房房价最高为 8325 元/米²，2019 年 12 月邢台二手房房价最低为 8025 元/米²，7 月和 12 月相比，每平方米减少了 300 元。从图 14 看，2019 年衡水、邢台二手房房价波动幅度都不大。

邯郸、张家口、衡水和邢台是河北省二手房房价较低的四个市。张家口、衡水和邢台的新房房价比二手房房价高，尤其是张家口，2019 年新房平均房价为 11369 元/米²，每平方米比二手房高出 2238 元。而邯郸的二手房房价比新房房价每平方米高 840 元，邯郸的新房房价是河北省 11 个市中最低的，说明邯郸的二手房比新房更受欢迎。而且，张家口受 2022 年北京冬奥会和交通便利的双重影响，近两年来的房价从千元级上涨至万元级。

总体来看，2019 年河北省 11 个市的房价中，石家庄市的房价最高

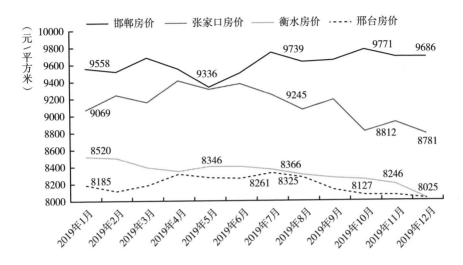

图14　邯郸、张家口、衡水和邢台二手房房价

资料来源：中国住房行情网。

点不超过 16000 元/米², 邢台市二手房和邯郸市新房房价最低不低于 8000 元/米²。同历年相比，石家庄、廊坊、保定、张家口、衡水 5 个市的二手房房价在 2017 年和 2018 年达到历史最高，2019 年反而有所下降。尤其是廊坊，2017 年二手房房价最高达到了 22544 元/米²，2019 年廊坊二手房房价最高为 15156 元/米²，2017 年和 2019 年每平方米房价相差 7388 元，降幅 32.8%；石家庄在 2017 年二手房房价最高为 16815 元/米²，2019 年石家庄二手房房价最高为 15741 元/米²，2017 年和 2019 年每平方米房价相差 1074 元。河北省 2020 年第 1 季度平均房价和 2019 年的平均房价相比普遍差别不大，有些地区每平方米房价相差不超过 100 元。2019 年河北省 11 个市的新房平均房价和二手房进行比较分为三类：第一类是廊坊、保定、秦皇岛、张家口、衡水和邢台 6 个市的新房平均房价比二手房高；尤其是张家口，2019 年新房平均房价为 11369 元/米²，明显高于二手房。第二类是唐山、承德和邯郸的二手房房价比新房高。第三类是石家庄和沧州的二手房平均房价和新房相比差别不大。

三 2020年京津冀城市群住房市场展望

（一）宏观经济形势分析

2019年中国GDP增速为6.1%，北京的GDP增速和全国持平；天津GDP增速为4.8%，低于全国增速，排名靠后；河北省GDP增速为6.6%，高于全国增速。京津冀区域经济比较稳定，受国际贸易冲击并不是很大。全国各地城市不断放开户籍政策，吸纳人口，加持房地产市场的需求，京津地区的人口控制政策并未放松，特别是北京的户籍政策依然收紧。河北省各城市推出了人才落户政策，大中专院校和技校毕业生都可落户，稳定就业的农民工及其家属、复转军人及家属都可以落户，对于三、四、五线城市的房地产市场具有一定的支撑作用，维持了部分城市房价持续上涨的势头。但是，2019年12月，突如其来的新型冠状病毒肺炎疫情袭击武汉，波及全中国。到2020年3月，中国内部疫情基本被控制住，但是海外输入病例又日益增多。新型冠状病毒已经席卷全球，股市大幅震荡，美股多次熔断，全球经济前景堪忧。

（二）2020年京津冀城市群的住房市场展望

2019年，在市场预期不明的情况下，京津冀住房开发投资仅有微弱的增长。由于京津及环京周边房地产市场连续三年下滑，对政策调整的预期逐渐上升。在遭遇新型冠状病毒肺炎疫情袭击的背景下，放松限购限贷政策，释放压抑已久的自住型购房需求的可能性增大。否则，房地产市场下滑速度会进一步加剧，京津冀区域的房地产不仅不能维持2018年以来的僵持局面，还可能进一步萎缩。

2020年京津冀的主要城市还可能进一步加大保障房建设的力度，特别是对政策性商品房的支持力度，从而拉动房地产市场，带动关联产业，对冲经济下滑。租赁型保障房的建设筹集力度也会加大，以解决低收入阶层、青年人以及外来人口的住房问题。另外，京津及周边县市的租赁市场发展也会面临新的政策机遇。

B.15
2019年成渝城市群房地产市场分析及2020年展望

陈德强　陈　欢　杨宇雯　傅　鑫　江承维*

摘　要： 2020年1月中央决定推动成渝地区双城经济圈建设。通过对成渝城市群所属城市的固定资产投资和房地产投资，房地产供应市场的土地供应、施工面积和竣工面积，房地产需求市场的销售面积、住宅销售单价等要素进行分析，对2019年房地产发展状况做出了评价。而成渝城市群中四川和重庆区域所属城市的各项指标占了全省（市）的90%以上份额，因而基本上代表了四川省和重庆市的房地产发展状况。对2020年成渝城市群房地产市场进行了展望，提出按照中央关于双城经济圈建设精神，成渝城市群一体化发展步伐会加快，产业地产与产业发展的良性互动更为紧密，基础性公共房地产项目会获得更多机会与资源，房地产需求要素受成渝城市群启动的影响而被激活和衍生出新要素并可以计量和报告。

关键词： 成渝城市群　房地产市场

---

* 陈德强，博士，重庆大学管理科学与房地产学院硕士生导师，成都大学大数据研究院研究员（教授），中国智能金融协同创新中心副主任，博士生导师，研究方向：房地产经营与管理、财务管理、投资理财；陈欢，重庆大学管理科学与房地产学院硕士研究生，研究方向：技术经济及管理；杨宇雯，重庆大学管理科学与房地产学院硕士研究生，研究方向：建筑及土木工程管理；傅鑫，重庆大学管理科学与房地产学院硕士研究生，研究方向：建筑及土木工程管理；江承维，重庆绿城致臻房地产开发有限公司财务资金管理高级专员。

一 成渝城市群的发展历程

成都与重庆，地域、历史、文化本为一体，经济互融顺理成章。2011 年 5 月，国务院正式批复《成渝经济区区域规划》，目标是：2015 年，建成西部地区重要的经济中心；2020 年，成为中国综合实力最强的区域之一。2015 年，国家发展改革委协同重庆市、四川省以及住房城乡建设部联合完成了《成渝城市群发展规划》编制，并上报国务院。2016 年 3 月 30 日，国务院常务会议通过《成渝城市群发展规划》，明确了成渝城市群的五大任务。2016 年 4 月中旬公布的《国务院关于成渝城市群发展规划的批复》，进一步明确了成渝城市群的主要目标、发展重点、着力点、推进抓手和切入点，对规划的实施做出了明确的安排。2020 年 1 月 3 日，中央财经委员会第六次会议研究推动成渝地区双城经济圈建设问题，习近平总书记强调，要推动成渝地区双城经济圈建设，在西部形成高质量发展的重要增长极。成渝城市群和长三角、珠三角、京津冀三个城市群不同，从地理位置上讲是一个内陆区域，是一个以成都和重庆双核协同发展的城市群，肩负着引领整个大西南地区发展的重任。成渝城市群范围包括：四川省的成都、自贡、泸州、德阳、绵阳（除北川县、平武县）、遂宁、内江、乐山、南充、眉山、宜宾、广安、达州（除万源市）、雅安（除天全县、宝兴县）、资阳等 15 个市；重庆市的渝中、万州、黔江、涪陵、大渡口、江北、沙坪坝、九龙坡、南岸、北碚、綦江、大足、渝北、巴南、长寿、江津、合川、永川、南川、潼南、铜梁、荣昌、璧山、梁平、丰都、垫江、忠县等 27 个区（县）以及开州、云阳的部分地区。2020 年 4 月 3 日国家发展和改革委员会发布《2020 年新型城镇化建设和城乡融合发展重点任务》（发改规划〔2020〕532 号），第（八）条对编制成渝地区双城经济圈建设规划纲要提出了详细具体的要求。

二 成渝城市群固定资产投资和房地产投资分析

（一）成都和重庆固定资产投资和房地产投资分析

2019年成都市固定资产投资稳定且保持了高速增长，重庆市固定资产投资增速比成都低，但是相对更平稳，而2016～2018年重庆固定资产投资增速分别为12.1%、9.5%和7.0%，2019年为5.7%，投资增速放缓明显。总体来看，2019年成都固定资产投资稳定保持了10%的高速增长；重庆固定资产投资增速5.7%，放缓增速，注重优化投资结构和经济结构，保障经济平稳运行（见图1）。

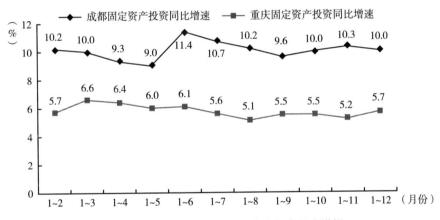

图1 2019年成都与重庆固定资产投资同比增幅

注：数据小数位数有调整。

资料来源：成都市统计局、重庆市统计信息网。

房地产投资方面，2019年成渝双城走出一个剪刀形。2019年成都保持了高速增长，增长速度先降后升，年内在10月达到全年房地产投资增速的最高值15.9%，全年同比增速相对于2018年上升14.9%。重庆增长速度总体下行，在3、4月回升后，年内在12月达到全年房地产投资增速4.5%的最低值。而在2019年11月，重庆房地产投资增速小于固定资产投资增速，值得关注（见图2）。

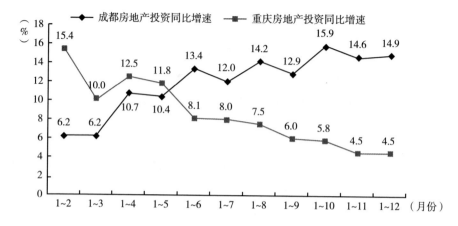

图2　2019 年成都与重庆房地产投资同比增幅

注：数据小数位数有调整。
资料来源：成都市统计局、重庆市统计信息网。

（二）成渝城市群中四川区域所属城市房地产投资分析

2015 年以来，成渝城市群中四川区域所属城市在房地产投资方面，占了四川全省的 93% 以上，成渝城市群房地产的发展基本上代表了四川全省的房地产发展（见表1）。成都所占份额逐年降低，从 2015 年的 50.74% 降至 2019 年的 39.73%，说明城市群中其他城市发展迅速。

表1　2015～2019 年成渝城市群中四川所属城市房地产投资的市场份额

单位：%

城市	2015 年	2016 年	2017 年	2018 年	2019 年
成都	50.74	49.95	48.31	39.89	39.73
自贡	2.61	2.34	2.38	2.84	2.85
泸州	4.09	4.53	5.02	6.00	6.01
德阳	2.40	2.38	2.04	2.44	2.44
绵阳	4.12	3.89	3.43	4.10	4.11
遂宁	2.33	2.74	3.37	4.02	4.03
内江	2.57	2.32	2.23	2.67	2.67
乐山	3.18	4.01	3.77	4.50	4.51
南充	4.43	4.10	4.12	4.92	4.94

城市	2015 年	2016 年	2017 年	2018 年	2019 年
眉山	4.05	3.68	3.76	4.49	4.50
宜宾	3.13	3.59	4.43	5.29	5.30
广安	3.83	4.89	4.74	5.66	5.68
达州	1.72	1.77	2.21	2.63	2.64
雅安	0.57	1.02	1.13	1.35	1.36
资阳	4.05	2.84	2.48	2.97	2.97
合计	93.82	94.05	93.42	93.77	93.74

资料来源：成都市统计局，国家数据，数据小数位数有调整，2018 年和 2019 年为整理数据。

从城市群中活跃的城市来看，除成都市外，处于前五位的分别是泸州、广安、宜宾、南充和乐山（见图 3），2019 年它们占房地产投资的市场份额分别为 6.01%、5.68%、5.30%、4.94% 和 4.51%，加上成都的 39.73%，市场份额合计达到 66.17%。这几个城市正处于重庆的方向，泸州、广安与重庆毗邻。

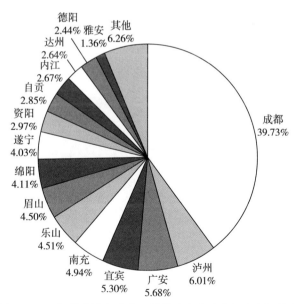

图 3　2019 年成渝城市群中四川的城市房地产投资市场份额

资料来源：成都市统计局，国家数据，数据小数位数有调整。

（三）成渝城市群中重庆区域所属城市房地产投资分析

成渝城市群中重庆区域所属的城市在房地产投资方面的份额状况见表2。

表2　2018年成渝城市群中重庆所属城市房地产投资的市场份额

区域	房地产投资额（亿元）	房地产投资额各区占比（％）
主城区	2930.05	68.96
江津	148.94	3.50
万州	111.43	2.62
涪陵	105.93	2.49
大足	89.97	2.12
合川	84.88	2.00
永川	80.23	1.89
璧山	77.66	1.83
綦江	66.08	1.56
铜梁	45.07	1.06
南川	44.14	1.04
潼南	26.71	0.63
长寿	26.19	0.62
荣昌	23.28	0.55
黔江	18.88	0.44
小计	3879.44	91.31
其他	369.32	8.69
合计	4248.76	100.00

资料来源：重庆市统计年鉴，数据小数位数有调整。

成渝城市群中重庆区域所属的城市在房地产投资方面，占了重庆全市的91％以上（梁平、丰都、垫江、忠县因地理位置未在四川方向，本次暂未统计，下同），所以成渝城市群房地产的发展基本上代表了重庆全市的房地产发展（见表2）。值得注意重庆主城区，由于重庆直辖市二级行政管理的特殊性，重庆市统计指标有主城区指标概念，主城区即重庆市城乡总体规划中所称的都市区，范围包括渝中区、大渡口区、江北区、南岸区、沙坪坝区、九龙坡区、北碚区、渝北区和巴南区等9个行政区域，辖区面积

5472.68 平方公里，相当于成都的 38%（成都市辖区面积 14335 平方公里）。然而，2017 年，成都房地产投资 2488 亿元，重庆主城九区投资 2611 亿元，金额接近，但成都占四川房地产投资的份额为 48.31%，而重庆主城区占重庆市房地产投资的份额为 65.61%。重庆主城区 2018 年为 68.96%，2019 年应略有上升（未能查获到统计数据）。而成都 2018 年为 39.89%，2019 年为 39.73%（见表 1），市场份额不断下降。可见：房地产投资市场四川较为分散而重庆较为集中，成渝城市群房地产的市场发展，四川条件更具备。

从城市群中活跃的重庆来看，除主城区外，处于前五位的分别是江津、万州、涪陵、大足和合川（见图 4），2018 年它们分别占房地产投资的市场份额为 3.51%、2.62%、2.49%、2.12% 和 2.00%，加上主城区的 68.96%，市场份额合计数达到 81.70%，2019 年应略有上升（未能查获到统计数据）。而江津、大足和合川正处于南、中、北三个方向与四川接壤，并分别与泸州、资阳和广安地理位置上毗邻，这为成渝城市群房地产市场的发展提供了优良的基础。

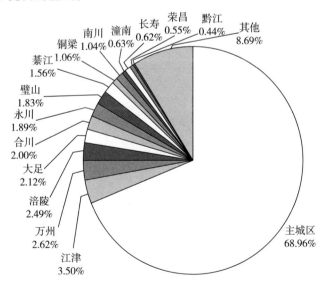

图 4　2018 年成渝城市群中重庆城市房地产投资的市场份额

资料来源：重庆市统计年鉴，数据小数位数有调整。

三 成渝城市群房地产供应市场分析

（一）成都和重庆土地供应分析

1. 成都和重庆开发企业土地购置面积分析

2014～2018 年成都和重庆开发企业土地购置面积如表 3 所示。可以看出成都开发企业在土地购置上波动较大，2017 年降幅近 70%，而 2018 年增幅达 90%。重庆开发企业经过 2014～2016 年的低迷期后，2017 年和 2018年缓慢地回升（见图 5）。

表 3　2014～2018 年成都和重庆开发企业土地购置面积

单位：万平方米，%

年份	成都开发企业土地购置面积		重庆开发企业土地购置面积	
	数量	增长率	数量	增长率
2014	365	34.19	1864	-1.69
2015	387	6.03	1626	-12.77
2016	531	37.21	959	-41.02
2017	162	-69.49	1122	17.00
2018	307	89.51	1260	12.30

资料来源：国家数据，成都市统计局，重庆市统计信息网，数据小数位数或有调整。

2. 成都和重庆土地出让宗数分析

成都市 2018～2019 年土地出让的宗数情况如图 6 所示。可以发现，2019 年土地出让宗数超过 2018 年，尤其在 8 月和 12 月十分明显。在整体上 2019 年的出让成交共计 903 宗，超过了 2018 年的 760 宗。表明土地供应充分，尤其是 2020 年 1 月和 2 月大量土地出让成交，更为后续房地产供应市场提供了充分的土地保障。

重庆市 2018～2019 年土地出让的宗数情况如图 7 所示。可以发现，2019 年土地出让宗数超过 2018 年，尤其是在 5 月、6 月、10 月和 12 月十分明显。在整体上 2019 年的出让成交共计 1772 宗，超过了 2018 年的

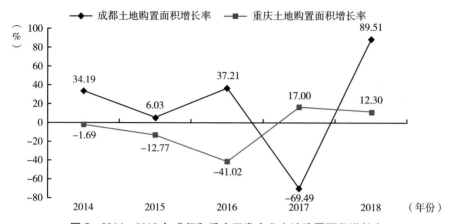

图5　2014～2018年成都和重庆开发企业土地购置面积增长率

资料来源：国家数据，成都市统计局，重庆市统计信息网，数据小数位数有调整。

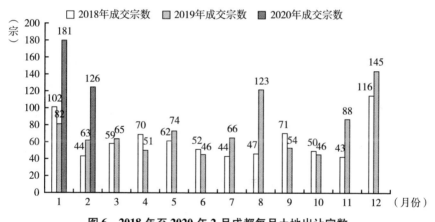

图6　2018年至2020年2月成都每月土地出让宗数

资料来源：同花顺金融数据终端。

1365宗。表明土地供应充分，为后续房地产供应市场提供了充分的土地保障。

（二）成渝城市群施工面积分析

1. 成都和重庆施工面积分析

2014～2019年成都和重庆商品房施工面积见表4。可以发现，成都从

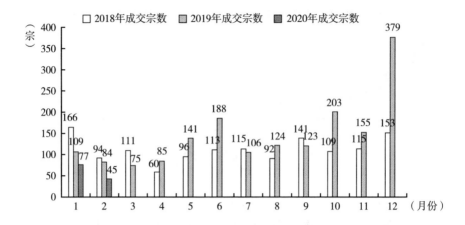

图7 2018年至2020年2月重庆每月土地出让宗数

资料来源：同花顺金融数据终端。

2014年商品房施工面积增速波动在下降，一直到2017年达到了降幅 2.43%，2018年缓慢回升，到2019年取得了较大的增幅，整体市场回升比 较快。但是重庆的商品房施工面积增速下降比成都提前了一年，2016年下 降了5.60%，2017年继续下降5.12%，2018年缓慢地回升，但是2019年 又下降，至今未恢复到2015年水平（见图8）。

表4 2014~2019年成都和重庆商品房施工面积情况

年份	成都商品房施工面积		重庆商品房施工面积	
	数量（万平方米）	增长率（%）	数量（万平方米）	增长率（%）
2014	17202	12.88	28624	9.04
2015	18334	6.58	28986	1.26
2016	19880	8.43	27363	−5.60
2017	19396	−2.43	25961	−5.12
2018	19514	0.61	27227	4.88
2019	20595	5.54	27987	2.79

资料来源：成都市统计局，重庆市统计信息网，数据小数位数有调整。

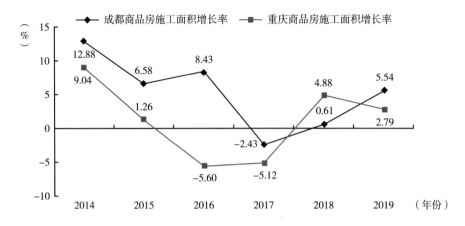

图8 2014～2019年成都和重庆商品房施工面积增长率

资料来源：成都市统计局，重庆市统计信息网，数据小数位数有调整。

再从2019年商品房施工面积每月的情况来分析。成都的增长率年初在上升，4月增幅达到了12.2%。然后持续下降，一直到12月下降到5.7%，这是全年的增幅水平。而重庆施工面积一直在下降，在1～2月增幅8.3%为全年最高，然后持续下降，下降到12月的2.8%。总体来看，成都全年的增幅5.7%，重庆全年的增幅2.8%，整体情况成都好于重庆（见图9）。

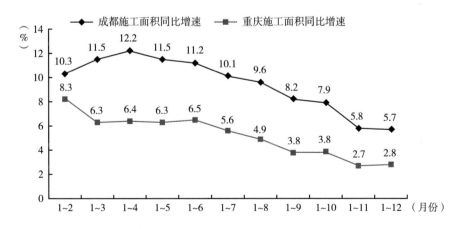

图9 2019年成都和重庆商品房施工面积同比增长率

资料来源：成都市统计局，重庆市统计信息网，数据小数位数有调整。

2. 成渝城市群中四川区域所属城市施工面积分析

2015 年以来，成渝城市群中四川区域所属的城市在施工面积方面，占了四川全省的90% 以上（见表5），成渝城市群房地产的发展基本上代表了四川全省的房地产发展。成都所占份额一直保持在 47% 左右，城市之间所占份额平缓递减，表明城市群的发展基础扎实。

表5 2015～2019 年成渝城市群中四川所属城市施工面积的市场份额

单位：万平方米，%

城市	2015 年		2016 年		2017 年		2018 年		2019 年	
	数量	占比	数量	占比	数量	占比	数量	占比	数量	占比
成都	18378	47.15	19890	47.89	19375	46.92	20851	47.32	20929	47.38
南充	2017	5.17	2074	4.99	2024	4.90	2213	5.02	2197	4.97
绵阳	1966	5.04	1984	4.78	1822	4.41	2091	4.74	2052	4.64
泸州	1592	4.08	1820	4.38	1859	4.50	1905	4.32	1945	4.40
眉山	1650	4.23	1756	4.23	1650	4.00	1830	4.15	1822	4.13
宜宾	1487	3.81	1564	3.77	1746	4.23	1735	3.94	1757	3.98
乐山	1168	3.00	1407	3.39	1478	3.58	1463	3.32	1515	3.43
广安	1161	2.98	1380	3.32	1419	3.44	1430	3.25	1473	3.33
德阳	1367	3.51	1277	3.07	1267	3.07	1417	3.22	1378	3.12
内江	1106	2.84	1261	3.04	1219	2.95	1296	2.94	1315	2.98
资阳	1206	3.09	1066	2.57	946	2.29	1168	2.65	1106	2.50
达州	1089	2.79	959	2.31	999	2.42	1105	2.51	1065	2.41
自贡	1054	2.70	973	2.34	954	2.31	1081	2.45	1046	2.37
遂宁	786	2.02	1.92	0.00	1165	2.82	711	1.61	654	1.48
雅安	266	0.68	297	0.72	395	0.96	346	0.78	362	0.82
小计	36293	93.09	37710	90.80	38318	92.80	40642	92.22	40616	91.94

资料来源：成都市统计局，国家数据，数据小数位数有调整，2018 年和 2019 年为整理数据。

3. 成渝城市群中重庆区域所属城市的施工面积分析

成渝城市群中重庆区域所属的城市在施工面积方面的份额占了重庆全市的88% 以上（见表6），所以成渝城市群房地产的发展基本上代表了重庆全市的房地产发展。重庆主城区所占份额 55% 左右，高于成都所占 47% 份额，重庆城市之间所占份额差距较大，表明城市群的发展基础不扎实。除主城区外，紧随着的江津（占 5.11%）和合川（占 4.41%），接壤四川的泸州

（占4.40%）和广安（占3.33%），地理位置上毗邻，这为成渝城市群内房地产市场的互动提供了优良的基础。

表6 2019年成渝城市群中重庆所属城市施工面积的市场份额

区域	2018年施工面积	
	数量(万平方米)	占比(%)
主城区	14870	54.61
江津	1390	5.11
合川	1201	4.41
万州	970	3.56
綦江	744	2.73
永川	704	2.59
大足	631	2.32
涪陵	627	2.30
潼南	627	2.30
璧山	579	2.13
铜梁	517	1.90
南川	485	1.78
长寿	324	1.19
荣昌	297	1.09
黔江	223	0.82
小计	24189	88.84
其他	3038	11.16
合计	27227	100

资料来源：重庆市统计年鉴，数据小数位数有调整。

（三）成渝城市群竣工面积分析

1. 成都市和重庆市竣工面积分析

2014~2019年成都和重庆市商品房竣工面积如表7所示。可以发现，成都从2014年商品房竣工面积波动较大，2015年降幅32%，2016年增幅达90%，而2017年又降幅32%，2018~2019年缓慢回升。重庆的商品房竣工面积比较平稳，2014~2017年平稳增长之后，2018年有所下

降，2019 年继续增长，2019 年已达到近几年的最高竣工面积量和增长率
（见图 10）。

表 7 2014～2019 年成都和重庆商品房竣工面积情况

年份	成都商品房竣工面积		重庆商品房竣工面积	
	数量（万平方米）	增长率（%）	数量（万平方米）	增长率（%）
2014	2119	12.71	3718	-2.26
2015	1436	-32.23	4360	17.27
2016	2734	90.39	4421	1.40
2017	1857	-32.08	5056	14.36
2018	1725	-7.11	4083	-19.24
2019	1823	5.68	5069	24.15

资料来源：成都市统计局，重庆市统计信息网，数据小数位数有调整。

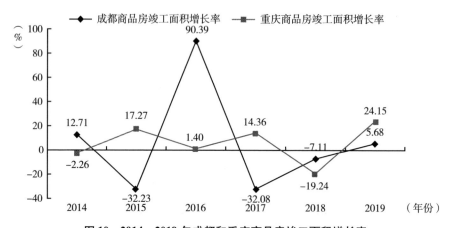

图 10 2014～2019 年成都和重庆商品房竣工面积增长率

资料来源：成都市统计局，重庆市统计信息网，数据小数位数有调整。

再从 2019 年商品房竣工面积每月的同比增长率情况来看，成都的增长
率年初在上升，4 月增幅达到了 65.82%。然后下降，在 6～10 月保持平稳
增幅，到 12 月下降到 5.7%，这是全年的增幅水平。而重庆施工面积一直
保持平稳增幅，在 4 月增幅 11.4% 为全年最低，然后持续上升，12 月达到
24.1%，这是全年的最高水平。总体来看，成都全年的增幅 5.7%，重庆全
年的增幅 24.1%，整体情况重庆好于成都（见图 11）。

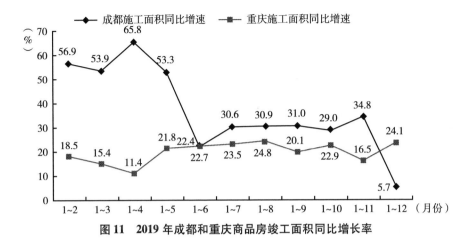

图11 2019年成都和重庆商品房竣工面积同比增长率

资料来源：成都市统计局，重庆市统计信息网，数据小数位数有调整。

2.成渝城市群中四川区域所属城市竣工面积分析

2015年以来，成渝城市群中四川区域所属的城市在竣工面积方面，占了四川全省的93%左右（见表8），成渝城市群房地产的发展基本上代表了四川全省的房地产发展。成都所占份额一直保持在34%左右，城市之间所占份额平缓递减，表明城市群的发展基础扎实。处于第二位的泸州近几年一直保持在8%～10%的水平，而泸州正与重庆毗邻，这为城市群的发展奠定了良好的基础。

表8 2015～2019年成渝城市群中四川所属城市竣工面积的市场份额

单位：万平方米，%

城市	2015年		2016年		2017年		2018年		2019年	
	数量	占比	数量	占比	数量	占比	数量	占比	数量	占比
成都	1463	32.18	2738	38.84	1855	33.00	1954	34.67	2052	35.50
泸州	267	5.87	565	8.01	587	10.44	457	8.11	512	8.86
宜宾	270	5.94	425	6.03	292	5.19	322	5.72	326	5.65
绵阳	224	4.93	379	5.38	303	5.39	295	5.23	308	5.33
眉山	222	4.88	360	5.11	298	5.30	287	5.10	299	5.17
南充	191	4.20	324	4.60	299	5.32	265	4.71	282	4.87
德阳	353	7.77	266	3.77	258	4.59	303	5.38	265	4.58
自贡	158	3.48	397	5.63	182	3.24	232	4.11	250	4.33
达州	320	7.0	317	4.50	186	3.31	279	4.95	246	4.25

续表

城市	2015 年		2016 年		2017 年		2018 年		2019 年	
	数量	占比	数量	占比	数量	占比	数量	占比	数量	占比
广安	113	2.49	323	4.58	239	4.25	213	3.77	243	4.20
遂宁	143	3.15	192	2.72	215	3.82	182	3.23	188	3.26
内江	204	4.49	203	2.88	185	3.29	200	3.55	187	3.24
资阳	149	3.28	67	0.95	191	3.40	143	2.54	133	2.30
乐山	113	2.49	55	0.78	116	2.06	100	1.78	89	1.54
雅安	9	0.20	43	0.61	15	0.27	20	0.36	24	0.41
小计	4199	92.39	6654	94.39	5221	92.87	5252	93.21	5404	93.49

资料来源：成都市统计局，国家数据，数据小数位数有调整，2018 年和 2019 年为整理数据。

3. 成渝城市群中重庆区域所属城市竣工面积分析

成渝城市群中重庆区域所属的城市在竣工面积方面的份额占了重庆全市的91％以上（见表9），所以成渝城市群房地产的发展基本上代表了重庆全市的房地产发展。主城区所占份额58％左右，高于成都所占的35％份额，重庆商品房竣工面积市场集中度高，其他城市所占份额较低，城市之间所占份额差距较大，表明城市群的发展基础不扎实。永川（占2.82％）和江津（占2.45％）与四川的泸州（占8.86％）接壤；合川（占3.40％）和广安（占4.20％）接壤。地理位置上毗邻，这为成渝城市群内房地产市场的互动提供了优良的基础。

表9　2018 年成渝城市群中重庆所属城市竣工面积的市场份额

区域	2018 年竣工面积	
	数量（万平方米）	占比（％）
主城区	2367	57.97
綦江	199	4.87
万州	169	4.14
涪陵	163	3.99
合川	139	3.40
永川	115	2.82
江津	100	2.45
璧山	88	2.16
荣昌	77	1.89
黔江	70	1.71

区域	2018 年竣工面积	
	数量（万平方米）	占比（%）
铜梁	60	1.47
长寿	56	1.37
南川	51	1.25
潼南	45	1.10
大足	42	1.03
小计	3741	91.62
其他	342	8.38
合计	4083	100.00

资料来源：重庆市统计年鉴，数据小数位数有调整。

四 成渝城市群房地产需求市场分析

（一）成都和重庆市房地产需求市场分析

2014～2019 年成都和重庆市商品房销售面积见表 10。可以发现，成都从 2014 年商品房销售面积波动较大，2015 年增幅 1.56%，2016 年增幅达 31%，然后 2017～2019 年持续为负增长，至今未恢复到 2016 年水平。重庆的商品房销售面积比较平稳，2014～2017 年平稳增长，2016 年达到最高的增幅 16.28%，2018～2019 年持续下降，至今未恢复到 2016 年水平（见图 12）。

表 10 2014～2019 年成都和重庆商品房销售面积情况

年份	成都商品房销售面积		重庆商品房销售面积	
	数量（万平方米）	增长率（%）	数量（万平方米）	增长率（%）
2014	2951	0.03	5100	5.88
2015	2997	1.56	5381	5.51
2016	3928	31.06	6257	16.28
2017	3925	-0.08	6711	7.26
2018	3682	-6.19	6536	-2.61
2019	3680	-0.05	6104	-6.61

资料来源：成都市统计局，国家数据，重庆市统计信息网，数据小数位数有调整，2019 年为整理数据。

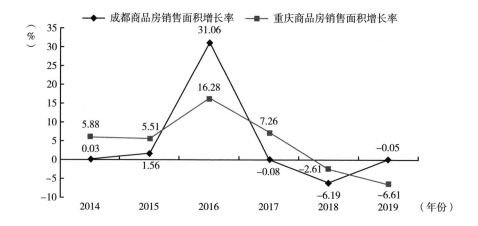

图12　2014～2019年成都和重庆商品房销售面积增长率

资料来源：成都市统计局，国家数据，重庆市统计信息网，数据小数位数有调整，2019年为整理数据。

再从销售单价来看。2014～2019年成都和重庆住宅商品房销售单价如表11所示。可以发现，成都住宅商品房销售单价从2015年开始一直上涨，重庆从2016年开始一直上涨。成都住宅商品房单价高于重庆1500元/米² 左右，成都住宅商品房销售市场好于重庆（见图13）。

表11　2014～2019年成都和重庆住宅商品房销售单价情况

年份	成都住宅商品房销售		重庆住宅商品房销售	
	单价(元/米²)	增长率(%)	单价(元/米²)	增长率(%)
2014	6536	−2.56	5094	−2.75
2015	6584	0.73	5013	−1.59
2016	7377	12.04	5162	2.97
2017	8595	16.51	6604	27.93
2018	9783	13.82	8189	24.00
2019	10633	8.69	8657	5.71

资料来源：成都市统计局，国家数据，重庆市统计信息网，数据小数位数有调整，2019年为整理数据。

图13　2014～2019年成都和重庆住宅商品房销售单价情况

资料来源：成都市统计局，国家数据，重庆市统计信息网，数据小数位数有调整，2019年为整理数据。

（二）成渝城市群中四川区域所属城市房地产需求市场分析

2015年以来，成渝城市群中四川区域所属的城市在销售面积方面，占了四川全省的94%以上（见表12），成渝城市群房地产的发展基本上代表了四川全省的房地产发展。成都所占份额一直保持在50%左右，城市之间所占份额平缓递减，表明城市群的发展基础扎实。处于第二位的泸州近几年一直保持在4.3%～5.2%的水平，而泸州正与重庆毗邻，这为城市群的发展奠定了良好的基础。

表12　2015～2019年成渝城市群中四川所属城市销售面积的市场份额

单位：万平方米，%

城市	2015年		2016年		2017年		2018年		2019年	
	数量	占比	数量	占比	数量	占比	数量	占比	数量	占比
成都	2066	49.78	2950	55.06	3424	50.67	4423	51.84	4773	52.52
泸州	180	4.34	250	4.67	350	5.18	403	4.73	441	4.86
宜宾	169	4.07	207	3.86	292	4.32	349	4.09	372	4.09
南充	183	4.41	173	3.23	276	4.08	333	3.91	340	3.74
绵阳	143	3.45	174	3.25	279	4.13	308	3.61	333	3.66

城市	2015 年		2016 年		2017 年		2018 年		2019 年	
	数量	占比	数量	占比	数量	占比	数量	占比	数量	占比
遂宁	151	3.64	187	3.49	252	3.73	309	3.62	328	3.61
眉山	184	4.43	175	3.27	234	3.46	317	3.72	317	3.48
广安	127	3.06	161	3.00	222	3.29	266	3.12	285	3.14
乐山	123	2.96	155	2.89	203	3.00	252	2.95	268	2.95
资阳	228	5.49	164	3.06	172	2.55	239	2.80	255	2.80
达州	111	2.67	117	2.18	201	2.97	223	2.61	235	2.59
内江	108	2.60	124	2.31	155	2.29	205	2.40	212	2.34
自贡	90	2.17	112	2.09	158	2.34	188	2.20	201	2.21
德阳	81	1.95	102	1.90	109	1.61	156	1.82	162	1.78
雅安	26	0.63	47	0.88	63	0.93	69	0.81	79	0.87
小计	3970	95.65	5098	95.15	6390	94.57	8040	94.23	8601	94.65

资料来源：成都市统计局，国家数据，数据小数位数有调整，2018 年和 2019 年为整理数据。

（三）成渝城市群中重庆区域所属城市房地产需求市场分析

成渝城市群中重庆区域所属的城市在商品房销售方面的份额占了重庆全市的 91% 以上，所以城市群房地产的发展基本上代表了重庆全市的房地产发展。主城区所占份额 68% 左右，高于成都所占的 50% 份额，重庆商品房销售市场集中度高，其他城市所占份额较低，城市之间所占份额差距较大，表明城市群的发展基础不扎实。2018 年，江津（排第二位，占 3.39%）和永川（排第六位，占 2.00%）与四川的泸州（排第二位，占 4.73%）接壤；合川（排第四位，占 2.54%）和广安（排第八位，占 3.12%）接壤。地理位置上毗邻，这为成渝城市群内房地产市场的互动提供了优良的基础。

从销售单价分析，2018 年重庆主城区的商品房整体销售单价是 10602 元/米^2（见表 13），而主城区的住宅销售单价是 11000 元/米^2，同时期的成都住宅商品房销售单价为 9783 元/米^2（见表 11），重庆主城区的住宅单价高于成都1200元/米²左右。重庆区域内的其他城市价格偏低，基本上在5000元/米²左右，使得重庆市的整体销售单价有所降低。

表13 2018年成渝城市群中重庆所属城市销售面积的市场份额

区域	2018年商品房销售			
	数量（万平方米）	单价（元/米²）	金额（亿元）	市场（金额）占比（%）
主城区	3390	10602	3593.96	68.16
江津	311	5751	178.85	3.39
璧山	227	6751	153.25	2.91
合川	246	5448	134.01	2.54
万州	206	6104	125.75	2.38
永川	202	5230	105.64	2.00
綦江	190	4733	89.93	1.71
大足	188	4564	85.80	1.63
涪陵	140	5465	76.51	1.45
铜梁	153	4855	74.28	1.41
潼南	131	4240	55.55	1.05
南川	89	5862	52.17	0.99
荣昌	103	4781	49.24	0.93
长寿	97	4270	41.42	0.79
黔江	58	5044	29.25	0.55
小计	5731	—	4845.62	91.90
全市	6536	8067	5272.7	100

资料来源：重庆市统计年鉴，数据小数位数有调整。

五 2020年成渝城市群房地产市场发展展望

（一）按照中央关于双城经济圈建设精神推动房地产市场发展

2020年1月3日习近平主持召开中央财经委员会第六次会议，研究了推动成渝地区双城经济圈建设问题，会议上指出，推动成渝地区双城经济圈建设，有利于在西部形成高质量发展的重要增长极，打造内陆开放战略高

地，对于推动高质量发展具有重要意义。要尊重客观规律，发挥比较优势，推进成渝地区统筹发展，促进产业、人口及各类生产要素合理流动和高效集聚，强化重庆和成都的中心城市带动作用，使成渝地区成为具有全国影响力的重要经济中心、科技创新中心、改革开放新高地、高品质生活宜居地，助推高质量发展。遵照会议精神，预测 2020 年房地产有以下发展走向。

第一，成渝城市群的城市房地产集中度分散化水平提高。成渝地区双城经济圈，是成都重庆两个大都市圈以及受"双城"辐射的轴带而形成的经济圈，以中心城市带动经济圈、促进区域协调发展，来探索寻找可行的区域协同发展解决方案，解决中国区域发展不平衡、不充分的问题。城市房地产集中度的分散化会重点提升轴带城市的市场份额。

第二，两中心两地的房地产指标研究与运用会加强。两中心两地即成渝地区成为具有全国影响力的重要经济中心、科技创新中心、改革开放新高地、高品质生活宜居地，这是国家战略定位。双城经济圈高质量发展下的经济中心房地产、科技创新智能房地产、开放外向型房地产和生活宜居房地产等指标的研究与运用，就是将国家战略转化成为战术并获取战果的重要工具。

第三，区域房地产的国家资产政府经营的属性显现。双城经济圈城市群战略将增强两城在西部地区的增长极作用、辐射带动作用，同时优化国土空间结构，开拓中国经济发展的回旋空间、增加经济发展的韧性，来应对国内外经济环境的不确定性，这对于推动内陆地区的改革开放，打造内陆开放战略高地具有非常重要的战略意义。区域房地产是战略实施的载体，是国家资产政府经营的抓手。

（二）成渝城市群一体化发展步伐加快

按照全局谋划一域、以一域服务全局的大局观念，成渝城市群一体化发展步伐加快，由此，预测 2020 年房地产有以下发展走向。

第一，相邻的城市合作联盟促进房地产产业链和价值链深化。成渝城市群内相邻两个城市之间，历史同脉、文化同源、地理同域，签署推动一体化发展合作协议是必然趋势。四川的城市房地产集中度低，城市群的发展基础好，而重庆是直辖市二级行政管理的城市，行政级别资源好，这样彼此互补，形成联盟。房地产是一个地方属性的产品，城市群一体化过程中，地域属性使得相邻的城市区域通过房地产产业联盟，实现房地产错位发展和竞相发展，努力延伸房地产产业链条，有效补链成群。

第二，非接壤城市形成跨空间的产业房地产平台。非接壤城市积极寻找共同利益点和产业关联面，分享和聚集经济要素，在成渝双城经济圈框架中探索飞地经济合作模式，通过跨区域产业联盟，设立跨区域产业联席会议制度和统一的飞地管理机构，促进飞地经济网络化、纵深化，建立常态化合作机制，建设高能级开放平台，引领城市地区开放水平提升，健全供应链体系，提升内外流通的效率，进一步巩固和强化自身在全球和全国产业链、供应链、服务链、价值链上的比较优势。

第三，城市群一体化实现高品质城镇化。通过中心城市的发展带动经济圈内中小城市的发展，以及带动小城镇的协同发展。城镇化人口分层次进入一体化合作发展的多层级城市体系中，天府之国名副其实。

（三）产业地产与产业发展的良性互动更为紧密

第一，双城经济圈城市的产业为房地产发展提供了优良基础。成都正全面发展集成电路、新型显示、智能终端、高端软件、人工智能、信息网络六大领域，成为中国西部的互联网产业领军城市。重庆作为中国西部最大的制造业基地，将科技与制造业有机结合，大力发展大数据、人工智能、物联网产业，打造"智慧城市"，并已成为中国"智博会"的永久举办地。这些产业为房地产发展提供了优良基础。

第二，产业地产为双城经济圈内产业园区间的联动提供了载体和条件，而产业发展促进了产业地产创新。产业园区包括高新技术开发区、经济技术开发区、保税区、科技园、工业区、文化创意产业园、物流产业园、总部基地、生态农业园等以及产业新城、科技新城等，通过构建产业联盟，寻找共同的利益点和产业关联面，建立常态化合作机制，以产业地产为载体，进而

分享和聚集经济要素。具体包括：（1）西部科学城带来产业地产升级换代。重庆高新区（重庆科学城）和成都高新区（成都科学城）作为"双核"，辐射联动沿线绵阳科技城和有关国家级高新区，以"一城多园"模式，共同打造以"经济圈"建设为核心支撑和重要引擎的西部科学城。（2）通过优势产业的创新平台共建共享创新产业地产发展模式。在创新资源方面，聚焦核心优势产业创新，争取布局重大科学设施，实施重大科技创新攻关及推广，推动创新平台共建共享。提升产业的原始创新、应用创新能力，带来产业地产发展模式创新。（3）产业集群带动地产集群。各城市围绕地区内的核心优势产业打造"根植"性强的中国甚至世界级产业集群。（4）产业地产搭台，为产业园区提供硬件和物质平台，促使他们建设科技资源共享平台、技术转移平台，组建协同创新中心、行业技术中心等多种形式的产业技术创新战略联盟，成为科创中心的主要支撑者以及推动成渝城市群协同创新体系的组织者和领导者。

第三，产业地产成为双城经济圈内产业发展的优势资源。高水平人才的聚集、孵化、输出、开放都需要硬件支持。越来越多的年轻人在一线城市的生存压力激增，而西部相较更低廉的房价成为吸引他们到来的有利因素。西部地区办公楼租赁成本远低于沿海地区，办公成本价差吸引更多企业在西部设立分支机构或区域总部，甚至将后台服务中心、数据处理中心等职能开始向西部地区迁移。劳动力和办公租赁两大成本的降低，为企业运营大大减压。产业地产已成为双城经济圈内产业发展的优势资源。

（四）重大项目为基础性公共房地产项目提供了更多机会与资源

成渝城市群内（甚至周边的）各级行政区域都在谋划实施一批引领性、带动性、标志性重大项目，推动成渝地区双城经济圈建设开好头、起好步。第一，道路、高铁、高速公路等项目，是成渝地区双城经济圈重要的互联互通项目。第二，构建内畅外联的"水公铁"立体综合交通体系，促进多向多式互联互通，增强物流枢纽、开放口岸等服务双城经济圈的能力。第三，积极开展基础设施、现代产业、环境保护和公共服务等领域重大项目谋划、储备与开工建设，争取更多项目进入国家、市"十四五"规划和成渝地区双城经济圈建设规划。第四，在做强资源要素配置功能方面，除做强枢纽经济、强化陆港型国家物流枢纽功能外，也在建设要素交易市场，促进地区内要素市场一体化。与重大项目相关的房地产项目，提级到双城经济圈，升格至成渝城市群，将成为标志性、基础性和公共性的地产大项目。

（五）房地产市场供需要素展望

房地产市场是由供需要素决定的。从本研究前面分析来看，房地产市场供应要素的土地供应、施工面积、竣工面积在 2020 年都会呈现上升的趋势，而需求要素的销售面积和销售价格方面也呈上升趋势。除此之外，房地产需求的其他要素会受成渝城市群启动的影响而被激活，这些要素包括：自动需求（新增人口）、自主需求（城镇化率）、被动需求（拆迁安置）、主动需求（升级换房）、经营需求、投资需求、投机需求等。此外，城市群房地产市场的供需要素还包括城市群中各级行政区域（含各产业园区）的资产、负债和权益，比如资产，应包含：货币资金、存货（在建基础设施和在建房地产项目）、长期投资（区域内项目的投资及对其他项目的投资）、固定资产（投入使用的基础设施和房地产）、无形资产（区域市场资产、区域知识产权资产、区域人力资产和区域组织资产）、其他流动资产（其他流动资产和企业资产）和其他长期资产（其他长期资产和企业资产）等。成渝城市群会带来这些要素整合，并衍生出新要素，2020 年可以进行计量和报告。

参考文献

陈德强：《区域项目资产营运与财务评价研究——基于财务原理与项目管理的区域中观财务研究》，重庆大学博士学位论文，2010。

热 点 篇

Hot Topics

B.16
中国"高房价"的成因及未来趋势

牛凤瑞[*]

摘 要: 1999～2019 年中国商品房成交均价快速上涨,年均增速达 7.9%,同期中国城镇人均可支配收入增速为 10.4%,高于房价增速 2.5 个百分点。按户均 3 口人、人均住房 30 平方米计算,住房制度改革的最初 5 年平均中国城镇居民房价收入比为 9.5,最近 5 年平均下降为 6.6。中国房价较高,但整体上在可以接受的范围内,而且正在向好的方向演进。中国房价较高的根本原因在于经济社会发展的总体趋势和特定的发展阶段,以及一系列国家制度设置和政策安排的综合作用。中国房价近期将在高位盘整,中期仍将处于上行通道,远期变化进入正常化。

---

* 牛凤瑞,中国社会科学院城市发展与环境研究中心原主任,研究员,研究方向:房地产经济、城市经济。

关键词： 高房价　根源分析　逆向调节

当今中国参与人数最多、争论最激烈、媒体报道频率最高的公共话题非房地产莫属，其中高房价又是话题的中心。高房价问题作为国家调控政策的重点和难点十几年而难见成效，是理论研究滞后的结果，更是社会发育不成熟的表现。中国房价高到了何种程度？根源何在？未来趋势如何？本文根据中国住房制度改革20年来商品房成交均价变化数据作一分析，并做出相应判断。

一　中国房价高到了何种程度

自20世纪末中国开始城镇住房制度市场化改革以来，房地产市场进入了快速发展时期，房价也步入了高速增长时期。房价增长过快、房价过高几乎成为社会主流判断，特别是热点城市商品房每平方米成交均价动辄数万元，一线城市中心地段住房售价高达十几万元，更是成为中国房地产泡沫论的有力证据。但是房价的变化是与经济社会整体发展变化密切联系在一起的，住房是耐用消费品，生产供给周期较长，绝大多数家庭购房的支付能力要经过多年的积累。基于房地产调控政策制定的视角判断房价的高低，不仅要看房价自身的升降幅度，还要看房价水平与经济发展、与家庭收入水平变化的相关关系；不仅要看中心城市、中心地段、典型楼盘的价格水平，更要看全国总体的房价水平；不仅要关注房价的短期变化，更应该关注房价长期的变化趋势。1999～2019年的20年，中国商品房成交均价由2053元/米^{2}上升到9310元/米^2，增长了3.5倍，年均增速达7.9%。同期，全国城镇人均可支配收入由5854元增加到42359元，增长了6.2倍，年均增速达10.4%，跑赢房价增速2.5个百分点。就是说，20年来相对于房价的快速上升，城镇居民购房支付能力有了更快的增长。

按年度分析，住房制度改革以后的20年中，全国有5年平均房价增速

高于城镇人均可支配收入增速，有 4 年房价增速高于国内生产总值当年价增速。排除国际金融危机的影响（2008 年房价同比下降 2.2%，2009 年同比反弹为 23.6%），房价增速高于和低于人均收入增速年份之比约为 1:3。从数年一个阶段来分析，住房制度改革最初几年，全国房价基本保持稳定。从 2003 年开始房价快速增长，到 2009 年的 6 年时间里，全国平均房价翻了 1 番，年均增速达 12.2%，是房价增长最快的时段。但即使如此，同期城镇人均可支配收入增速仍快于房价增速 0.3 个百分点。总体比较，住房制度改革的第一个十年，全国商品房成交均价年度变化剧烈，平均增速高达 8.6%；第二个十年全国商品房成交均价年度变化趋缓，平均增速下降为 7.1%。两个十年全国城镇人均可支配收入增速分别高于房价增速 2.8 个百分点和 2.3 个百分点。从宏观视角分析，与中国房价快速上涨相对应的是城镇人均可支配收入的更快增长，而支撑人均可支配收入增长的是国民经济的持续快速增长。按当年价格计算，住房制度改革后的 20 年，中国国内生产总值平均增速为 13.3%，分别高于城镇人均可支配收入增速和商品房成交均价增速 2.9 个百分点和 5.4 个百分点（见表 1、图 1）。

表 1　商品房成交均价、城镇居民人均可支配收入、国内生产总值、房价收入比比较

年度	商品房成交		城镇居民人均可支配收入		国内生产总值		房价收入比
	均价 （元/米²）	同比增长 （%）	收入 （元/人）	同比增长 （%）	当年价 （万亿元）	同比增长 （%）	
1999	2053		5854		8.2		10.5
2000	2112	2.9	6280	7.3	8.9	8.5	10.1
2001	2170	2.7	6859	9.2	9.7	9.0	9.5
2002	2250	3.7	7703	12.3	10.5	8.2	8.8
2003	2359	4.8	8472	10.0	11.7	13.5	8.4
2004	2778	17.8	9422	11.2	13.7	17.1	8.8
2005	3168	14.0	10493	11.4	18.2	32.8	9.1
2006	3367	6.3	11760	12.1	20.9	14.8	8.6
2007	3885	15.4	13786	17.2	24.7	18.2	8.5
2008	3800	-2.2	15781	14.5	30.0	21.5	7.2
2009	4695	23.6	17175	8.8	33.5	11.7	8.2

年度	商品房成交		城镇居民人均可支配收入		国内生产总值		房价收入比
	均价（元/米²）	同比增长（%）	收入（元/人）	同比增长（%）	当年价（万亿元）	同比增长（%）	
2010	5029	7.1	19109	11.3	39.8	18.8	7.9
2011	5377	6.9	21810	14.1	47.2	18.6	6.7
2012	5791	7.7	24565	12.6	51.9	10.0	7.0
2013	6237	7.7	26955	9.7	58.8	13.3	6.9
2014	6323	1.4	28844	7.0	63.6	8.2	6.6
2015	6793	7.4	31195	8.2	67.8	6.6	6.5
2016	7476	10.1	33616	7.8	74.4	9.7	6.7
2017	7892	5.6	36396	8.3	82.7	11.2	6.5
2018	8737	10.7	39251	7.8	91.9	11.1	6.7
2019	9310	6.6	42359	7.9	99.1	7.8	6.6
1999～2009	—	8.6	—	11.4	—	15.1	8.7
2009～2019	—	7.1	—	9.4	—	11.5	6.8
1999～2019	—	7.9	—	10.4	—	13.3	7.8

资料来源：国家统计局。

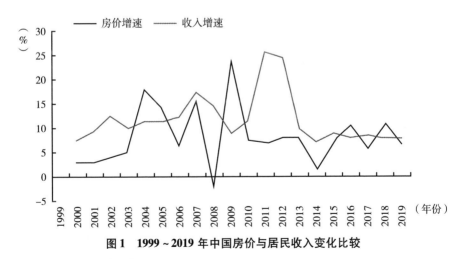

图1　1999～2019年中国房价与居民收入变化比较

资料来源：国家统计局。

房价收入比通常是国内外一些研究者用来判断房价高低的重要指标。最近有研究者用全国城镇居民人均可支配收入除以100平方米住房总价，得出

中国人买房平均要 20 多年，京沪深居民购房需要百（八十）年的结论，显然是概念使用的错误，极易产生误导。因为房价收入比是家庭可支配总收入能够购买一套普通住房所需要的年限，而不是人均可支配收入购买 100 平方米住房的年限。按每个居民家庭 3 口人、购买一套 90 平方米住房计算，住房制度改革的最初 5 年，全国城镇居民家庭平均房价收入比为 9.5，最近 5 年平均下降为 6.6，距离某些研究者认为的房价合理区间上限已经不远。若按 3 口人之家、人均 40 平方米计算，住房制度改革最初 5 年全国城镇居民平均房价收入比为 12.7，最近 5 年平均为 8.8，距离所谓的房价合理区间上限还有 2.8 年的差距。与十几年前相比，中国居民面对的都是高房价，但对应的支付能力在增强也是不争的事实，那为什么反而感觉房价越来越高、越来越难以承受呢？这里一方面是因为居民购房欲望变得更加强烈，而购房欲望既受社会舆论导向的影响，又是收入水平提高的结果。另一方面由于区域发展的差异和居民收入增长的不平衡，一些收入水平较低的家庭依然购房无望。这就需要加强住房保障建设力度，完善住房租赁市场体系建设，以确保全体居民住有所居。

综合上述分析可以得出以下结论：中国城镇住房制度改革 20 年，居民居住水平总体上有了极大改善，但不是所有居民都有改善。房价虽有较快上涨，但居民购房支付能力有了更快提升，更有国民经济持续稳定发展提供保障。中国房价较高，但整体上在可以承受的范围内，风险可控，而且正在向好的方向演进。

二 中国高房价根源分析

只有准确判断中国房价快速上涨的根源，方能正确认识现阶段中国高房价的得与失、利与弊，方能采取相应的政策措施，确保房地产的健康稳定发展，以较低的社会成本达到全体人民住有所居的目的。当前炒房被认为是推动房价上涨的主要原因，因而受到政策的严厉限制。但炒房的前提是房价上涨前景和有人接盘，两者互为因果。开发商捂盘惜售提价与降价促销都是企业的营销策略，从道德层面加以谴责于事无补。媒体高调推介对房价上涨充其量也只能起到火上浇油、推波助澜作用，既不能持久，也不可能改变住房供求的基本格局。深入分析，中国高房价的根本原因在于中国经济社会发展的总体趋势和特定的历史发展阶段，以及一系列国家制度设置和政策安排的综合作用。

（一）经济社会发展的总体趋势推升房价

其一，进入21世纪，中国经济发展进入快车道，居民收入快速增长，住房需求空前增强，而住房制度改革开启了居民通过市场满足居住需求的闸门。一方面由于城市化的快速推进，每年有千万以上的农村人口进城，扩大了住房的基本需求；另一方面，随着吃穿用行等基本生活需求的满足，改善居住条件成为广大城镇居民消费结构升级的重点。这种暴发式的基本居住需求与改善性居住需求的叠加，造成住房市场供给不能满足，推动房价快速上涨。其二，货币超发，通货膨胀是当代各国的普遍现象。21世纪以来中国货币发行量由几万亿元人民币上升到几十万亿元人民币，每年的通货膨胀率都有几个百分点。房价随之上升既是房地产业发展的必要条件，客观上也发挥了超发货币储水池作用，减缓了物价上涨幅度。其三，包括拿地成本、原材料成本和人工成本在内的建房成本和企业营销成本在不断提升，住房规划设计建设标准也在不断提高，要求市场房价相应上涨。住房建设成本提高是要素聚集于住房建设的前提条件，住房设计建设标准的提高则是满足市场需求的必要条件。

（二）住房购买力的阶段性集中释放推高房价

较高品质住房的足量供给是满足美好生活需求的重要物质基础。存量住房质量差，相对于巨大社会需求，高品质住房数量少是现阶段中国城镇的基本态势，而且这一基本态势将持续到现代化的实现。在这一特定的发展阶段，大量的城镇住房增量需求和危旧房改造需求的双重作用将持续多个十年，方能达到住房市场供求基本平衡。中国居民安居才能乐业、有房才能有

家的传统观念根深蒂固，家庭可支配收入的快速增长和高储蓄为实现居者有其屋的消费偏好提供了可能，也为住房市场真实需求的扩大提供了支撑。中老年居民有出售城市中心区原住房的现金收入，提高了购置改善型住房的支付能力；年轻居民由于有双方老人的支撑，降低了首次置业年龄。期房预售透支了住房供给能力，按揭购房则提前释放了未来住房需求。而住房的保值增值性能和民间投资渠道的狭窄，促使社会零散资本投资于楼市成为必然选择。所有这些无疑都加剧了住房市场阶段性的供求矛盾，推动房价快速上涨。

（三）商品房建设用地制度和政策推高房价

土地是住房建设的基础要素，地价是构成商品房价的基础要件。由于商品房建设用地使用权的取得和建设于其上的商品房销售不在同一时段，同一宗地地价与建在其上的商品房售价并不构成对应关系，因而有学者认为地价与房价无关，进而否定地价对房价的决定性影响。但任何宗地的商品房销售定价都必然以同一地段的即期地价为重要参照，地价决定房价的关系依然成立。而中国的土地制度和用地政策推高了土地价格。一是商品房建设用地或来自农业用地征用，或来自既有建设用地拆迁腾退。现行的征地拆迁补偿政策促使征地拆迁费用较大幅度增长，推动商品房建设用地价格不断上涨。二是商品住房用地出让金70年一次性征缴制度设置，使开发商拿地成本大幅度上升。三是为实现土地资源的市场化配置，商住用地使用权实行招标竞标、高价者得之的制度推升了地价。地方政府垄断土地一级市场和限量供地政策，造成商品房用地有效供给不足，又确保了土地高价的实现。四是开发商获得商住用地使用权的同时，被要求配建相应的水电路气等市政设施和保障房、政策房、小学、幼儿园、医院等公用设施的政策，提高了开发商用地成本。五是城市公益建设项目用地行政划拨，工业用地低价供应，两者用地的征用拆迁成本要由商住用地高价平衡的制度设置。上述所有增加的用地成本最终都要转化为商品房价格，成为高房价的推手。

在地方公共财力不足的情况下，以房地产开发为平台，筹集公共资金用于加快城市基础设施建设，或用于增加公共服务供给，就是所谓的土地财政。以高地价为支点的土地财政造成了高房价，使许多刚需阶层买不起住房，因而广受诟病。但土地财政的背后是复杂的社会再分配关系。以商住用地高价平衡公益用地行政划拨和工业用地低价是一种形式的社会再分配；高收入群体高价买大房、买好房等于多交税费，中等收入群体高价买小房缴纳税费较少，低收入群体买不起高价房，走住房保障之路，是另一种形式的社会再分配。当代人承受高价房压力筹集公共资金加快城市基础设施建设，后代人享用基础设施是一种代际承传关系，也可视为一种代际社会再分配，实际上并不存在不可持续的问题。所以土地财政虽不完美，但在发展中的现阶段又有其合理性。

（四）政策逆向调节推高房价

价格变化是市场供求关系的晴雨表，也是资源配置的杠杆。2004 年中国房价进入快速增长周期，表明住房市场供不应求，要求扩大房地产投资，增加住房有效供给，但与彼时防止经济过热的宏观决策相冲突。而抑制房价过快上涨又是关系重大民生问题，是政府需要占据的道德高地。于是关紧土地、资金供给两大闸门，抑制房地产过热以服务全局和控制房价过快上涨、实现房价合理回归同时成为房地产调控政策的基本取向。而且这种相互错位、效力相互抵消的政策目标和政策措施长期主导了房地产调控决策思维。事实上，作为发展中的大国，是否存在经济过热、如何判断和防止经济过热，一直是仁者见仁，智者见智。中国房地产市场发育只有十几年，什么是合理房价，何时有过合理房价，也从来都是一个未知数。但十几年的实践证明，以限制房地产发展为主要措施的调控政策，违背市场供求规律，不仅没有达到控制房价快速上升的目标，反而成为房价快速上涨的推动力量。

2015 年实施的房地产去库存调控，以各种优惠政策鼓励买房，提振市场，直接推升了房价。政策实施不到两年即宣布达到了政策目标，调控效率之高实属罕见。其实，以去库存达到低库存甚至零库存是房地产开发企业的不懈追求，房地产业内人士对去库存达成共识也早于中央决策出台，可谓遂

业内所愿。2016年全国平均房价增速再次达到两位数，超过人均可支配收入增速，去库存政策被称为拯救开发商并非没有道理。2016年以后以限制住房购买为主要措施的调控政策出台，用行政手段排除部分购房者入市的调控政策，扭曲了真实的市场供求关系，于控制房价上涨虽有短期效果，可作权宜之计，但充满不确定性，长期执行下去社会成本高昂。2018年出现第5个年度的房价上涨速度高于人均可支配收入增速的情况，即是证明。相对于每日每时都在发生的房价变化，以控制房价为目标的调控政策从制定、出台到发挥效力总有一个滞后期。若真想控制房价过快上涨，唯有建立与市场需求相适应的住房有效供给长效机制，才是釜底抽薪之策。

三　中国高房价的未来展望

展望中国高房价的未来，可从近期、中期、远期三个时段分别进行分析。

（一）近期：中国房价高位盘整

综合各种相关因素分析，近两三年内中国房价总体上将维持高位盘整态势。除少数三、四线城市和个别地段、个别楼盘外，整体上的房价大涨大落都是小概率事件。当前正在肆虐的新冠肺炎疫情对2020年住房交易会有短期影响，对房价总体走势影响则是极小概率。

其一，房价大跌极少可能。中国住房市场需求依然旺盛，城市人口增加的基本居住需求、市民改善性的居住需求和危旧房改造升级需求三者叠加效应依然继续，住房供给不能满足居住需求的总体态势不可能在短期内有根本改观。这是虽然有历史上最严厉的房地产调控，最近三年全国商品房成交均价仍有7.6%增速的根本原因所在。

其二，房价大涨缺少动力支持。从现实来看，中国房价已在高位，大涨之后要有一个喘息期，继续快速上涨既乏力，又将面临较高的市场风险。从中央的决策意愿来看，近期国家控制房价大涨的决心不会变，对房地产调控从紧的政策方向也不会变。随着多主体供给、多渠道保障、租购并举的住房制度的全面落实，楼市需求压力将有所减轻，房价大涨也会失去动力。

其三，防范房价大跌风险。虽然中国房地产调控的决策思维惯性依然强烈，但调控目标由控制房价过快上涨和去库存转向为稳地价、稳房价、稳预期表明，房地产调控政策正在向着与客观规律相吻合的方向迈进。至于何为稳房价又会有不同的解读。房价停止不动是稳定，但计入物价上涨因素等于房价相对下降。房价上下小幅波动也是稳定。若房价上升速度低于人均可支配收入增长和国民经济发展，也可视为稳定，因为居民购房支付能力在相对增强。房价上升速度高于人均可支配收入增长和国民经济发展，短期发生应保持定力，静观其变，要更多地通过市场力量进行调节；多年连续发生则应保持警惕，力求避免。

（二）中期：中国房价仍将在上行通道

所谓中期是指一个房地产生产销售周期，甚至多个生产销售周期。受各种相关因素综合影响，中期中国房价在上行通道仍然是大概率事件。基本依据，一是中国经济基本面长期向好的发展趋势不会改变，人民收入水平提高趋势不会发生改变，对较高品质住房的向往仍将继续，城镇危旧住房的改造更新仍将继续。人口出生率下降不足以抵消城市总人口增加趋势，人口的老龄化也不能改变城镇居民改善性住房需求的趋势。二是货币贬值、通货膨胀的趋势是大概率事件，建房总成本持续上升的趋势不可逆转，没有房价的相应上升以抵消建房成本的上升，就不会有住房市场的有效供给。三是住房品质的提高是满足市场需求的必要条件，提高住房品质要求增加建房成本。而房价上升既是提升住房品质的前提，又是增加住房建设的保障。

（三）远期：中国房价变化进入正常化

这里的远期定义为21世纪中叶。届时中国的第二个百年目标已经实现，城市化、工业化的基本任务已完成，全国城乡人口分布已经基本稳定，不同

阶层的住房需求已经得到基本满足。在此情景下，中国城镇住房增量需求趋近于零，住房更新升级成为房地产市场主体，而且永远不会停止。由高房价支撑的土地财政社会再分配功能不再成为必要，行政干预住房交易价格早在中期阶段即已退出。房价变化将依据市场供求关系和物价水平的变化进入正常化。

B.17

国家层面住房规划的国际经验借鉴与启示

焦怡雪 高恒 张璐*

摘　要： 住房规划是引导住房健康发展的重要手段，日本、美国、英国、德国都已颁布过国家层面的住房规划或类似文件，特别是日本和美国已编制、实施过多版全国住房规划，对中国住房规划编制工作具有重要参考意义。本文主要对各国最新版国家层面的住房规划进行了分析，从规划地位与作用、规划目标与指标体系、规划逻辑思路与重点内容、实施抓手等方面总结可供借鉴与参考的经验，并对日本和美国不同层级住房规划的传导机制进行梳理，在此基础上对我国全国住房发展规划的编制提出建议。

关键词： 住房规划　规划编制　传导机制

住房规划是引导住房健康发展的重要手段，是落实国家住房政策的重要载体①。中国已初步形成了国家－省区－城市三级住房发展规划体系，但总体来说仍处于探索完善阶段。日本、美国、英国、德国近年来都颁布了国家

---

* 焦怡雪，中国城市规划设计研究院住房与住区研究所，教授级高级城市规划师，主任研究员，研究方向：住房研究与城乡规划；高恒，中国城市规划设计研究院住房与住区研究所，城市规划师，研究方向：住房研究与城乡规划；张璐，中国城市规划设计研究院住房与住区研究所，高级城市规划师，研究方向：住房研究与城乡规划。

① 住房和城乡建设部住房改革与发展司，中国城市规划设计研究院：《城市住房发展规划编制指南》，中国建筑工业出版社，2014，第5页。

层面的住房规划或类似文件，特别是日本和美国已编制、实施过多版全国住房规划，对中国具有重要参考意义。

一 国家层面住房规划的基本情况

由于政体和国情不同，日本、美国、英国、德国在住房规划编制实施方面各具特点（见表1）。日本和美国是由政府部门公布的规划，实施效力较强，英国和德国则采取住房白皮书、绿皮书和住房峰会报告的形式，不同于传统意义上的规划，政策意味更强。但总体来说，住房均为各国中央（联邦）政府的重要事务之一，国家住房规划由中央政府主管部门颁布实施，规划层级高。

表 1 各国住房规划基本情况一览

基本情况	日本[①]	美国[②]	英国	德国[⑤]
规划名称	住房基本规划	HUD 战略规划	住 房 发 展 白 皮书[③]、绿皮书[④]	住房峰会报告
编制颁布部门	国土交通省	住房与城市发展部	住房、社区和地方政府部	联邦总理府
批准发布程序	国土交通省编制，经内阁审议后发布	住房与城市发展部编制发布，每 3 年向国会提交一次	住房、社区和地方政府部编制，向议会提交后发布	召开全国住房峰会后发布
现行规划期限	2016 ~ 2025 年	2018 ~ 2022 年	白皮书 2017 年、绿皮书 2018 年发布，无明确期限	2018 ~ 2021 年
规划年限	10 年	5 ~ 6 年	无	无
编制周期	10 年	4 ~ 5 年	无固定周期	无固定周期
重点内容	发展目标、指标、政策措施	发展目标、指标、政策措施、项目	问题剖析和发展愿景	发展重点和政策措施

资料来源：①日本国土交通省，新たな「住生活基本計画（全国計画）」，http：//www. mlit. go. jp/report/press/house02_ hh_ 000106. html，2016 – 03 – 18。

②U. S. Department of Housing and Urban Development, *Department of Housing and Urban Development Strategic Plan 2018 – 2022*, https：//www. huduser. gov, 2018 – 07 – 06.

③Ministry of Housing, Communities & Local Government, *Fixing our Broken Housing Market*, https：//www. gov. uk/government/collections/housing – white – paper, 2017 – 02 – 07.

④Ministry of Housing, Communities & Local Government, *A New Deal for Social Housing*, https：// www. gov. uk/government/consultations/a – new – deal – for – social – housing, 2018 – 08 – 14.

⑤Ergebnisse des Wohngipfels, *Gemeinsame Wohnraumoffensive von Bund, Ländern und Kommunen*, https：//www. bundesregierung. de/breg – de, 2018 – 09 – 21.

日本的全国住房规划是法定规划，有明确的目标、指标、政策措施的要求。1966 年日本颁布《住房建设规划法》，明确国土交通省每 5 年编制全国住房建设五年规划，提交内阁审议后公布实施。2006 年，日本颁布实施《住房基本法》，要求国土交通省每 10 年编制全国住房基本规划，提交内阁审议后公布实施，每 5 年进行评估和规划调整；并对国家和都道府县住房基本规划的规划内容、编制实施程序等都做出明确要求。目前，日本已颁布实施 8 期住房建设五年规划和 2 期住房基本规划，正在实施的是《全国住房基本规划（2016～2025 年）》（住生活基本計画（全国計画）平成 28 年）。

美国全国层面的住房规划不是专项住房规划，而是联邦住房与城市发展部（HUD，Department of Housing and Urban Development）编制颁布的战略规划，而住房是其中的核心内容。HUD 在战略规划中提出工作目标、指标和实施措施，按照要求至少每隔三年向国会提交战略规划。HUD 从 1997 年开始编制战略规划，此后每隔 4～5 年编制一次，规划期限为 5～6 年，HUD 已编制实施 6 期战略规划，当前正在实施的是《HUD 战略规划（2018～2022 年）》（Department of Housing and Urban Development Strategic Plan 2018～2022）。

英国与全国住房规划类似的政策文件是住房发展白皮书（White Paper）和绿皮书（Green Paper），均由英国住房、社区和地方政府部（Ministry of Housing，Communities & Local Government）编制颁布，侧重于问题分析和发展导向，规划指标和政策措施较少且为建议性内容。其中白皮书是该部向议会提出的立法、政策、政府管理等方面的提案，绿皮书是该部向议会陈述的本部门工作设想。白皮书和绿皮书没有固定的编制时间和期限，最新一版白皮书为 2017 年发布的《修复我们破碎的住房市场》（Fixing our Broken Housing Market），最新一版绿皮书为 2018 年发布的《社会住房新政》（A New Deal for Social Housing）。

德国并没有国家层面的住房规划，但为应对房租和房价上涨过快的问题，在 2018 年 9 月 18 日，德国总理默克尔在总理府主持召开德国第一届住房峰会，并发布《联邦、州及乡镇三级政府的住房共同举措》（Gemeinsame

Wohnraumoffensive von Bund，Ländern und Kommunen)，明确了 2018～2021 年的住房发展重点和相关措施。

二　国家层面的住房规划编制

日本、美国、英国、德国的全国层面住房规划，虽然在规划定位、规划作用上各有不同，但在规划编制中，特别是在问题识别、目标指标、重点内容、实施措施等方面形成了具有一定共性、可供借鉴的经验。

1. 基于持续深入的住房调查识别核心问题，有针对性地确定规划目标

从各国住房规划来看，均注重在持续深入的住房调查基础上，分析、识别住房的核心问题，从而有针对性地提出规划目标。

日本、美国和英国都长期开展持续深入的住房调查，包括日本五年一次的"住宅·土地调查统计"（总务省，始于 1948 年）和"居住生活综合调查"（国土交通省，始于 1960 年）、美国两年一次的住房调查（American Housing Survey，AHS）、英国每年开展的住房调查（the English Housing Survey，EHS，始于 1967 年）等。持续深入的住房调查为住房规划编制中重点问题识别提供了有效决策支持。

日本《全国住房基本规划（2016～2025 年）》中，分析判断 2016～2025 年住房发展的核心问题是因老龄化、少子化而带来的住房空置、老年住房需求增加；因而针对以上问题提出了 8 条住房发展目标，包括：使年轻家庭和育儿家庭能够安心居住、使老年人可以独立居住、确保需要特殊住房保障者的居住稳定性、构筑新的住宅流通体系、提高存量老旧住宅品质、推进空置房屋的再利用、以住房产业发展促进经济增长、增强居住区的吸引力等。

美国 HUD 战略规划已编制 6 版，每版都针对不同问题确定不同发展目标，但总体来说始终聚焦于 4 个方面：提供住房公平机会（可支付住房）、重视住房产权、提倡可持续发展、关注住房和社区的品质。

英国 2017 年住房白皮书的主题是修复伤痕累累的住房市场，基于翔实

的数据分析，识别当前面临最严峻的住房问题是住房短缺、住房建设过于缓慢、住房市场结构不利于增加住房供应。并针对这些问题提出4个方面的发展导向：在正确的地方规划合适的住房、提高住房建设速度、住房市场多元化、及时帮助居民。

德国2018年发布的住房峰会报告《联邦、州及乡镇三级政府的住房共同举措》，指出德国当前面临可支付住房短缺这一严重问题，峰会上联邦、州及乡镇三级政府达成共识，将在2018～2021年新增150万套住房，通过以下主要措施实现目标：住房建设增加投资、确保负担得起的住房、降低建筑成本和保障充足的专业人员。

2. 明晰指标评价，有效评估与监测规划实施绩效

为有效评估和监测规划实施绩效，各国规划中普遍都针对规划目标引入了评价指标。伴随住房规划战略目标的动态变化，其对应指标设置也相应动态调整。

总体来看，各国住房规划多针对供给规模、空置控制、安全健康、保障水平、保障供给等方面设置目标和对应指标。普遍采用的指标主要有：住房建设总量、年均新增住房总套数、住房困难的家庭规模（未达到最低居住面积水平的家庭比例、无家可归者人数等）、保障性住房（公营住房、可支付住房）的建设规模或投资规模等。

尽管目标导向下的指标会根据不同目标进行调整，但各国规划在现状问题分析部分，普遍会引用规划调查、年度报告（如英国）或自行公布一些长期监测、横向可比较的核心数据，可用以衡量现状问题和发展水平，也在一定程度上可用于评价各国此前规划措施的实施成效，尤其对一些难以当期量化的引导性目标（如支付性的提升、空置率变化等）予以评价。

现状评估指标和规划监测指标各有侧重，除少量核心指标的重复之外（如保障的供给），两者之间并没有明晰的对应关系。两类指标的配合使用，可以更好地保障规划实施的科学性和有效性。

3. 突出目标－指标－政策措施之间的对应关系

各国国家层面的住房规划都表现出了目标－指标－政策措施之间的清晰

对应关系，从而确保规划的有效实施，这一点在日本和美国的住房规划中更为突出。

日本全国住房基本规划中，确定了 8 项住房发展目标，并针对各个目标，明确了具体的政策措施和若干个定量指标（部分指标可对应多个不同目标），使规划具有清晰明确的实施路径和评估考核依据。例如针对"使想要结婚和生育的年轻家庭以及育儿家庭能够安心居住"这一目标，规划提出了 3 项政策措施和 1 项成果指标，政策措施包括给予适当住房支持、鼓励三代人共同生活或临近居住、引导住宅附近育儿支援设施的设置，规划指标为育儿家庭（有未满十八岁子女的家庭）达到引导居住面积家庭的比例，从而形成清晰的目标实施路径。

美国 HUD 战略规划中提出了 5 个方面的住房发展目标，同样在每一个目标下都有对应的措施和可量化的绩效评价指标，同时明确了每一项目标的 HUD 牵头部门及负责人，并列出具体的联邦资金投入的 HUD 支撑项目，形成规划目标措施化、职责化、定量化、项目化的特点。

德国的住房峰会报告，针对住房短缺的问题提出了政府新建 150 万套新住宅的目标，围绕这一目标提出建设更多社会保障性廉租住房、投资儿童建房基金、税收减免、提高住房补贴、深化租金制动机制、推动建房法规改革、出让政府持有土地等建议，并明确了新建社会住房数量、儿童建房基金补贴金额、税收减免力度、住房补贴投入和惠及家庭数量、租金管控幅度等关键指标。

4. 重点关注特定群体、特定类型住房和特定地区

为国民提供适宜住房，特别是为存在居住困难的家庭提供住房是各国政府的重要职责，因而在各国的住房规划中都将面向低收入群体的公共住房、社会住房等作为规划的重要内容之一。此外，各国还会结合社会经济发展特点和住房需求，有针对性地对其他特定群体、特定类型住房和特定地区提出规划要求与措施。

日本当前面临着高龄少子化问题，住房发展已进入存量住房优化为主、提升品质为主的发展阶段，在规划中非常重视年轻家庭、育儿家庭、老年人

家庭、低收入家庭等特定群体的住房问题，将政府保障性住房（公团住房）、租赁住房、老年人住房等特定类型住房，以及人口集聚的大都市圈地区等特定地区，作为规划重点内容，在政策措施、规划指标等方面给予了重点关注。

美国处于住房稳定发展的阶段，但也仍然面临低收入群体住房困难问题、部分家庭和儿童住房中存在铅基涂料和其他健康和安全危害等问题。因此在 HUD 战略规划中重点关注了住房困难群体，包括低收入家庭、无家可归者、居住在存在健康风险房屋中的家庭等，在住房供给方面则重点关注可支付住房和租赁住房的供给。

德国则对特定群体给予了住房扶持政策，包括面向家庭特别是单亲家庭的儿童建房基金，以及面向老年人家庭的"适合老年人的住房改造"项目。

5. 中央财政资金投入是规划实施的重要抓手

中央政府财政资金的直接投入、由中央政府财政支持的住房相关项目是各国国家层面住房规划实施的重要抓手。

日本中央政府在住房方面的资金投入主要用于支持公营住宅、公社住宅（通过住宅金融公库融资建造的住宅）、公团住宅、特定优质租赁住宅、面向老年人的优质租赁住宅等多种类型的公营住宅建设。日本住房基本规划提出了确定公营住房供给量目标的考虑因素，并要求各都道府县在本层级基本住房规划中确定公营住房供给量前要获得国土交通省的同意。日本通过将中央财政有较多支持的公营住宅建设作为核心抓手之一，确保了规划的实施效果。

美国 HUD 战略规划提出的每一项目标都对应着 HUD 的具体项目，且每个项目都伴随联邦政府的配套资金。联邦政府资金支持项目主要集中在公共住房建设与维护、租房券发放、社区环境改善等方面，通过规划明确并引导联邦政府住房支持资金的使用，保障规划目标实现。

英国在白皮书和绿皮书中均多处提到国家财政资金在住房领域的投资计划，明确投资的支持对象、投资数额和投资年份，尤其是加强对住房重要领域（如公共住房）和住房短缺地区（如住房需求旺盛地区）的财政资金

投入。

德国在住房峰会成果报告中对联邦政府将在住房领域的投入资金提出了明确的量化目标,如明确2020年和2021年两年内,联邦政府将投入至少20亿欧元资金支持社会住房建设,并要求地方政府对联邦政府资金投入提供相应的资金配套,从资金上夯实了规划实施的基础。

6. 通过年度计划或中期评估等方式,促进规划的顺利实施

为了保障规划实施效果,日本、美国均建立了与国家层面住房规划相配套的年度计划或中期评估机制。

日本《住房基本法》中明确要求国土交通省每10年编制全国住房基本规划,每5年进行中期调整。2010年日本对《全国住房基本规划(2006~2015年)》进行了中期调整,主要针对住房发展中的新问题,修改了确保安全舒适居住环境、推进存量住宅管理和再利用、促进存量住宅交易和更新改造等方面的内容。

美国HUD按照要求每年制定并向国会提交年度绩效计划,细化战略规划中每项目标提出的实施措施和具体行动,并将战略规划指标分解到年度的具体指标数值,同时需要说明年度工作绩效目标和需要的联邦政府财政支持。每个财年结束时,HUD向国会提交工作绩效和责任报告,评估年度绩效计划的实施情况,确保逐年按计划推动住房战略规划目标的实现。

三 各层级住房规划的传导机制方面

日本、美国都形成了国家-区域-城市多层次贯通衔接的规划体系。日本各级住房规划包括全国-都道府县-区市町村各层级的住房规划,美国则分为联邦-州-城市三个规划层级,日本和美国都很注重全国层面规划的重点内容和核心指标向下位规划的传导。

1. 通过法定方式明确各层级规划内容

日本和美国中央政府均对区域和城市层面的住房规划框架和核心内容提

出了详细而清晰的要求。因此，虽然区域和城市层面的住房规划因面临的问题与需求不同，提出的规划目标、政策措施等也各具特色，但规划的总体框架都是基本一致的，具有很高的规范性。

日本的《住房基本法》要求都道府县依据全国规划，制定区域层面的住房规划，并对其基本内容做出明确规定。因此，日本全国－都道府县－区市町村的住房规划框架保持了高度一致性，均包括现状问题分析、规划目标与政策措施、重点地区发展、实施保障等内容。

美国地方层面的住房规划既是规划文件，更是地方政府向 HUD 申请拨款的文件。HUD 为各州和地方编写了《州住房和社区发展综合规划编制准则》（以下简称《准则》），《准则》对地方层面提交的住房规划文件必须要包含的内容做出了非常详细的要求。美国各州和地方均严格按照《准则》要求编制住房规划，各地住房规划的框架完全一致，均包括需求评估、住房市场分析、战略方案、年度行动计划等部分，核心规划内容的分析方法与行文方式也保持高度一致。

2. 规划目标延续性强，突出核心刚性指标的自上而下传导

日本和美国区域与城市层面在编制住房规划时，均将国家层面住房规划作为依据，尤其是在制定规划目标时，注重对上位规划目标的贯彻落实。另外，区域和城市在住房规划编制中也保持较高灵活性，各地可根据自身问题与需求，增加具有地方特色的规划目标。而从住房规划指标的传导情况来看，自上而下传导的指标数量并不多，主要为上级政府需强制管控的核心指标。

日本在都道府县和区市町村层面的住房规划中，落实上位规划要求与因地制宜并重，特别是区市町村层面，主要从地方现状问题出发提出自己的住房目标。不同层级规划中，一致性较强的目标主要包括特殊群体住房和存量住房两个方面。在规划指标方面，国家－都道府县－区市町村各层级规划一致延续的指标主要是住宅的无障碍率和抗震化率，与规划目标密切相关，也体现了日本对老龄化和存量住房抗震这两个问题的高度重视。

美国 HUD 要求各州和城市的住房规划必须服务于三个基本目标：提供体面的住房，提供适宜的生活环境，扩大经济机会。在此基础上，HUD 鼓

励各州和城市提出具有自身特色的规划目标，数量可多可少。总体来看，国家层面从市场环境、住房和社区发展三个维度制定规划目标，州和城市层面主要从住房和社区发展两个维度进行落实。在指标方面，从联邦－州－城市自上而下传导的指标主要包括可支付住房数量、提供租金补贴援助的家庭数量、增加租赁住房家庭数量、无家可归者的过渡性住房、无家可归者的永久性住房等，以上指标均涉及联邦政府资金的投入，并需要联邦政府审核，属于在各层级规划中都必须明确的刚性指标。

3. 中央和地方政府之间形成规划协同互动机制，国家对区域和城市层面规划的强制性内容进行严格审查

日本和美国在规划编制和实施过程中注重中央政府和地方政府的直接互动，以确保规划顺利向下传导实施。政府财政资金的直接投入、由政府财政支持的住房相关项目是不同层级住房规划传导的重要抓手。

日本《住房基本法》中明确国土交通省在制定全国规划过程中，需要听取社会资本整备审议会和各都道府县的意见。在全国规划公布后，各都道府县以此为依据编制本地住房基本规划。日本住房规划将政府财政直接支持的公营住宅建设目标量作为推动规划实施的核心抓手，要求都道府县在本层级基本住房规划中确定公营住房供给量，且须在发布前与国土交通省进行协商并获得国土交通省的同意。

美国 HUD 制定战略规划后，地方政府以此为依据编制综合规划，作为地方政府向 HUD 申请拨款的文件。地方政府在规划中提出希望获得的联邦拨款，HUD 通过汇总各地申请后确定审批后的金额。同时，HUD 收到地方提交的综合规划后，会对《准则》中明确的强制性内容进行严格审查，对不符合要求的部分提出修改意见。此外，地方政府每年要向 HUD 提交年度行动计划和上一年规划实施的评估报告，供 HUD 及时跟踪各地住房规划的执行效果和出现的新情况新问题，为 HUD 制定下一年年度计划提供参考。

四 新形势下我国全国城镇住房发展规划编制工作的建议

中国住房发展当前已从住房快速建设阶段转入量质并举阶段，住房发展

阶段类似于日本、英国、美国的 20 世纪 70 年代。日本 20 世纪 70 年代编制的第二个（1971～1975 年）和第三个（1976～1980 年）住宅建设五年计划中，就提出既要解决居住困难，也要提高居住水平和质量。中国新增城市人口仍将保持较快增速、住房品质提升要求凸显，同时也面临部分城市住房可支付性不足、老龄化显现、出生率降低等问题，多重矛盾叠合，这一时期的住房发展规划需要以更加综合的视角进行编制，全面关注满足住房总量需求、居住品质提升、加大住房保障、提供老年住房等内容。

基于日、美、英、德等国家住房规划编制的经验，我国全国城镇住房发展规划的编制工作应进一步提升规划地位，优化编制方法与内容，识别核心问题，突出问题－目标－战略举措之间的逻辑关系，合理构建规划指标体系，做实规划实施抓手，完善相关制度，全面提升规划的科学性、针对性和操作性。

1. 将住房发展规划纳入国家发展规划体系，提升规划地位

《中共中央　国务院关于统一规划体系更好发挥国家发展规划战略导向作用的意见》（中发〔2018〕44 号）明确了国家发展规划"居于规划体系最上位，是其他各级各类规划的总遵循"，"国家级专项规划、区域规划、空间规划，均须依据国家发展规划编制。国家级专项规划要细化落实国家发展规划对特定领域提出的战略任务，由国务院有关部门编制，其中国家级重点专项规划报国务院审批"。

住房是关系国计民生的重大问题，全国城镇住房发展规划应结合国家发展规划体系的相关要求纳入国家级重点专项规划，由住房城乡建设部牵头，会同发展改革委、自然资源部、财政部、人民银行等部委共同开展规划编制工作，规划成果经国务院审批后发布实施。

省区和城市住房发展规划作为重点专项规划纳入同层级的发展规划体系。

2. 推进住房信息化建设，强化核心问题识别，提高住房发展规划针对性

翔实的现状调查，是住房规划科学编制的基础。目前，中国住房发展底数不清的问题仍较为突出。建议结合人口调查，建立一年一次的住房抽样调

查和十年一次的住房普查制度；完善住房统计制度，增补能够反映住房居住水平、住房消费负担、住房保障水平、住房市场结构等情况的统计指标，明确指标统计方法；加强住房数据的采集、分析和智能化使用，逐步形成人、房、收入相对应的住房信息系统。

在住房发展规划编制中要结合当前中国住房发展的量质并举阶段特征，强化对核心问题的识别。建议重点从住房需求（经济发展趋势、人口城镇化和家庭特征变化带来的住房需求变化，新市民住房需求、改善性住房需求等不同群体的住房需求）、政府住房供给政策重点（住房保障、租赁市场发展）、住区品质提升（全龄共享、绿色可持续）、关联资源配置（住宅用地供给、房地产融资管控等）等方面对核心问题进行分析、识别，并开展专题研究，以提高住房发展规划的科学性。

3. 坚持问题与目标双导向，合理确定住房发展阶段目标，研究构建规划指标体系

在识别核心问题的基础上，结合中国"住有所居"的住房发展总体目标，深入研究，合理确定住房发展阶段性目标。综合考虑中国所处的经济社会、城镇化和住房发展阶段，可重点从供给规模与结构、新市民住房问题、住区品质提升、绿色节能和产业化发展等方面提出住房发展目标。

另外，应围绕住房发展目标，研究构建住房发展（住有所居）指标体系。指标设置应区分约束性指标和引导性指标，体现政府公共服务职责的指标，应列为约束性指标，纳入绩效考核；由市场主导形成的，应作为引导性指标，明确引导方向和预期达成程度。指标设置还须明确刚性传导要求，部分重要指标应要求省区、城市在住房规划中必须设置，从而实现规划任务的逐级落实；同时也应鼓励地方因地制宜、因城施策，结合实际问题细化或单设特色发展指标。

4. 创新规划体例，突出问题－目标－战略举措－重点工程－成果指标的逻辑关系，提高规划操作性

住房和城乡建设部已发布的"十二五"全国城镇住房发展规划、组织完成的"十三五"全国城镇住房发展规划研究等均围绕住房领域政府主要

职能和重点工作来构建规划框架，内容明确，但并未形成清晰的目标－措施的对应关系，实现规划目标的路径仍有待清晰。

建议未来在全国城镇住房发规划编制中探索创新规划体例，形成核心问题－发展目标－战略举措－重点工程－成果指标的逻辑关系。围绕核心问题提出发展目标，围绕发展目标整合住房领域的重点工作，相应确定若干项战略举措（或主要任务），并分别配套重点工程/重大项目。应突出中央财政资金投入、土地供给倾斜、财税金融支持等关联资源配置，明确重点工程相关责任主体，强化规划实施抓手。同时对各战略举措提出成果指标，纳入规划评估考核体系。

5. 做实规划抓手，建立以住房发展规划为基础、以公共资源配置为支撑的住房供应调控机制

完善工作机制，以住房发展规划作为住宅用地供应的依据，建立土地市场与住房市场的联动机制。《关于优化2015年住房及用地供应结构促进房地产市场平稳健康发展的通知》（国土资发〔2015〕37号）已明确在城市层面要依据住房规划和年度实施计划，合理确定住宅用地年度供应规模。建议在国家层面，也建立住房发展规划与国土空间规划、土地利用年度计划的衔接机制，合理确定全国住宅用地年度供应规模，并加强分区分类指导。

探索建立以住房发展规划为基础的中央和省级专项财政资金投放机制，形成围绕规划目标投入中央财政资金的规划实施保障机制。在住房保障中央和省级财政资金投放与使用方面，探索建立以住房发展规划为基础自下而上申报的方式。改进既有的住房保障目标和中央住房财政专项资金的自上而下逐级分配方式，由各地根据全国住房发展规划的总体目标和要求，结合本地实际，确定住房发展目标并纳入本级住房发展规划，并以批准的住房发展规划自下而上申报中央住房财政专项资金，经上级部门核准后作为拨付财政专项资金的依据。

6. 建立健全住房发展规划的编制与实施的相关制度

完善住房发展规划的审查、审批、备案、实施评估机制。城市住房发展规划由住房和城乡建设部会同有关部门具体负责组织编制，报请本级人民政

府审批后公布实施。省（自治区）和重点城市的住房发展规划报住房和城乡建设部备案，其他城市住房发展规划报上一级住房和城乡建设部备案。建立住房发展绩效评价和考核、问责制度。

探索建立各级住房发展规划的协同互动机制。在全国规划编制过程中，在总体规划框架下可由各省份初步提出各自规划目标、指标和重点任务，在全国层面进行审核校对，在规划初步成果形成后充分听取地方意见，并进一步优化完善。省份和重要城市制定住房发展规划后应提交住房和城乡建设部备案，并逐步形成每年提交年度计划和上年实施情况评估报告的备案制度。

B.18

70个大中城市房价联动变化状况研究[*]

——基于区域和城市群视角的分析

张卓群[**]

摘　要：　2011年以来，我国房地产市场出现三轮周期性波动，全国主
要城市房价交替上涨，防范化解房地产市场风险成为政府工
作的重要内容。报告从区域和城市群两个视角出发，研究我
国70个大中城市房价联动变化情况，结论表明：（1）东部地
区中一线城市和二线热点城市房价联系紧密；（2）中部地区
的郑州、武汉、长沙、南昌之间构成了相对紧密的房价联动
变化网络；（3）西部地区城市房价的相关系数多数位于
0.50~0.70，昆明与西部地区其他二线城市房价相关性普遍
较强；（4）东北地区形成以沈阳为核心的房价关联网络；
（5）长江中游城市群与其他城市群房价的相关性普遍较高，
城市群房价关联程度受到经济因素和区位因素的双重影响。
最后，基于以上分析，报告提出稳定我国城市房地产市场的
若干建议。

关键词：　城市　房地产价格　关联分析

*　基金项目：中国社会科学院青年科研启动项目“中国房地产价格风险传染机制研究”，项目编
号：2020YQNQD0031。
**　张卓群，中国社会科学院城市发展与环境研究所助理研究员，经济学博士，研究方向：数量
经济与大数据科学、城市与环境经济学。

房地产业是我国国民经济的重要组成部分,是具有基础性、先导性和风险性的产业。1998 年,国务院发布《国务院关于进一步深化城镇住房制度改革加快住房建设的通知》,明确宣布全面停止住房实物分配,中国房地产业正式进入商品化、货币化时代。21 世纪以来,我国房地产业随着经济腾飞快速发展,一方面,人民住房环境得到极大地改善,另一方面,房地产价格迅速攀升,且城市之间、区域之间出现联动上涨现象。坚决防范化解房地产市场风险,已经成为政府当前开展住房工作的重中之重。因此,报告在分析 2011 年以来我国一、二、三线城市房价走势变化的基础上,从区域和城市群两大角度,重点研究我国 70 个大中城市房价的联动变化情况,为坚持"房住不炒",建立房地产行业长效稳定发展机制建言献策。

一 我国城市房地产价格波动分析

图 1 2011～2020 年我国城市新建商品住宅价格月度环比指数

资料来源:Wind 数据库。

2011 年以来,我国城市房地产价格呈现显著的周期性波动,出现三轮明显上涨行情。第一轮上涨周期出现在 2013 年上半年,当年 2～4 月 70 个大中城市房价环比涨幅均超过 1%,其中一线城市领涨,环比涨幅在此 3 个月里分别达到 2.7%、2.8% 和 1.9%,并在 5～9 月月度环比涨幅均超过

1%。为了抑制此轮过热行情，2013年2月国务院办公厅发布《国务院办公厅关于继续做好房地产市场调控工作的通知》，提出完善稳定房价工作责任制、坚决抑制投机投资性购房、增加普通商品住房及用地供应、加快保障性安居工程规划建设、加强市场监管和预期管理、加快建立和完善引导房地产市场健康发展的长效机制等六点意见，房地产市场有所降温。2014年，房地产市场观望情绪加重，由热转冷，加之前期房地产投资过多致使库存高企，70个大中城市房价环比增速进入下行通道，在2014年5月至2015年3月出现连续11个月的负增长，并且在一、二、三线城市出现全面下降的情况。面对地方财政吃紧以及宏观经济增长放缓的情况，中央开始改变房地产市场调控政策，由负向调控向正向调控转变。2014年9月，央行、银监会联合发布《关于进一步做好住房金融服务工作的通知》，加大对保障性安居工程建设的金融支持，降低首套房贷款利率下限，放松二套房贷款条件；10月，住建部、财政部、央行联合发布《关于发展住房公积金个人住房贷款业务的通知》，指导地方放松公积金贷款和使用条件，去库存力度进一步加大。

2015年4月，由一线城市领涨，房价开启了第二轮上涨周期。在货币与房地产政策偏于宽松、棚改货币化安置比例加大、经济下行游资投机需求上升的联合作用下，本轮周期呈现上涨城市数量多、时间长、幅度大的特点。一线城市方面，房价环比增速在2015年4月至2016年9月连续18个月大于1%，并且在2015年6月、2016年3月和8月出现三次增长小高峰，增速分别达到3.2%、3.6%和3.4%。二线城市方面，受一线城市房价大幅上涨影响，在2016年3月进入快速上涨通道，连续7个月增速大于1%，并在当年9月达到2.3%的区域高点。三线城市方面，在此轮上涨中上涨持续时间和上涨幅度均较一、二线城市稍弱，在2016年9月达到1.2%的区域高点。为了遏制此轮房价普遍过快上涨，2016年7月，中共中央政治局会议提出"抑制资产泡沫"；12月，中央经济工作会议首次强调"房子是用来住的，不是用来炒的"的中国房地产市场定位。面对一、二线城市房价泡沫化倾向明显、三线及以下城市库存高企的情况，中央开始推行"分类指导、因城施策"的调控政策。2016年9月，北京出台《关于促进本市房地

产市场平稳健康发展的若干措施》，明确施行差别化住房信贷政策，购买首套普通自住房的首付款比例不低于35%，购买首套非普通自住房的首付款比例不低于40%，并强调加大中低价位、中小套型普通商品住房的供应比例，加快自住型商品住房用地供应。随后，全国多个主要城市纷纷跟进，密集出台限购、限售、限贷的地方调控措施；2017年3月17日，北京进一步出台《关于完善商品住房销售和差别化信贷政策的通知》，严格限制企业和居民家庭购房条件，暂停发放贷款期限25年以上的个人住房贷款，被称为"史上最严"的"317新政"。各地政府实施限购、限贷、限价的力度快速加强，调控城市数量和政策力度全面升级，我国城市房价增速有所回落。

第三轮上涨周期出现在2018年6月。与前两轮周期不同，本轮周期由二、三线城市领涨，在当年8月分别达到1.3%和2.0%的区域高点。而一线城市房价增速仅在当年12月达到1.3%的区域高点后出现回落，继续保持相对温和增长。出现这种现象的主要原因是一线城市持续实行高压调控，近两年的购房需求在二、三线城市得到释放，促使二、三线城市房价出现一轮上涨态势。进入2019年之后，随着各城市调控政策的持续性和稳定性进一步增强，稳房价、稳地价、稳预期成为工作重点，一、二、三线城市的房地产价格呈现稳定增长趋势。

由我国城市房地产价格走势情况来看，三轮上涨出现了不同特征：第一轮上涨由一线城市领涨，随后出现较长时间的下降；第二轮上涨仍然由一线城市领涨，但此轮上涨具有涨幅大、时间长、城市多的特性；第三轮上涨由二、三线城市领涨，但是，房价快速上涨势头得到有效遏制。由此可见，我国城市房价存在明显的关联性，以下分别从区域视角和城市群视角对我国城市房价的联动变化情况进行具体分析。

二 区域视角下我国城市房价联动变化状况研究

按照我国经济社会的发展战略与形势，可以将我国划分为四大经济分区：东部地区（北京市、天津市、河北省、山东省、江苏省、上海市、浙江省、福建省、广东省、海南省)、中部地区(山西省、河南省、湖北省、湖南省、江西省、安徽省)、西部地区(重庆市、四川省、广西壮族自治区、贵州省、云南省、陕西省、甘肃省、内蒙古自治区西部、宁夏回族自治区、新疆维吾尔自治区、青海省、西藏自治区)和东北地区(黑龙江省、吉林省、辽宁省、内蒙古自治区东部的呼伦贝尔市、兴安盟、通辽市、赤峰市、锡林郭勒盟),分别对应东部率先发展、中部崛起、西部大开发和东北振兴战略。将 70 个全国大中城市按照以上四大区域进行分类,分别研究四大地区内城市房价的关联关系①。

(一)东部地区城市房价联动变化情况

东部地区是我国经济发展水平最高的区域,涵盖了北上广深四大一线城市,10 个二线城市及 14 个三线城市,共 28 个城市。

一线城市方面,北上广深房价之间的关联程度较高,北京与上海、广州、深圳之间的相关系数分别达到 0.90、0.80 和 0.62,上海与广州、上海与深圳、广州与深圳之间的相关系数分别达到 0.74、0.75 和 0.51,证明一线城市房价之间存在显著的联动变化效应。这也说明一线城市经济要素的稀缺性吸引资金向一线楼市聚集,且一线楼市政策调控步调相对一致,促使房价趋于紧密联动变化。

二线城市方面,部分二线热点城市受一线城市影响较大。天津与北京、上海的相关系数分别达到 0.84 和 0.78;南京与北京、上海的相关系数均达到 0.85;杭州、福州与北京的相关系数均达到 0.76;厦门与北京、上海、广州的相关系数分别达到 0.76、0.75 和 0.66。此外,部分二线城市之间也出现较为密切的关联关系,如天津与南京、福州、厦门,济南与福州、南京与厦门之间的相关系数均超过 0.80。证明这些二线热点城市(国内部分研究

---

① 在此通过计算 2011 年 1 月至 2019 年 12 月两两城市新建商品住宅价格月度环比指数之间的皮尔逊相关系数(Pearson Correlation Coefficient),作为度量关联关系的标准,下文基于城市群视角研究中相关系数计算方法与此相同,不再赘述。

表1 东部地区城市房价相关系数

城市	北京	天津	石家庄	唐山	秦皇岛	济南	青岛	烟台	济宁	南京	无锡	扬州	徐州	上海	杭州	宁波	温州	金华	福州	厦门	泉州	广州	深圳	惠州	湛江	韶关	海口	三亚
北京	1.00																											
天津	0.84	1.00																										
石家庄	0.59	0.67	1.00																									
唐山			0.39	1.00																								
秦皇岛	0.19	0.22	0.52	0.72	1.00																							
济南	0.54	0.65	0.70	0.36	0.53	1.00																						
青岛	0.63	0.63	0.75	0.42	0.56	0.84	1.00																					
烟台	0.26	0.29	0.57	0.66	0.71	0.49	0.65	1.00																				
济宁			0.48	0.67	0.72	0.40	0.55	0.80	1.00																			
南京	0.85	0.87	0.55	0.53	0.52	0.22				1.00																		
无锡	0.65	0.79	0.74	0.30	0.37	0.77	0.69	0.35	0.22	0.69	1.00																	
扬州	0.24	0.30	0.57	0.71	0.70	0.52	0.59	0.81	0.69	0.25	0.43	1.00																
徐州	0.26	0.30	0.61	0.72	0.77	0.57	0.65	0.83	0.80	0.26	0.48	0.79	1.00															
上海	0.90	0.78	0.47	0.45	0.48	0.19				0.85	0.53			1.00														
杭州	0.76	0.77	0.69	0.35	0.40	0.73	0.68	0.40	0.25	0.76	0.72	0.41	0.45	0.71	1.00													
宁波	0.55	0.55	0.52	0.44	0.51	0.59	0.68	0.56	0.44	0.52	0.57	0.57	0.63	0.52	0.75	1.00												

城市	北京	天津	石家庄	唐山	秦皇岛	济南	青岛	烟台	济宁	南京	无锡	扬州	徐州	上海	杭州	宁波	温州	金华	福州	厦门	泉州	广州	深圳	惠州	湛江	韶关	海口	三亚
温州	0.24	0.25	0.30	0.30	0.29	0.31	0.40	0.34	0.28	0.24	0.28	0.35	0.40	0.23	0.42	0.58	1.00											
金华	0.35	0.30	0.37	0.45	0.44	0.43	0.57	0.57	0.43	0.25	0.37	0.55	0.60	0.27	0.59	0.68	0.41	1.00										
福州	0.76	0.81	0.72	0.27	0.44	0.82	0.75	0.42	0.32	0.78	0.81	0.47	0.47	0.71	0.77	0.60	0.24	0.35	1.00									
厦门	0.76	0.82	0.41			0.37	0.42			0.86	0.55			0.75	0.62	0.46	0.19	0.21	0.60	1.00								
泉州	0.48	0.52	0.50	0.35	0.50	0.54	0.59	0.49	0.35	0.45	0.53	0.59	0.55	0.44	0.53	0.51	0.20	0.47	0.64	0.34	1.00							
广州	0.80	0.73	0.59		0.39	0.63	0.69	0.43	0.33	0.69	0.52	0.39	0.44	0.74	0.70	0.61	0.32	0.42	0.67	0.66	0.52	1.00						
深圳	0.62	0.40								0.51				0.75	0.45	0.36	0.20		0.33	0.41		0.51	1.00					
惠州	0.67	0.79	0.63	0.30	0.40	0.62	0.68	0.46	0.31	0.74	0.75	0.53	0.51	0.55	0.70	0.58	0.28	0.43	0.74	0.69	0.62	0.65		1.00				
湛江	0.27	0.34	0.51	0.51	0.69	0.48	0.56	0.71	0.65	0.27	0.40	0.67	0.74		0.38	0.48		0.29	0.48	0.47	0.23	0.56	0.46	0.62	1.00			
韶关	0.32	0.34	0.38	0.33	0.57	0.51	0.50	0.56	0.50	0.25	0.39	0.58	0.59	0.22	0.39	0.45		0.26	0.50	0.42		0.56	0.53	0.52	0.62	1.00		
海口	0.21	0.41	0.47	0.48	0.48	0.55	0.58	0.48	0.58		0.25	0.52		0.29	0.39	0.24	0.34	0.29		0.38	0.39	0.32	0.31	0.43			1.00	
三亚	0.34	0.36	0.38	0.48	0.55	0.58	0.38		0.19	0.57	0.39	0.27	0.34	0.35	0.28	0.39	0.31		0.28	0.31							0.73	1.00

资料来源：作者编制。

注：下三角区域中空白的表格，表示两城市的房价相关系数未能通过统计检验，在统计上不存在明显的相关关系，因此不再列示。文中其他相关系数表与此相同，不再逐一说明。

375

中称为新一线城市）与一线城市之间的房价关系联动紧密，且相互之间存在强烈的同向变化，是国内购房需求和楼市资金除一线城市之外重要的释放出口。

三线城市方面，无锡与二线城市中天津、济南、福州的相关系数均超过0.75，联系较为紧密。一个核心原因是无锡虽然在城市分类中归为三线城市，但其GDP已经超过万亿元，是长三角城市群中的经济强市，集聚资源能力较强，房价与二线城市关联度较高。此外，三线城市中的唐山、秦皇岛、烟台、济宁、扬州、徐州之间房价联系紧密，显示出了一定程度上房价区域性的联动变化。

（二）中部地区城市房价联动变化情况

表 2　中部地区城市房价相关系数

城市	太原	郑州	洛阳	平顶山	武汉	宜昌	襄阳	长沙	岳阳	常德	南昌	九江	赣州	合肥	蚌埠	安庆
太原	1.00															
郑州	0.24	1.00														
洛阳	0.59		1.00													
平顶山	0.67	0.31	0.67	1.00												
武汉	0.39	0.78	0.42	0.44	1.00											
宜昌	0.71	0.30	0.49	0.58	0.38	1.00										
襄阳	0.68	0.22	0.71	0.60	0.48	0.64	1.00									
长沙	0.48	0.73	0.44	0.53	0.75	0.61	0.49	1.00								
岳阳	0.66	0.40	0.45	0.62	0.38	0.59	0.52	0.63	1.00							
常德	0.63	0.35	0.64	0.64	0.46	0.55	0.70	0.54	0.69	1.00						
南昌	0.55	0.67	0.47	0.55	0.72	0.59	0.51	0.76	0.63	0.58	1.00					
九江	0.60	0.48	0.64	0.55	0.66	0.65	0.68	0.73	0.53	0.61	0.69	1.00				
赣州	0.46	0.67	0.46	0.54	0.74	0.47	0.49	0.81	0.61	0.52	0.67	0.67	1.00			
合肥		0.68			0.73	0.19		0.47	0.25		0.64	0.46	0.51	1.00		
蚌埠	0.56	0.40	0.62	0.56	0.49	0.69	0.63	0.60	0.53	0.61	0.60	0.77	0.59	0.35	1.00	
安庆	0.60	0.41	0.54	0.53	0.57	0.59	0.62	0.55	0.59	0.63	0.61	0.66	0.62	0.38	0.59	1.00

资料来源：作者编制。

中部地区是我国实施中部崛起战略的重要支撑区，包括6个省会二线城市和10个三线城市，共16个城市。与东部地区相比，中部地区城市房价鲜见高度相关关系，只有长沙与赣州之间的相关系数超过 0.80。

二线城市方面，武汉与其他二线城市的关联性普遍较强，与郑州、长沙、南昌、合肥的相关系数分别达到 0.78、0.75、0.72 和 0.73；此外，长沙与郑州、南昌的相关系数均超过 0.70，郑州、武汉、长沙、南昌之间构成相对紧密的房价联动变化网络。相比而言，太原同其他二线城市的相关程度均不高，煤炭黄金十年过后，山西经济增长出现明显放缓，当地房地产行业的发展与其他省份拉开了差距。至今为止，太原的房价仍然在全国省会之中处于较低水平。另外，合肥虽然同郑州、武汉和南昌的联系比较紧密，但与其他中部地区二线城市的相关程度较低，与 4 个三线城市没有显著关系，一个可能的原因是合肥近年来逐步融入长三角发展之中，合肥都市圈已经纳入《长江三角洲城市群发展规划》，其与中部其他城市的房价联系趋于减弱。

三线城市方面，表现出较强的区域聚集特性。洛阳和平顶山、襄阳的相关关系较强；宜昌和襄阳、九江的相关关系较强；岳阳与常德之间的相关系数达到 0.69；九江与武汉、长沙、南昌、赣州、蚌埠、安庆之间的相关系数均超过 0.65，在一定程度上，地理位置和空间距离是影响中部三线城市房价关联关系的重要因素。

（三）西部地区城市房价联动变化情况

西部地区是我国经济增强开发的重点地区，西部地区幅员辽阔，共包括 1 个直辖市、10 个省自治区的省会和首府（11 个二线城市）和 7 个三级城市（西藏自治区并未有城市纳入国家 70 个大中城市房价统计之中）。与东部、中部地区相比，西部地区城市房价关联呈现不同的特点，既没有相关关系特别高的城市，也没有相关关系特别低的城市，城市之间相关系数多数位于 0.50~0.70。

二线城市方面，昆明与其他二线城市的相关关系普遍较强，与重庆、贵阳、西安、兰州、呼和浩特、银川、西宁的相关系数均超过 0.65。昆明气候宜人，旅游产业发达，是西部地区中的宜居城市，承接西部其他城市购房

表3 西部地区城市房价相关系数

城市	重庆	成都	泸州	南充	南宁	桂林	北海	贵阳	遵义	昆明	大理	西安	兰州	呼和浩特	包头	银川	乌鲁木齐	西宁
重庆	1.00																	
成都	0.55	1.00																
泸州	0.62	0.47	1.00															
南充	0.66	0.41	0.68	1.00														
南宁	0.61	0.57	0.38	0.43	1.00													
桂林	0.63	0.57	0.43	0.46	0.66	1.00												
北海	0.73	0.46	0.51	0.65	0.63	0.63	1.00											
贵阳	0.64	0.50	0.66	0.62	0.41	0.55	0.62	1.00										
遵义	0.64	0.53	0.62	0.62	0.43	0.59	0.61	0.74	1.00									
昆明	0.67	0.58	0.60	0.56	0.61	0.60	0.54	0.68	0.67	1.00								
大理	0.60	0.60	0.49	0.51	0.43	0.58	0.53	0.71	0.67	0.71	1.00							
西安	0.69	0.46	0.60	0.62	0.50	0.60	0.68	0.66	0.61	0.68	0.66	1.00						
兰州	0.65	0.68	0.64	0.61	0.54	0.62	0.60	0.62	0.70	0.67	0.65	0.64	1.00					
呼和浩特	0.57	0.63	0.47	0.56	0.57	0.62	0.59	0.62	0.66	0.71	0.77	0.70	0.63	1.00				
包头	0.63	0.55	0.60	0.69	0.59	0.53	0.65	0.66	0.74	0.70	0.58	0.57	0.64	0.72	1.00			
银川	0.54	0.57	0.44	0.52	0.64	0.58	0.56	0.40	0.56	0.68	0.61	0.56	0.60	0.72	0.67	1.00		
乌鲁木齐	0.50	0.46	0.61	0.57	0.34	0.54	0.54	0.52	0.69	0.52	0.43	0.46	0.53	0.49	0.66	0.54	1.00	
西宁	0.53	0.58	0.44	0.50	0.61	0.55	0.49	0.47	0.56	0.66	0.64	0.58	0.65	0.72	0.62	0.73	0.45	1.00

资料来源：作者编制。

外溢需求显著。自2016年7月起至2019年11月止，昆明新房价格连续41个月出现上涨。除泸州、遵义、包头外，乌鲁木齐与其他二线城市关联普遍较弱，相关系数均低于0.55，与南宁甚至低至0.34，这与乌鲁木齐所处的区位较远、房地产市场相对独立有关。此外，西部二线城市形成了两个关联集团，由重庆、贵阳、昆明组成的西南集团和西安、兰州、呼和浩特、银川、西宁组成的西北集团，集团内部城市之间的相关性普遍较高。

三线城市方面，西部地区纳入统计的三线城市较少，泸州—南充、桂林—北海、遵义—大理、包头—呼和浩特之间的相关系数均超过0.60，且三线城市与邻近的二线城市关联程度普遍较高，表现出一定的地域相关性。

（四）东北地区城市房价联动变化情况

东北地区是我国重要的老工业基地，经济起步较早，为新中国的发展做出过巨大的历史贡献，处于经济结构转型升级的关键时期。东北地区共包括东北三省的省会及大连4个二线城市和4个三线城市（蒙东五盟市并未有城市纳入国家70个大中城市房价统计之中），城市房价之间的相关性表现出普遍较高的特性。

表4　东北地区城市房价相关系数

城市	哈尔滨	牡丹江	长春	吉林	沈阳	大连	丹东	锦州
哈尔滨	1.00							
牡丹江	0.62	1.00						
长春	0.73	0.55	1.00					
吉林	0.73	0.74	0.74	1.00				
沈阳	0.80	0.60	0.79	0.75	1.00			
大连	0.68	0.60	0.75	0.63	0.82	1.00		
丹东	0.57	0.49	0.66	0.53	0.62	0.68	1.00	
锦州	0.61	0.59	0.65	0.71	0.62	0.56	0.58	1.00

资料来源：作者编制。

东北地区房价关系网络中的核心城市为沈阳，与大连、哈尔滨的相关系数分别达到 0.82 和 0.80，与长春、吉林的相关关系分别达到 0.79 和 0.75，与其他城市的相关系数均达到或超过 0.60，这也说明沈阳作为东北第一大城市，其房价变化已经成为东北地区的风向标。此外，东北地区二线城市之间房价的相关系数均高于 0.6，三线城市与二线城市之间、三线城市内部之间相关程度虽然有所下降，但多数均在 0.55 以上，这种现象与东北经济近年来发展速度滞后、城市房价涨幅普遍不高、未出现明显泡沫有一定关系。

三 城市群视角下我国城市房价联动变化状况研究

近年来，随着我国城镇化进程的稳步推进，城市经济的发展模式逐步由单点城市增长转向城市群协调发展。《中华人民共和国国民经济和社会发展第十三个五年规划纲要》提出加快建设 19 大城市群，至 2019 年 2 月，已经有 10 个城市群获批国家级城市群（长江中游城市群、哈长城市群、成渝城市群、长江三角洲城市群、中原城市群、北部湾城市群、关中平原城市群、呼包鄂榆城市群、兰西城市群、粤港澳大湾区），加上京津冀城市群、辽中南城市群、山东半岛城市群、海峡西岸城市群，基本涵盖了 70 个大中城市中的大多数城市，代表了我国未来城市集群发展模式的主要方向。作为区域视角研究城市房价联动性的补充和扩展，以 14 个城市群为主要对象，将 70 个大中城市分类放入其中，并计算群中城市房价增速的均数作为城市群房价变动情况，研究城市群视角下房价联动变化状况。鉴于关中平原城市群、呼包鄂榆城市群、兰西城市群中大中城市数量仅为 1～2 个，为了避免个别城市对城市群产生过度代表性问题，将以上三个城市群中的五个城市：呼和浩特、包头、西安、兰州、西宁合并为西北城市群，与其他城市群进行关联研究。

由于对城市群中各城市的房价变化进行了平均处理，城市群房价变化更为平滑，波动幅度减弱，各城市群之间的相关系数普遍较高。具体来看，长江中游城市群与其他城市群的相关性普遍最高，与山东半岛、中原、北部湾、京津冀城市群的相关系数分别高达 0.91、0.90、0.88 和 0.85，除粤港

表5　城市群房价相关系数

城市群	长江中游	哈长	成渝	长江三角洲	中原	北部湾	西北	粤港澳	京津冀	辽中南	山东半岛	海峡西岸
长江中游	1.00											
哈长	0.76	1.00										
成渝	0.80	0.82	1.00									
长江三角洲	0.77	0.40	0.54	1.00								
中原	0.90	0.67	0.73	0.76	1.00							
北部湾	0.88	0.84	0.80	0.59	0.79	1.00						
西北	0.75	0.89	0.83	0.41	0.69	0.81	1.00					
粤港澳	0.52		0.38	0.79	0.49	0.38		1.00				
京津冀	0.85	0.57	0.68	0.89	0.84	0.70	0.60	0.69	1.00			
辽中南	0.70	0.83	0.83	0.36	0.60	0.79	0.82	0.25	0.52	1.00		
山东半岛	0.91	0.68	0.76	0.78	0.85	0.80	0.67	0.53	0.85	0.65	1.00	
海峡西岸	0.77	0.38	0.55	0.95	0.77	0.61	0.41	0.76	0.87	0.38	0.77	1.00

资料来源：作者编制。

澳之外，与其他城市群的相关性均超过0.70。长江中游城市群处于我国经济发展和人口聚集的几何中心位置，具有人流、物流、资金流的集散优势，表现出与其他城市群房价关联度较高的现象。此外，经济发达地区，如京津冀、长江三角洲、海峡西岸、粤港澳之间表现出较强相关性；经济欠发达地区，如哈长、北部湾、西北、辽中南之间表现出较强相关性。一个可能的原因是人才和资金向发达地区城市群集聚，并且形成流动；而经济欠发达地区城市群的人才和资源流出，两大地区城市群的楼市由于经济发展阶段不同出现分隔。另外，成渝与北部湾、西北，山东半岛与中原、京津冀之间相关程度同样较高，表现出一定的地域聚集性。由此可见，全国城市群房价的联动变化一方面受到经济发展水平因素的影响，另一方面受到地理区域位置因素的影响，呈现双因素复合影响的现象。值得注意的是，粤港澳除了与长江三角洲、京津冀、海峡西岸城市群关联程度较高以外，与其他城市群相关系数均低于0.54，与哈长、西北城市群甚至不存在明显的相关关系。这也印证了上文广州、深圳与北京、上海及部分二线热点城市房价关联紧密，而与其

他二线城市及众多三线城市联动性不强的结论。一个可能的原因是粤港澳地区经济结构先进，广州、深圳房价在一定程度上承接了香港、澳门居民的购房需求，与港澳楼市存在一定联动，且广、深调控趋紧趋严，造成粤港澳与欠发达地区城市群房价变化情况的分割。

鉴于京津冀城市群和长江三角洲城市群在我国经济版图中具有重要地位，以下重点分析以该两大城市群内部城市的房价关联情况。

表6 京津冀城市群内部城市房价相关系数

城市	北京	天津	石家庄	唐山	秦皇岛
北京	1.00				
天津	0.84	1.00			
石家庄	0.59	0.67	1.00		
唐山			0.39	1.00	
秦皇岛	0.19	0.22	0.52	0.72	1.00

资料来源：作者编制。

京津冀城市群中，北京与天津之间相关系数达到0.84，两个直辖市之间关联紧密；唐山与秦皇岛之间相关系数达到0.72，两个三线城市之间关联紧密；直辖市与三线城市之间关联关系普遍不高。而石家庄作为二线城市，与其他城市的关联程度保持适中，发挥了纽带作用。总体上看，京津冀城市群中城市房价关联的紧密程度与城市的经济地位具有直接关系。

表7 长江三角洲城市群内部城市房价相关系数

城市	上海	南京	无锡	扬州	杭州	宁波	温州	金华	合肥	安庆
上海	1.00									
南京	0.85	1.00								
无锡	0.53	0.69	1.00							
扬州		0.25	0.43	1.00						
杭州	0.71	0.76	0.72	0.41	1.00					
宁波	0.52	0.52	0.57	0.57	0.75	1.00				
温州	0.23	0.24	0.28	0.35	0.42	0.58	1.00			
金华	0.27	0.25	0.37	0.55	0.59	0.68	0.41	1.00		
合肥	0.73	0.90	0.74	0.23	0.71	0.53	0.21	0.23	1.00	
安庆	0.28	0.33	0.47	0.65	0.43	0.50	0.27	0.39	0.38	1.00

资料来源：作者编制。

长江三角洲城市群中，上海、南京、杭州、合肥4个一、二线城市之间的相关关系普遍比较高，均超过0.70。宁波作为二线城市除了与杭州、金华相关程度较高外，与其他城市的相关程度中等，均在0.50～0.60。三线城市中，无锡与一、二线城市的关联较为紧密，相关系数在0.53～0.74，其他三线城市与一、二线城市的关联程度保持在中等或者中等偏下水平。值得注意的是，合肥与长三角其他一、二线城市的关联度普遍较高，这也印证了上文合肥与中部地区中心城市关联较弱，而融入长三角发展，与长三角中心城市关联较强的猜测。总体上看，长江三角洲城市群中城市房价关联程度形成四大一、二线城市—宁波、无锡—三线城市的递次强弱结构，这种结构也彰显了城市经济地位差距。

四 结论与建议

在分析2011年以来我国70个大中城市房价走势变化的基础上，通过基于区域和城市群视角的城市房价联动变化研究，得到如下几个结论。分区域来看，不同区域内城市房价关联呈现不同特性：东部地区一线城市之间关联程度高，且与二线热点城市联动变化紧密；中部地区城市房价鲜见超过0.80高度相关关系，郑州、武汉、长沙、南昌之间构成相对紧密的房价联动变化网络；西部地区城市房价相关系数普遍位于0.50～0.70，昆明与西部地区其他二线城市的相关关系普遍较强；东北地区城市房价之间的相关性普遍较高，且构成以沈阳为核心的关联网络。分城市群来看，长江中游城市群具有经济集聚和地理中心优势，与其他城市群的相关性普遍最高，发达地区城市群之间、欠发达地区城市群之间房价相关程度较高，城市群房价关联性受到经济因素和区位因素双重影响。在以上研究的基础上，提出如下几点建议。

第一，一线城市与二线热点城市着重满足刚性需求，保持调控连续稳定。从上文分析来看，无论是基于区域视角还是城市群视角，一线城市和二线热点城市均处于房价影响的主导地位，相互之间关联程度较高，且通过特

定的关联途径影响其他二线和三线城市。在全球经济下行、我国经济换挡以及今年暴发新冠肺炎疫情的多重因素叠加影响下，现阶段对于一线城市和二线热点城市楼市需要在保持政策调控连续性和稳定性的同时，持续改善刚性住房供给。一方面，这些城市是资源集聚的高地，对资金具有强大吸引力，只有保持连续调控态势，才能抑制房地产投机需求，引领全国房地产市场平稳发展。另一方面，在热点城市房价持续走高的情况下，满足当地低收入家庭的住房需求，持续改善人民住房条件，是服务型政府的责任所在。这就需要通过持续加大旧城改造、加大公租房与共有产权房等政策性住房供给力度，保证人民的"居住正义"。

第二，其他二线城市与三线城市持续推进因城施策，平衡各方利益关系。其他二线城市与三线城市相互之间的关联关系除了部分地域相近的城市之外普遍不高，主要受一线城市和二线热点城市的影响较大，在我国城市房价关联体系之中处于被动地位。这些城市在制定房地产政策之时，要化被动为主动，一方面严格落实中央政府的调控精神，另一方面切实根据当地的情况因城施策。我国幅员辽阔，城市众多，不同的城市具有不同的经济水平、人口状况、规划情况、财税收入水平等，房地产市场的供求情况和库存水平也各有不同。这就需要地方政府在衔接好中央政府调控政策的基础上出台符合本地实际的调控政策，重点平衡好人民、企业、政府之间的利益关系，将本地房地产市场建设融入经济改革发展的大局之中。

第三，重点关注经济、区位因素对城市房价关联的双重影响，严密防范房地产价格风险传染。总体来看，中国城市房价关联具有典型的经济阶梯特征，城市的经济发展水平决定了房价关联紧密程度，且以区域中心城市为核心，表现出一定的地域相关关系，房地产投机需求和价格风险可以沿着上述路径相互传染。因此，不能单纯依赖一时的限购、限售的政策指令，需要在土地、金融、财税、规划等领域形成关键性的突破改革，促进地方政府摆脱土地财政、稳定居民单元房贷利率、建立合理房产税机制、促进住房功能规划协调。通过建立房地产市场的长效稳定发展机制，斩断投机需求链条，持续防范与化解房地产市场潜在的价格风险传染，把"房住不炒"落实到位，促进经济社会持续健康稳定发展。

参考文献

王业强、董昕：《下半年房地产市场将迎来新一轮调整》，《经济参考报》2019 年 6 月 26 日，第 6 版。

张卓群：《中国 70 年城镇化发展成就回顾与展望》，《经济论坛》2019 年第 10 期。

Abstract

China Real Estate Development Report No. 17 (2020) continues to uphold the objective, impartial and scientific neutral purposes and principles. Tracking the latest developments of China's real estate market, in-depth analysis of market hotspots. Looking forward to the development trend in 2020, actively planning coping strategies. The book is divided into general report, market, service, city group and hot topics. The general report makes a comprehensive and synthetic analysis of the development trend of the real estate market in 2019. The other chapters analyze the development and hot issues of real estate market from different perspectives.

In 2019, China's real estate market as a whole showed a steady downward trend. First of all, there has been some easing at the policy level. The central economic working conference at the end of the year changed the formulation of "not using real estate as a short-term means to stimulate the economy" in the middle of the year, emphasizing that "we should adhere to the positioning that the house is used for living, not for speculation, comprehensively implement the long-term management and control mechanism of policy-making for the city, stable land price, stable house price and stable expectation, and promote the stable and healthy development of the real estate market". Secondly, there was an absolute decline in market sales. The market price index peaked in January 2017, and then the growth rate of housing price index dropped to below 10% , and the growth rate of market price slowed down in the next two years. The third is that the growth rate of development investment in 2019 is the first high and the second low, and the growth rate gradually falls back, with weak growth. The fourth is that the decline of land purchase area is gradually shrinking, the transaction price of land market is fluctuating upward, and the land market is gradually warming up.

Under the influence of the new crown epidemic, great changes have taken place in the current real estate market in terms of sales, leasing, land, enterprise funds, housing security, etc. The main performance is as follows: the volume of transactions in the real estate market has declined sharply and the market has no price; the housing rental market has intensified industry integration and diversified development trend can be expected under the influence of the epidemic; the land market has declined and the transactions in the first tier cities have revived driven by high-quality land plots; the small and medium-sized enterprises are more difficult under the pressure of capital and the industry integration has accelerated; the transformation of old residential areas has been incorporated into urban security housing project benefits people's livelihood and expands domestic demand.

Looking forward to the novel coronavirus pneumonia outbreak in 2020, the US stock market collapsed and the global asset prices collapsed and the global economy was in danger of recession. After the outbreak of the epidemic, China's negative economic growth in the first quarter has become a foregone conclusion, and the annual economic growth is likely to face a significant decline. As the effectiveness of domestic epidemic prevention and control continues to show, the progress of resumption of work and production will be accelerated, and the normal production and living order will continue to recover, the impact of the epidemic will gradually weaken in the second quarter, especially some economic activities suppressed in the early stage will gradually release, and it is expected that the economic operation in the second quarter will be significantly higher than that in the first quarter.

In 2020, the control of house prices will continue, and the positioning of "no speculation in housing" will not change. The bottom line thinking of the real estate control policy is "three stability" (stable price, stable house price and stable expectation), which will neither over stimalated nor orer tighetned. All regions will continue the call of the central government for "implementing policies for the city" in 2019, and the policy will continue the operation trend of "two-way adjustment". But the role of "one city, one policy" may be strengthened. With the end of the epidemic, the price limit of new houses in some cities is expected to be relaxed, and the policy level will have greater tolerance for the rebound of house prices.

With the gradual control of the domestic epidemic situation, the improvement of the macro policy environment, the centralized release of the over suppressed market demand, the market will recover rapidly, and the market sales and investment will be gradually repaired. Due to the great impact of the new crown epidemic on the real estatemarket sales in the first quarter, it is expected that the annual market sales will fall further. After the outbreak of the first and second tier core cities, there will be a wave of rigid demand and improvement demand to be released. With the improvement of the macro policy environment, the market is expected to take the lead in recovering. The third and fourth tier cities will still face great pressure. Due to the low base of the land market in 2019, the growth rate of land acquisition area will slowly pick up from the low level, and the overall decline will continue to narrow. It is expected that the year-end may turn from negative to positive. Due to the good fundamentals and the support of purchasing power, the land market in the core tier one and tier two cities will continue to recover. Due to the contraction of the shed reform policy in the third and fourth tier cities and the gradual increase of investment risk, real estate enterprises will focus more on the core first and second tier cities, and the land purchase area in the third and fourth tier cities will further fall. Due to the great impact of the new crown epidemic on the real estate development investment in the first quarter, it is expected that the growth rate of real estate development investment in 2020 may fall to about 3%. After the market transaction was interrupted by the new crown epidemic, the market gradually recovered, and the market price is expected to maintain a small and stable upward trend. From the perspective of specific city level, the market in the first and second tier hot cities is expected to take the lead in recovering. The market demand and improvement demand are released in a centralized way, resulting in a wave of post epidemic sales climax, and the market price is likely to rise gradually. Due to the clearing of market demand in the last round in the third and fourth tier cities, the market is expected to be difficult to improve in the short term under the impact of the new crown epidemic, and there is still a risk of further decline in price.

Contents

I General Report

Abstract: In 2019, China's real estate market as a whole showed a steady downward trend. But with the outbreak of Covid −19, the collapse of the US stock market and the collapse of global asset prices, the financial crisis will eventually become an economic crisis and the global economy is facing a risk of recession. In the first quarter, China's economic growth was negative, and the industrial, investment and consumption sectors all declined significantly, exceeding expectations. The epidemic will not change the medium and long-term trend of China's economy. It is expected that the economic operation in the second quarter will recover significantly from that in the first quarter. Under the influence of Covid −19, the real estate market has changed greatly from the aspects of sales, leasing, land, enterprise funds, housing security and so on. Looking forward to 2020, as the effectiveness of domestic epidemic prevention and control continues to show, the progress of resumption of work and production will be accelerated, and the normal production and life order will continue to recover, the impact of the epidemic will gradually weaken in the second quarter, especially some economic

activities suppressed in the early stage will gradually release, and it is expected that the economic operation in the second quarter will be significantly higher than that in the first quarter. Due to the great impact of Covid −19 on the real estate market sales in the first quarter, it is expected that the annual market sales will fall further, the growth rate of real estate development investment is likely to fall back to about 3% , and the market price is expected to maintain a small steady downward trend.

Keywords: Real estate regulation; Policy change; Market price; Index forecast

II   Market Reports

B. 2   Analysis of Housing Market Situation in 2019 and Prediction in 2020 *Zhang Zhi*, *Wulan Tuya* / 038

Abstract: In 2019, China's commercial housing market operated smoothly, and all core indicators met the forecast value at the beginning of the year. In the construction sector, the growth gap between the newly started and completed residential areas has narrowed. In the investment sector, the proportion of residential investment in real estate development investment has increased to 73. 4% . In the sales sector, the average price of residential sales has increased by 8. 7% . It is predicted that the average price of residential sales will increase by 8% in 2020. The stability of the housing market is of great strategic significance to the health and safety of China's macro-economy. Although the new crown epidemic has a huge impact on the housing market, the overall stable situation of the housing market remains unchanged. Only by coordinating with the "new infrastructure" under the guidance of high and new technology, combining with the construction of smart community and smart city, and integrating with the construction of super city group and central city, can the housing industry walk out of the new road of high-quality development.

Keywords: Housing Market; Commercial Housing; Housing Price

B. 3   2019 China Commercial Real Estate Market Analysis and 2020

Market Forecast   *Yang Zexuan*, *Cindy Chiang* / 059

Abstract: It was a rather difficult year for the commercial real estate industry in 2019. Consumer confidence was under some pressure due to the impact of theChina-U. S. trade conflict. The financial environment was intense and the commercial real estate industry was facing downward pressure. The shopping mall market became saturated and the opening rate hit a new low. Vacancy rate rose and rent fell down because of office buildings oversupplied and macro environment was soft. Hotel market, the type of chain and limited service, continued to increase their market share. After the "cold winter", the apartment industry kept consolidating. Looking forward to 2020, the outbreak of Novel Coronavirus will bring a great shock on the domestic and foreign economies and the commercial real estate market, therefore, bring much more uncertainty. It is expected that the overall opening rate of shopping malls and stores decline significantly; The office market will be benefit from the economic stimulus policies, but the pressure is still high; The annual performance of the hotel markets might be declined sharply, and the sinking market will be a new growth driver; The concentration of long-term rental apartment industry will improve and keep exploring more effective profit model.

Keywords: Commercial Real Estate; Shopping Mall; Office; Hotel; Rental Apartment

B. 4   Development Report on the National Housing Rental Market

in 2019   *Zhang Bo*, *Tang Qiuhong and Xiong Xuejing* / 090

Abstract: Based on the big data of 58 Anju platform, this paper analyzes the general rental housing market and long-term rental apartment market in China. The results show that in recent years, the overall number of floating population in

China has decreased year by year, and the new tenants in the market, represented by the post-90s and post-95s, are more and more accepting of rental housing, and the demand for housing quality has also increased. Nationwide demand for rental housing is increasing year by year. In addition to the ordinary rental housing market for individual landlords, the long-term rental apartment market has gradually formed a market pattern with four major supply subjects: real estate brokerage agencies, Internet venture capital operation companies, hotels and real estate developers. However, there are still some problems in the current housing rental market, such as the decentralization of housing sources, the high proportion of spontaneous transactions between individuals, the difficulty in mastering the rental situation, and the lack of effective guarantee mechanism for the rights and interests of landlords and tenants. The standardization of the industry needs to be further improved. Therefore, we should further build a leasing service platform to record and supervise the rental houses; improve the access requirements of real estate brokerage institutions, enhance the qualification requirements of brokers, and strengthen the standardized management of large-scale leasing institutions; cooperate with internet platforms, especially vertical industry platforms, and increase the norms and constraints on the behaviors of both parties through market-oriented operation.

Keywords: Rental Housing; Heat of Supply and Demand; Long Rental Apartment; Rental Preference

B. 5   Analysis of Personal Housing Credit Market in 2019 and

Prospect in 2020   *Cai Zhen, Cui Yu and Sun Huiting* / 113

Abstract: Under the policy background of "Housing is for living in, not for speculation" and "Not using real estate as a mean to stimulate the economy in short term", the personal housing mortgage loan market has maintained a relatively stable state. From the perspective of total volume, the personal housing mortgage loans balance of financial institutions was 30. 07 trillion yuan at the end of 2019, and the year-on-year growth rate of personal housing mortgage loans balance continued to decline. From the perspective of price, the average interest rates of personal housing mortgage loans showed a downward trend in the first half of 2019, but it rose again due to the influence of policies in the second half of 2019. From the perspective of risk, although the debt service-to-income ratio of the household sector is rising fasters, benefiting from the implementation of macro-prudential and diversified housing credit policy in China, the down payment ratio of the new housing loans is more than 50%, which means that the risk of housing loans is small. The personal housing mortgage loan non-performing rate is low, and the risk of personal housing mortgage loans does not have a significant impact on the banking systemin the short term. Looking forward to 2020, we tend to believe that the growth rate of personal housing mortgage loans balance in financial institutions will remain stable or slightly decline. And the real average level of personal housing mortgage loans interest rates will decline slightly with the decline of 5-year LPR. In terms of risks, we do not expect that the non-performing rate of personal housing loans and the new LTV will increase significantly. And the housing loan income ratio will continue to rise slightly as in 2019.

Keywords: Personal Housing Mortgage Loan Market; the Average Interest Rates of Personal Housing MortgageLoans; the Risks of Personal Housing MortgageLoan

Abstract: The growth of real estate development investment kept increasing in 2019, and its contribute rate to the growth of fixed investment is approximately to 1/3. Among which, the growth of residential investment increased, while the commercial property investment decreased. The growth rate of real estate investment in the western regions increased, while it in the eastern regions decreased. The willingness of real estate developers' land acquisition decreased to

the historically low level. On the financing condition in 2019, the financial pressure of real estate developers further increased, the increase rate of financing fund was better than last year, while the financing polices tightened. The real estate bond insurance decreased gently, while the trust financing increased rapidly. Forecasting the influencing factors in 2020, the monetary policy environment would be better, the regulation of real estate financing would be relaxed marginally, while the developers' debt pressure would increase. We estimated that the growth of real estate investment would decrease to about 4%.

Keywords: Real estate; Investment and financing; Development investment

B. 7 Monitoring Report of China's Major Urban Land Prices in 2019

National Urban Land Price Monitoring Group of China Land

Surveying and Planning Institute / 146

Abstract: In 2019, the growth rate of commercial, residential and industrial land prices in major monitored cities had slowed down, while the decline in residential land price growth is most obvious. Among the three major economic regions, apart from the growth rate of commercial and industrial land prices had increased in Bohai Rim and Beijing-Tianjin-Hebei Region, the land prices growth rate for various purposes had slowed down to varying degrees in each region. The growth rate of land prices for various parpose in various regiuns and fypes of cities is mainly decreasing and the growth rate of low prices of commercial and residential land prices in first tier cvontinaes fo be at a low lerel. The supply of land for various purposes in major monitoring cities was increased in a slower rate compared to last year. The growth of residential land transfer supply in major monitored cities continued to decline in the year-on-year basis, which was apparent in first – and second-tier cities. Residential land market cooled down significantly. Looking ahead to 2020, Under the background of rising challenges and risks, complex emergencies, and greater downward pressure on the economy, the coordinated development of fiscal, monetary and employment policies still will be the main means, and macroeconomic as well as land price changes have basically stabilized. The commercial and residential land prices remain stable, and The industrial land prices will experience a rise in the areas where emerging industries are well developed.

Keywords: Urban Land Price; Dynamic Monitoring; Residential Land

III Service Reports

Abstract: The Chinese rental housing market has developed rapidly in recent years, with a large increase in the number of rental housing companies. professional and large-scale rental housing companies have expanded rapidly. There are three types of business operations based on howthe rental housing company letsthe property, includingthe subleasing type, the landlordtype, and the management type. Currently, the subleasing type is still most common, while the landlord type is accumulating its energy and the management type hasjust started. At the same time, the rental housing market has encountered problems such as unregulatedmarket actors, orderlessness, and high risks. In terms of policy recommendations, the main task will still be the development of the rental housing market, which should alsobe properlyregulated. In terms of the future market prospects, the market may have to experience difficulties in the short term, but there is expected to be a large demand forrental housingin the medium to longterm, helping the market grow and thrive. However, the subleasing type may face challenges from the market and policies, furthermore, rethink about their management philosophy.

Keywords: Rental Housing Market; Balance Between Renting and Buying; Rental Housing; Long-term Apartment; Market Regulation

B. 9   China's Real Estate Brokerage Industry in 2019 and

Prospects for 2020   *Wang Xia, Wang Huan and Cheng Minmin* / 180

Abstract: In 2019, the scale growth of real estate brokerage industry continued to slow down. The second-hand housing brokerage business decreased, while first-hand housing brokerage business increased, which made the overall business stable during the year. Besides, the online and offline cooperation was deepened, the first-hand and second-hand linkage was promoted, and the level of informationization was further improved. The scale of real estate appraisal industry continued to grow, the degree of concentration continued to improve, the appraisal service continued to expand, and the application capacity of information technology continued to strengthen. In 2020, affected by COVID-19, it is expected that the scale of real estate brokerage industry will shrink, the level ofinformationization will be progressed, and the first-hand and second-hand linkage will be further deepened. It is also expected that the scale of real estate appraisal industry will reduce, the overall business performance will decline, regulatory policies of the industry will be relaxed, and newly emerging business fields will be expanded.

Keywords: Real Estate Brokerage; Real Estate Appraisal; Real Estate Agency

B. 10   Property Management Industry Development Report in 2019

Liu Yinkun / 202

Abstract: In October 2019, the National Development and Reform Commission revised and released the directory of industrial structure adjustment guidance (2019 version). As one of the encouraged projects in other service industries, property service provides new opportunities for the development of the industry. Especially during the novel coronavirus pneumonia, about 7000000 property service personnel provided uninterrupted daily services for the residential areas. Under the unified leadership of the community party organizations, they actively participated in the joint defense and joint control of the community, and firmly guarded the first line of defense for epidemic prevention and control. The residents' understanding and affirmation were made, and the industry value was redefined. In 2020, the industry will take the opportunity of grass-roots social governance, accelerate the integration of resources with the sharing concept, gather the industry wisdom with the spirit of coordination, fully share the scientific and technological dividend in the digital era, improve the scientific and technological content and personnel quality, promote the enterprise to be bigger, stronger and better, constantly improve the industrial concentration, promote the industry to expand capacity and improve quality, and accelerate the transformation and upgrading of the industry to modern service industry.

Keywords: Property Management; Community Joint Prevention and Control; Grass-roots Social Governance; Capacity Expansion and Quality Improvement; Transformation and Upgrading

B. 11 The Platform Mode of New Residential Service and its Influence on the Real Estate Industry

Han Wei, Wang Yeqiang and Zhang Zhuoqun / 221

Abstract: the essence of new residential service is to remodel the Internet of residential industry by digital means, so as to provide more people with reliable quality residential service. With ACN broker cooperation network as the core, the new residential service platform effectively solves the linkage problem between "house", "guest" and "human", realizes collaborative operation, and opens up cross brand joint sale. As a new technology driven residential service platform, based on the establishment of industrial infrastructure and credit system, it helps partners to realize service collaboration, standardization and closed-loop, promotes industry co-existence through platform aggregation, promotes the reform of residential service industry and the development of Internet in residential industry

through digitalization, reconstructs the service standard of real estate brokerage, and shapes a new residential ecosystem.

Keywords: New Residential; Platform Economic; Scenario Application; Credit System

Ⅳ　Urban Agglomeration Reports

B. 12　Greater Bay Area（Inland）Real Estate Market: Review of 2019 and Prospect to 2020

Liao Junping, Xu Bin, Lun Jiasheng and Gao Zhenyang / 239

Abstract: Under the guidance of the central government's policy of "not using real estate as a short-term means of economic promotion", in order to further promote the stable and healthy development of the real estate market, these cities adjust policies including the optimization of housing purchase policies and supporting the rental market etc. In general, the real estate market of inland cities in the Greater Bay Area operated smoothly in 2019. Looking forward to 2020, although the real estate market has affected by the new coronavirus pneumonia epidemic and "frozen" in a short term, but considering many favorable factors such as population inflows, industrial upgrading and supporting policies will be released, the overall market activity can be better than last year in these cities.

Keywords: Greater Bay Area; Real Estate Market; Steady Growth

B. 13　Summary of Real Estate Market of Yangtze River Delta Urban Agglomeration in 2019 and Prospect in 2020

Cui Guangcan, Huang Jing, Zhu Mengdi and Li Qing / 272

Abstract: 2019 is a year of rapid development of regional integration in the

Yangtze River Delta, which has injected vitality into the development of the real estate market. In the whole year, the real estate market in major cities showed a trend of continuous recovery, with the volume of housing transactions in most first tier and second tier cities rising and prices stabilizing. The ripple effect of housing prices in urban agglomerations is obvious. Prices are mainly driven by second tier cities. Hefei, Jiaxing, Suzhou, Wenzhou, Wuxi and other cities have a greater impact on housing prices in surrounding cities. The transaction volume of land market is enlarged, and the housing supply is expected to increase in the later period. The rental market in Shanghai has experienced adjustment and the rental price has declined. The real estate market regulation and control policies in major cities began to increase, but the housing policies for talents in some cities also increased. It is predicted that the real estate market in the Yangtze River Delta will develop steadily in 2020, and the uncertain impact of economic growth will be relatively small, but the probability of cold and hot differentiation of the real estate market in the third and fourth tier cities will increase.

Keywords: Yangtze River Delta; Regional Integration; Urban Agglomeration; Real Estate Market; Ripple Effect

B. 14　Housing Market Analysis in 2019 and Prospect in 2020 of Beijing-Tianjin-Hebei Urban Agglomeration

Li Junfu, *Li Liqun* / 302

Abstract: The overall fluctuation of housing market in Beijing-Tianjin-Hebei Urban Agglomeration is not big, and 2019 basically continues the stalemate since 2018. Beijing's housing trading volume increased but prices went low. Tianjin's housing price fluctuations rose. Except for the large price increase in some cities, the housing prices of most cities in Hebei Province were relatively stable. Under the epidemic of COVID-2019, the global, China and the Beijing-Tianjin-Hebei region are facing a grim economic situation. So the housing purchase restriction

policy of Beijing-Tianjin-Hebei is likely to be untied in 2020, the construction of indemnificatory apartment will increase, and the support measures in rental market will be more powerful.

Keywords: Beijing-Tianjin-Hebei Urban Agglomeration; Housing Market; Housing Policy

B. 15 Analysis of Chengdu-Chongqing City Group Real Estate Market in 2019 and Outlook for 2020

Chen Deqiang, Chen Huan, Yang Yuwen,

Fu Xin and Jiang Chengwei / 319

Abstract: In January 2020, the central government decided to promote the construction of the dual- city economic circle in Chengdu and Chongqing. Based on the analysis of the fixed asset investment and real estate investment in the cities to which the Chengdu- Chongqing city group, the real estate supply market's land supply, construction area, completed area, real estate demand market, sales area, and residential unit price, etc. The real estate marke of Chengdu-Chongqing city group in 2019 is evaluated. In the Chengdu-Chongqing city group, various indicators of the cities belonging to the Sichuan and Chongqing regions account for more than 90% of the province (municipality), so they basically represent the real estate development in Sichuan and Chongqing. The real estate marke of Chengdu-Chongqing city group in 2020 is prospected, and it is proposed that in accordance with the central government's spirit of the construction of the two-city economic circle, the integrated development of Chengdu-Chongqing city group will accelerate, the positive interaction between industrial real estate and industrial development will be closer, and basic public real estate projects will provide more opportunities and resources. The real estate demand factors are activated and new factors are derived and can be measured and reported by the influence of the Chengdu-Chongqing city group.

Keywords: Chengdu- Chongqing city group; Real estate; Market nalysis

V   Hot Topics

Abstract: From 1999 to 2019, the average transaction price of China's commercial housing rose rapidly, with an average annual growth rate of 7.9%. During the same period, the growth rate of per capita disposable income in China's cities and towns reached 10.4%, 2.5 percentage points higher than the growth rate of house prices. Based on an average of 3 people per household and 30m^2 per capita housing, the average housing price income ratio of urban residents in China in the first five years of housing system reform was 9.5, and the average decline in the last five years was 6.6. China's house prices are high, but they are generally acceptable, and they are evolving in a good direction. The fundamental reason for the high housing price in China lies in the general trend and specific development stage of economic and social development, as well as the comprehensive role of a series of national system settings and policy arrangements. China's house prices will be consolidated at a high level in the near future, and will still be in the upward channel in the medium term, and the change of China's house prices will enter into normalization in the long term.

Keywords: High House Price; Root Cause Analysis; Reverse Regulation

Abstract: Housing plan is an important means to guide the healthy development of housing. Japan, the United States, the United Kingdom and Germany have issued national-level housing plans or similar documents. In

particular, Japan and the United States have implemented multiple versions of housing plans, which have important reference value for China. This article focuses on the in- depth analysis of the latest national-level housing plans in various countries, and summarizes the experiences that can be used for reference from the aspects of planning status and role, planning goals and indicators, planning logic and key content, and implementation measures. This article also reviews the conduction mechanisms of different-level housing plans in Japan and the United States, and makes suggestions on the compilation of China's national housing development plan.

Keywords: Housing Plan; Planning Compilation; Implementing Measures; Conduction Mechanism

B. 18　Research on the Housing Prices Correlation in 70 Large and
　　　　Medium-sized Cities
　　　　—*Analysis Based on the Perspective of Region and*
　　　　Urban Agglomeration　　　　　　　*Zhang Zhuoqun* / 369

Abstract: Since 2011, there have been three rounds of cyclical fluctuation in China's real estate market, and housing prices in major cities have risen alternately. It has become an important part of the government's work to prevent and resolve the risks in the real estate market. From the perspective of region and urban agglomeration, the report studies the housing prices correlation in 70 large and medium-sized cities in China. The conclusion shows that: (1) the housing prices of the first tier cities and the second tier hot cities in the eastern region are closely related; (2) Zhengzhou, Wuhan, Changsha and Nanchang in the central region constitute a relatively close network of housing prices correlation; (3) most of the correlation coefficients of urban housing prices in the western region are in the range of 0.50 −0.70, and Kunming is generally highly correlated with other second tier cities in the western region; (4) the northeast region forms a housing prices related network with Shenyang as the core; (5) The housing prices correlation between urban agglomeration in the middle reaches of the Yangtze River and other urban agglomerations are generally high, and the housing prices of urban agglomerations are affected by economic factors and location factors. Finally, based on the above analysis, the report puts forward some suggestions to stabilize China's urban real estate market.

Keywords: Cities; Housing prices; Correlation Analysis

皮 书

智库报告的主要形式
同一主题智库报告的聚合

❖ 皮书定义 ❖

皮书是对中国与世界发展状况和热点问题进行年度监测，以专业的角度、专家的视野和实证研究方法，针对某一领域或区域现状与发展态势展开分析和预测，具备前沿性、原创性、实证性、连续性、时效性等特点的公开出版物，由一系列权威研究报告组成。

❖ 皮书作者 ❖

皮书系列报告作者以国内外一流研究机构、知名高校等重点智库的研究人员为主，多为相关领域一流专家学者，他们的观点代表了当下学界对中国与世界的现实和未来最高水平的解读与分析。截至2020年，皮书研创机构有近千家，报告作者累计超过7万人。

❖ 皮书荣誉 ❖

皮书系列已成为社会科学文献出版社的著名图书品牌和中国社会科学院的知名学术品牌。2016年皮书系列正式列入"十三五"国家重点出版规划项目；2013~2020年，重点皮书列入中国社会科学院承担的国家哲学社会科学创新工程项目。

中国皮书网

（网址：www.pishu.cn）

发布皮书研创资讯，传播皮书精彩内容
引领皮书出版潮流，打造皮书服务平台

栏目设置

◆ **关于皮书**
何谓皮书、皮书分类、皮书大事记、
皮书荣誉、皮书出版第一人、皮书编辑部

◆ **最新资讯**
通知公告、新闻动态、媒体聚焦、
网站专题、视频直播、下载专区

◆ **皮书研创**
皮书规范、皮书选题、皮书出版、
皮书研究、研创团队

◆ **皮书评奖评价**
指标体系、皮书评价、皮书评奖

◆ **互动专区**
皮书说、社科数托邦、皮书微博、留言板

所获荣誉

◆ 2008 年、2011 年、2014 年，中国皮书
网均在全国新闻出版业网站荣誉评选中
获得"最具商业价值网站"称号；
◆ 2012 年，获得"出版业网站百强"称号。

网库合一

2014年，中国皮书网与皮书数据库端口
合一，实现资源共享。

基本子库 SUB DATABASE

中国社会发展数据库（下设 12 个子库）

整合国内外中国社会发展研究成果，汇聚独家统计数据、深度分析报告，涉及社会、人口、政治、教育、法律等 12 个领域，为了解中国社会发展动态、跟踪社会核心热点、分析社会发展趋势提供一站式资源搜索和数据服务。

中国经济发展数据库（下设 12 个子库）

围绕国内外中国经济发展主题研究报告、学术资讯、基础数据等资料构建，内容涵盖宏观经济、农业经济、工业经济、产业经济等 12 个重点经济领域，为实时掌控经济运行态势、把握经济发展规律、洞察经济形势、进行经济决策提供参考和依据。

中国行业发展数据库（下设 17 个子库）

以中国国民经济行业分类为依据，覆盖金融业、旅游、医疗卫生、交通运输、能源矿产等 100 多个行业，跟踪分析国民经济相关行业市场运行状况和政策导向，汇集行业发展前沿资讯，为投资、从业及各种经济决策提供理论基础和实践指导。

中国区域发展数据库（下设 6 个子库）

对中国特定区域内的经济、社会、文化等领域现状与发展情况进行深度分析和预测，研究层级至县及县以下行政区，涉及地区、区域经济体、城市、农村等不同维度，为地方经济社会宏观态势研究、发展经验研究、案例分析提供数据服务。

中国文化传媒数据库（下设 18 个子库）

汇聚文化传媒领域专家观点、热点资讯，梳理国内外中国文化发展相关学术研究成果、一手统计数据，涵盖文化产业、新闻传播、电影娱乐、文学艺术、群众文化等 18 个重点研究领域。为文化传媒研究提供相关数据、研究报告和综合分析服务。

世界经济与国际关系数据库（下设 6 个子库）

立足"皮书系列"世界经济、国际关系相关学术资源，整合世界经济、国际政治、世界文化与科技、全球性问题、国际组织与国际法、区域研究 6 大领域研究成果，为世界经济与国际关系研究提供全方位数据分析，为决策和形势研判提供参考。

法律声明

"皮书系列"（含蓝皮书、绿皮书、黄皮书）之品牌由社会科学文献出版社最早使用并持续至今，现已被中国图书市场所熟知。"皮书系列"的相关商标已在中华人民共和国国家工商行政管理总局商标局注册，如 LOGO（▧）、皮书、Pishu、经济蓝皮书、社会蓝皮书等。"皮书系列"图书的注册商标专用权及封面设计、版式设计的著作权均为社会科学文献出版社所有。未经社会科学文献出版社书面授权许可，任何使用与"皮书系列"图书注册商标、封面设计、版式设计相同或者近似的文字、图形或其组合的行为均系侵权行为。

经作者授权，本书的专有出版权及信息网络传播权等为社会科学文献出版社享有。未经社会科学文献出版社书面授权许可，任何就本书内容的复制、发行或以数字形式进行网络传播的行为均系侵权行为。

社会科学文献出版社将通过法律途径追究上述侵权行为的法律责任，维护自身合法权益。

欢迎社会各界人士对侵犯社会科学文献出版社上述权利的侵权行为进行举报。电话：010-59367121，电子邮箱：fawubu@ssap.cn。

社会科学文献出版社